THÉORIE

DE

L'ÉDUCATION.

TOME SECOND.

C. Monnet. pinx.   L. Legrand Sculp.

THÉORIE

DE

L'ÉDUCATION;

OUVRAGE

UTILE AUX PERES DE FAMILLE ET AUX INSTITUTEURS.

PAR M. GRIVEL.

Doctrina.... vim promovet insitam,
Rectique cultus pectora roborant. Hor. Ode III, Lib. IV.

TOME SECOND.

A PARIS,

Chez MOUTARD, Libraire de la REINE, de Madame, & de Madame la Comtesse d'Artois, Quai des Augustins, à Saint Ambroise.

M. DCC. LXXV.

Avec Approbation & Privilége du Roi.

TABLE

DES CHAPITRES

DU TOME II.

SUITE DU LIVRE SECOND,

CONTENANT

L'ÉDUCATION PHYSIQUE DES ENFANS.

CHAPITRE XII.

DE LA GYMNASTIQUE.

Tome II.   a

TABLE

CHAPITRE XIII.

DES MALADIES DES ENFANS.

Art. I. *Les Maladies des Enfans sont des.*

CHAPITRE XIV.

DE L'INOCULATION DE LA PETITE VÉROLE.

LIVRE TROISIÉME,

CONTENANT

L'EDUCATION MORALE, *ou* LA MANIERE
DE FORMER LE CŒUR DES ENFANS.

CHAPITRE PREMIER.

DE L'HABITUDE.

CHAPITRE II.

DES CARACTERES.

CHAPITRE V.

DE LA DOUCEUR.

CHAPITRE VI.

DE L'OPINIATRETÉ.

CHAPITRE VII.

DU MENSONGE.

CHAPITRE VIII.

DE LA FRANCHISE.

CHAPITRE IX.

DU COURAGE.

CHAPITRE X.

DE L'ÉMULATION.

CHAPITRE XI.

DES CHATIMENS.

CHAPITRE XII.

DES RÉCOMPENSES.

CHAPITRE XIII.

CHAPITRE XIV.

LIVRE QUATRIÉME.

MANIERE DE FORMER L'ESPRIT DES JEUNES GENS PAR L'INSTRUCTION.

PREMIERE PARTIE.

DE L'INSTRUCTION COMMUNE AUX DIVERS ETATS.

CHAPITRE PREMIER.

DU SAVOIR.

CHAPITRE II.

DES DIFFÉRENS CARACTERES D'ESPRIT, ET DE LA MANIERE DE LES DIRIGER.

C H A P I T R E III.

DE L'INSTRUCTION PROPRE A TOUTES LES CONDITIONS.

CHAPITRE IV.

DU COMMERCE.

CHAPITRE V.

DES ARTS.

Fin de la Table des Chapitres du Tome II.

THÉORIE

THÉORIE

DE
L'EDUCATION.

SUITE DU LIVRE SECOND
CONTENANT
L'EDUCATION PHYSIQUE DES ENFANS.

CHAPITRE XII.

DE LA GYMNASTIQUE, OU DES EXERCICES RÉGLÉS DU CORPS.

ARTICLE PREMIER.

De l'Exercice en général.

LE mouvement est si nécessaire à l'homme, que la nature en a fait un de nos premiers besoins. Si elle donne aux enfans, dès l'âge le plus tendre, le defir de jouer, de courir & de s'ébattre; fi elle leur infpire tant d'éloignement pour le repos, tant de vivacité & de pétulance, c'eft pour les porter au mouvement par l'attrait du plaifir. Le développement & l'extenfion de leurs membres, demandent qu'ils faffent un ufage fréquent de leurs forces, qu'ils changent fouvent de pofition & de poftures, & que leurs mufcles foient dans une agitation continuelle; mais l'impétuofité qui réfulte de ce penchant irréfléchi ne permettant guère d'affujettir leurs mouvemens à une certaine regle, ils répondent affez au vœu de la nature, lorfque faifant ufage de leur liberté ils fe remuent, n'importe de quelle maniere. Après l'enfance, foit que le corps prenne encore fon accroiffement, foit qu'il ait acquis les juftes dimenfions qu'il doit avoir, les jeux & l'exercice qui avoient fervi à le fortifier & à l'étendre, fervent à la jufte mefure de fes mouvemens, à fa confervation, & à l'entretien de fa fanté, & alors pour rendre l'exercice plus utile, on peut le proportionner

aux forces de celui qui l'employe, en suivant les regles que le tems & l'expérience
ont suggérées & que la réflexion a réduites
en art.

L'exercice eſt donc un beſoin pour l'homme de tous les âges. C'eſt un devoir auquel il ne peut ſe dérober ſans nuire à ſon
exiſtence. Pour en ſentir la néceſſité par
rapport à l'accompliſſement régulier de toutes les fonctions de la vie, il ne faut
qu'examiner avec attention la ſtructure du
corps humain. C'eſt un compoſé méchanique & hydraulyque, un mélange de leviers
& de reſſorts, un aſſemblage merveilleux
de tuyaux de différens diametres, entrelacés & repliés ſur eux-mêmes en mille manieres, au travers deſquels différens liquides doivent couler ſans ceſſe pour leur
donner divers ébranlemens que ces liquides
en reçoivent à leur tour. Or, il eſt certain
que l'exercice met en mouvement tous les
muſcles du corps & donne des ſecouſſes
réitérées à toutes les autres parties, tant
intérieures qu'extérieures. Par-là les fibres
acquierent une flexibilité qui en facilite les

A ij

vibrations, & le fang fubtilifé & comme
broyé par la fréquente percuffion de ces
mêmes fibres, parcourt avec plus de viteffe
les routes embarraffées d'une circulation, qui
doit le porter jufques dans les replis de ce
labyrinthe de vaiffeaux. Il réfulte de tout
cela plufieurs avantages, qui contribuent à
maintenir la machine dans le meilleur état
où elle puiffe être. La digeftion des alimens en eft plus parfaite ; les glandes defti-
nées à féparer du fang certaines liqueurs
utiles ou fuperflues, en confervent leur
tiffure plus ouverte ; les efprits animaux
tiennent les filets nerveux dans une tenfion
proportionnée aux befoins de ces filets,
ceux-ci en reçoivent d'autant mieux l'influence du fuc nourricier qui doit s'infi-
nuer dans leurs pores ; les voyes de la tranf-
piration infenfible, qui eft comme le dernier terme de cette admirable méchanique,
en deviennent plus libres. En un mot, le
corps fe procure par l'exercice, un em-
bonpoint, une force, une foupleffe & une
légéreté qu'il attendroit vainement des autres moyens auxquels il a recours journellement pour fa confervation.

Ces difpofitions le mettent en état de jouir d'une fanté ferme, de fervir utilement la Patrie, en lui donnant la facilité de foutenir les fatigues de la guerre, les in-commodités de la navigation & de faire une infinité de mouvemens néceffaires pour remplir parfaitement les devoirs des profef-fions les plus pénibles.

ARTICLE II.

De la Gymnaftique (a) chez les Anciens.

Y L paroît que la gymnaftique eft auffi an-cienne que le monde ; tous les exercices

---

(*a*) *Gymnaftique* eft formé de deux mots grecs, qui fignifient l'*Art des exercices du corps*, & *Gymnafe* fignifioit le lieu où fe faifoient ces exer-cices : deftination bien différente de celle de nos Colleges, auxquels on a donné le même nom (*Gymnafium*). Des Auteurs avancent que la Gymnaftique comprenoit cinquante-cinq fortes d'exercices. M. Burette, dans fon Hiftoire de l'Académie des Infcriptions & Belles-Lettres, ouvre un vafte champ aux recherches & aux

qui en font l'objet, se rapportent à trois fins
principales, qui sont la bonne disposition
du corps humain ; pour sa défense & tout
ce qui en dépend, pour la conservation de
la santé, & pour le simple agrément.

Il est vraisemblable qu'avant l'établisse-
ment des sociétés civiles, les hommes connurent l'utilité de la Gymnastique, & qu'a-
près leur formation en corps politiques,
convaincus des avantages qu'ils pouvoient
tirer des exercices militaires, ils institue-
rent des jeux & proposerent des récompenses pour animer la jeunesse à ces sortes
d'exercices.

L'histoire nous apprend que ce qui n'é-

découvertes de ceux qui voudroient s'instruire à
fond des variétés & des circonstances de tous ces
exercices, de la maniere dont les Anciens les
employoient, & de l'usage qu'ils en ont fait, soit
pour la Religion, soit pour la guerre, soit pour
le simple divertissement. Plusieurs Modernes, avant
lui, ont traité cette matiere en tout ou en partie.
De ce nombre sont *Jerôme Mercurialis*, *Pierre
Dufaur*, *Laurent Joubert*, *Marsilius Cognatus*,
Vossius le pere, *Meursius* & quelques autres.

toit dans son origine qu'une institution particuliere , devint enfin une affaire d'une importance si générale , qu'elle intéressoit des peuples entiers. En effet l'opinion de son utilité fit de si grands progrès , que non-seulement les Villes les plus policées s'empresserent d'établir chez elles ces sortes d'exercices ; mais que pour en donner l'idée la plus avantageuse , & porter l'émulation des éleves au plus haut degré , diverses Nations établirent chez elles ces jeux célebres, connus sous le nom de jeux Olympiques, de jeux Néméens, Pithiens, Isthmiens, Circenses , Naumachiques , &c.

On regardoit comme le plus grand honneur qu'on pût recevoir , celui d'être proclamé vainqueur dans ces jeux publics , & couronné en présence de ses Concitoyens. On alla même jusqu'à croire que les Dieux & les Héros pourroient être sensibles à ce qui flattoit les hommes si agréablement , en sorte qu'on introduisît dans les cérémonies de la Religion , & dans les honneurs funebres rendus aux manes des grands hommes, la plupart de ces exercices.

A iv

Comme il étoit difficile de les perfectionner fans les affujettir à certaines loix,
on en fit plufieurs dans cette vue, & l'on
forma de leur affemblage un corps de
doctrine, qui porta proprement le nom de
Gymnaftique. Elles contenoient les regles
prefcrites fur les mouvemens les plus propres à donner au corps la force, l'embon-
point, la foupleffe, la légéreté, ou plutôt à perfectionner tous ces avantages que
la nature nous deftine dès notre naiffance,
mais dont la molleffe meurtriere de notre
éducation nous empêche de profiter.

On diftinguoit deux fortes de Gymnaftique, la militaire & la médicinale. La premiere étoit déja en honneur du tems de
la guerre de Troye; on en trouve la preuve
dans plufieurs endroits d'Homere, & fur-
tout au XXIII.ᵉ Livre de l'Iliade où ce Poëte
décrit les jeux célébrés aux funérailles de
Patrocle. Il réfulte de cette defcription
que les Grecs s'exerçoient dès-lors à la courfe des chars, au pugilat (*a*), à la lutte,

_____

(*a*) C'étoit un combat à coups de poings nuds

à la courfe à pied , au combat à outrance ou à fer émoulu , à jetter le difque ou palet, à tirer de l'arc & à lancer le javelot.

La Gymnaftique médicinale ne prit naiffance que peu de tems avant Socrate. Des Médecins (*a*) perfuadés que rien ne con-

---

ou armés du cefte, efpece de gantelet de cuir fort garni de fer , pour en rendre les coups plus pefans & plus terribles.

(*a*) Ce fut Hérodicus , Maître d'un Gymnafe , qui ayant obfervé que fes Eleves toujours exercés , furpaffoient les autres hommes par ces avantages , regarda leur fupériorité comme un effet néceffaire du jeu continuel de leurs organes. D'après cette idée , & jugeant par induction , il crut que la Gymnaftique , fi utile pour le perfectionnement des facultés naturelles , pour la confervation de la fanté , pouvoit fervir également à en rétablir le défordre; il en fit l'effai fur lui-même , & le plus heureux fuccès couronna fon entreprife; quoiqu'atteint d'une maladie mortelle & incurable , il parvint avec elle jufqu'à l'âge le plus avancé. Ce nouvel art lui fit une fi grande réputation , que Platon le regardoit comme l'Auteur de la Médecine de fon temps ; mais le nom

A v

tribue tant à la conſervation & au réta-
bliſſement de la ſanté, qu'un exercice proportionné aux différences des complexions,
des âges & des ſexes, conſeillerent à leurs
malades les exercices de la Gymnaſtique,
& mirent à ces exercices différentes modifi-
cations eu égard à l'état de chaque mala-

& les ouvrages d'Hypocrate, Diſciple d'Hérodicus, l'éclipſerent. Hypocrate fit oublier Hérodicus, en ajoutant à la maniere ſimple de ſon
Maître, tout ce que la tradition, l'expérience &
la raiſon avoient appris & ſuggéré juſques-là. Peut-
être la ſimplicité de la premiere méthode valoit-
elle les recherches de la ſeconde. Il eſt bien auſſi
avantageux de prévenir la maladie que de la
guérir. La Médecine d'Hypocrate qui a prévalu
& qui eſt encore la dominante, n'a pas rendu les
hommes plus robuſtes ni mieux portans. Celle
d'Hérodicus, qui opéroit ces effets merveilleux,
devoit donc être préférée, comme plus avanta-
geuſe. Mais comme ſes avantages n'étoient pas
pour les Médecins, elle fut abandonnée par tous
ceux qui en exerçoient la profeſſion. Ils penſerent
qu'ils ne joueroient pas un beau rôle avec une
méthode, qui devenant commune, diſpenſeroit
déſormais de les appeller.

de. On voit par le livre d'Hypocrate, intitulé *du Régime*, que la médecine préfidoit de fon tems aux exercices de la Gymnaftique. Il y traite des exercices en général. Il particularife les effets de la promenade, & ceux des différentes fortes de courfes foit à pied foit à cheval, des fauts, de la lutte, de l'exercice, de la balle fufpendue appellée *Corycus*, de la chironomie (*a*), des onctions, des frictions, & de l'action de fe rouler dans le fable.

(*a*) La *Chironomie* étoit une danfe guerriere. Elle confiftoit à faire feul & fans adverfaire, les mêmes mouvemens que l'on faifoit dans les combats. Juvenal, *Sat.* 5, *v.* 120, fait mention de cette forte de danfe, au fujet d'un Ecuyer tranchant qui danfoit en fervant fur table, & qui exerçoit une efpece de Chironomie, en coupant les viandes avec tant d'adreffe, qu'il fembloit faire voler le couteau dont il fe fervoit.

ARTICLE III.

Quelle doit être la Gymnastique parmi nous.

LA Gymnastique étant l'école de la souplesse & de la vigueur, l'art d'exercer les forces & l'adresse, nous devons en prendre, non pas tout, mais ce qui conduit à ce but en s'écartant moins de nos usages. Par exemple, nous n'avons pas besoin de la course des chars, du pugilat, du ceste, du pancrace ; mais quel inconvénient y auroit-il d'employer dans l'éducation le ballon, la paume, le mail, l'arc, la course, le saut, la lutte, l'équitation, l'escrime, la natation, ainsi que la danse ? La plupart de ces exercices ne sont pas en honneur quoique pourtant très-nécessaires, & méritent d'y être mis ; si ce n'est pas dans l'éducation publique & par l'autorité du gouvernement, du moins dans l'éducation privée, par les peres qui veulent faire de leurs enfans des hommes capables de grandes choses. Cependant comme il est bon d'aller à tout par gra-

dations, je pense qu'il est convenable avant
de les livrer aux exercices les plus forts,
de les former à ceux qui en sont comme
les préliminaires. Nous bannissons d'abord
tous les jeux sédentaires, que nous renvoyons
à l'éducation des femmes & de ceux qui
veulent leur ressembler, & bien éloignés
de penser qu'être civilisés, est n'avoir ni
force ni adresse, ni bras ni jambes, nous
voulons donner de bonne heure à l'homme tous les moyens convenables de tirer
parti de ses facultés, afin de pourvoir à
sa conservation & de lui diminuer la somme des dangers. Il faut donc amuser son
enfance par des jeux & des exercices utiles, proportionnés à sa foiblesse. Ce sera
d'abord le volant, le palet, le jeu de bou-
les, les quilles, le sabot, qui, en faisant
sortir son industrie & sa force, le prépa-
reront à ceux qui demandent des muscles
plus fermes, & une contention plus suivie
ou plus vigilante. Mais une attention qu'il
faut porter dans les premiers jeux, c'est
de les varier souvent, en les faisant succéder les uns aux autres; non-seulement

pour prévenir le dégoût des enfans, mais afin qu'ils profitent des mouvemens propres & particuliers à chaque exercice, & que le corps se plie facilement à toutes les habitudes.

ARTICLE IV.

De la Paume.

LA paume faisant partie de la Gymnastique des anciens, & ayant passé de peuples en peuples & de générations en générations jusqu'à nous, on doit par cela seul concevoir une grande idée de son importance. Les avantages de cet exercice sont tels, qu'il n'y en a guère qu'on doive lui préférer, s'il ne leur est pas lui-même préférable. Il réunit en lui seul les mouvemens de plusieurs, & pourroit en quelque sorte les suppléer. En effet la paume apprend à l'œil à voir & à juger avec une extrême rapidité, la main à parer, & les pieds à se porter juste ou à s'élancer subitement au point nécessaire, pour donner au bras le

moyen de repousser la balle. Enfin par les
tensions, les inflexions, les efforts & les
attitudes qu'elle occasionne, tous les membres s'agitent, les muscles travaillent &
se ployent dans tous les sens, en sorte
qu'on peut dire qu'il n'y a aucune partie
du corps qu'elle ne mette en mouvement
& dont elle n'augmente l'agilité, la force
& la souplesse.

Les Romains convaincus des avantages
de la paume, s'y exerçoient fréquemment.
L'on voit par divers passages de Plaute,
de Cicéron, d'Horace, de Martial, que
les plus graves personnages de la République s'y livroient avec plaisir. Caton ne dé-
daignoit pas d'aller jouer régulièrement à
la paume au champ de mars. Mécenas se
délassoit à ce jeu de la contrainte & du
repos forcé où le tenoient les affaires, &
Pline nous apprend en parlant de Spurina,
qu'à certaines heures du jour, il jouoit à
la paume long-tems & violemment, pour
arrêter en quelque sorte par cet exercice
les progrès de la vieillesse. A mesure que
nous avançons en âge les fibres deviennent

moins flexibles. Leur rigidité progreffive occafionne enfin la mort naturelle , fi elle n'eft retardée par l'action. Galien ordonnoit la paume à ceux qui étoient d'un tempérament replet , comme un préfervatif contre l'apoplexie.

La paume a été long-tems en honneur dans la Nation Françoife ; plufieurs de nos Rois, & particuliérement François premier & Henri IV , fe plaifoient à y jouer (a). Nous avons encore dans notre Cour un Prince courageux , à qui nous devons en quelque forte l'ufage de l'inoculation , par le grand

---

(a) On rapporte à ce fujet de François I , qui avoit moins d'égard à l'état de ceux qu'il admettoit à faire fa partie qu'à leur adreffe , que jouant un jour contre deux Seigneurs avec un Moine , celui-ci fit un fi beau coup , que le Roi , furpris , ne put s'empêcher de s'écrier : *voilà un brave coup de Moine : Sire* , lui repartit le Moine , *ce fera un coup d'Abbé quand vous voudrez.* Quoique ce ne fût pas le meilleur titre pour obtenir une Abbaye , le Roi fut fi content de cette réponfe , & de la circonftance qui y avoit donné lieu , qu'il le fit Abbé quelque temps après.

exemple qu'il a donné , qui éveille l'émulation pour la paume. Toutes nos Villes un peu confidérables avoient des jeux de paume qui fubfiftent pour la plupart , mais il n'y a que peu ou point de joueurs. L'éducation molle qu'on donne à la jeuneffe , les défenfes faites par les parens & fur-tout la vie fédentaire & efféminée de la bonne compagnie , permettent à peine à quelques jeunes gens qui fortent du College , d'effayer la raquette , en attendant qu'ils prennent dans le monde où ils vont fe produire , le dégoût d'un exercice que les mœurs & la mode femblent profcrire de plus en plus.

« J'ai demandé quelquefois , dit l'Auteur » d'Emile , pourquoi l'on n'offroit pas aux » enfans les mêmes jeux qu'ont les hom» mes , la paume , le mail , l'arc , &c. on » m'a répondu que quelques-uns de ces » jeux étoient au-deffus de leurs forces , & » que leurs membres & leurs organes n'é» toient pas affez formés pour les autres. » Je trouve ces raifons mauvaifes. Un en» fant n'a pas la taille d'un homme & ne

» laiſſe pas de porter un habit fait comme
» le ſien. Je n'entends pas qu'il aille peloter
» dans nos tripots, ni qu'on charge ſa pe-
» tite main d'une raquette de Paumier. Mais
» qu'il joue dans une ſalle dont on aura
» garni les fenêtres ; qu'il ne ſe ſerve que de
» balles molles ; que ſes premieres raquettes
» ſoient de bois, puis de parchemin & en-
» fin de corde à boyau, bandée à propor-
» tion de ſon progrès. Vous préférez le
» volant, parce qu'il fatigue moins & qu'il
» eſt ſans danger. Vous avez tort par ces deux
» raiſons. Le volant eſt un jeu de femmes.
» Leur blanche peau ne doit pas s'endur-
» cir aux meurtriſſures ; & ce ne ſont pas
» des contuſions qu'attendent leurs viſages.
» Mais nous, faits pour être vigoureux,
» croyons-nous le devenir ſans peine ? Et
» de quelle défenſe ferons-nous capables,
» ſi nous ne ſommes jamais attaqués ? On
» joue toujours lâchement les jeux où l'on
» peut être mal adroit ſans riſque. Un vo-
» lant qui tombe ne fait de mal à perſonne.
» Mais rien ne dégourdit le bras comme
» d'avoir à couvrir la tête. Rien ne rend

» le coup d'œil si juste que d'avoir à ga-
» rantir les yeux. S'élancer d'un bout d'une
» salle à l'autre, juger le bond d'une balle
» encore en l'air, la renvoyer d'une main
» forte & sûre; de tels jeux conviennent
» moins à l'homme qu'ils ne servent à le
» former ».

Nous suivrons les conseils contenus dans
ce passage énergique, & observant la gra-
duation indiquée des balles & des raquettes, nous rassurerons la tendresse craintive
des peres, qui s'alarment sur la moindre
apparence au sujet de leurs enfans.

ARTICLE V.

Du Mail.

QUOIQUE le mail n'offre point autant
d'avantages que la paume, cet exercice ne
méritoit point de tomber dans le discré-
dit & l'espece de mépris où il est aujour-
d'hui. S'il exerce moins les forces que le
premier, il contribue à augmenter l'adresse
du joueur, à donner au coup d'œil beau-

coup de juſteſſe, en lui apprenant à juger
du terrein & de la diſtance qu'il veut faire
parcourir à ſa boule ; enfin il tient ſes
champions en plein air ou à la campagne,
ce qui produit toujours un bon effet ſur
la ſanté. Il n'y a pas encore long-tems que
ce jeu étoit en uſage ; point de grand
jardin alors qui n'eût ſon mail ; il eſt encore
en vogue dans nos Provinces méridionales, où les exercices du corps ſe ſoutiennent par l'éloignement où elles ſont de la
Capitale ; mais depuis un demi-ſiecle que
Paris va toujours s'amolliſſant, le mail a
baiſſé dans la progreſſion des mœurs. Les
grands l'ont abandonné au peuple, qui
frappé de l'exemple & de la ſuppreſſion
de celui de l'Arſenal, s'en dégoûte lui-même & l'abandonne ; & comme ſi tous
les François de concert & en même tems
vouloient renoncer aux jeux qui peuvent
donner du nerf & de l'adreſſe, on les voit
ſe paſſionner pour les jeux de cartes, de
dames & autres ſemblables, qui ne ſont
bons qu'à faire perdre le tems, à déranger
la ſanté ou la fortune de ceux qui s'en

occupent. Un pareil exemple ne doit pas
être fuivi par notre éleve ; il faudra qu'il
fache frapper jufte fa boule , la pouffer vi-
goureufement par la route la plus droite ,
& la mener au but dans le moins de coups
poffibles. Si les peres font débiles & mal-
adroits , il importe au bien de l'humanité
& de la Patrie que leur poftérité , plus
inftruite & mieux formée , foit compofée
de véritables hommes.

ARTICLE VI.

De l'Arc.

SI l'on regarde l'arc comme une arme ;
c'eft la plus ancienne & la plus univerfelle
que l'on connoiffe. Dès que l'homme put
fonger à prévenir de loin fon ennemi , à
atteindre fa proie qui fuyoit , il inventa l'arc
& les fléches meurtrieres. L'arc fervit donc
à la chaffe , & fur-tout à la guerre. Il eft
encore la principale arme des peuplades
fauvages. Il n'a ceffé d'être employé dans
les troupes des Nations policées , qu'à l'in-

vention des armes à feu qui le remplace-
rent. Une partie de l'Infanterie se servoit
de l'arc ; delà sont venus le nom d'Archer
& les Compagnies de l'Arc, connues sous
le nom de Compagnies Bourgeoises.

Si on considere l'arc comme un moyen
propre à exercer l'adresse, à donner à la
main plus de sûreté, au coup d'œil plus de
précision, peu d'inventions lui seront pré-
férées. Supérieur au fusil pour tout cela,
il demande plus d'attention & d'usage, &
par-là se trouve plus propre au perfectionnement des facultés de ceux qui s'y exercent, & plus convenable à notre Eleve.

ARTICLE VII.

De la Course.

LE penchant à se mouvoir & le besoin
d'agir qu'a l'homme dès sa naissance, l'é-
mulation naturelle des enfans du même
âge qui jouent ensemble & qui veulent se
surpasser en vitesse, & plus que tout cela,
la nécessité où se trouvoient les premiers

hommes de courir avec une extrême légéreté pour éviter les bêtes féroces, ou pour
atteindre celles dont ils faisoient leur pâ-
ture, donnerent naiſſance à la courſe dès
les premiers âges du monde. Comme toutes
les qualités individuelles d'une utilité premiere, qui tenoient à la force ou à l'adreſſe,
donnoient alors à un homme une grande
ſupériorité, & le rendoient par conſéquent
très-recommandable, la courſe qui demande
beaucoup de nerf pour ſe ſoutenir long-
temps, beaucoup d'agilité pour parcourir
en peu de temps de grandes diſtances, &
qui offroit tant de reſſources en toute rencontre pour l'attaque & la défenſe, la
courſe fut en grand honneur chez les premiers hommes & dans les premieres ſociétés, & devint une partie néceſſaire de l'é-
ducation, ainſi qu'un des principaux objets
de la Gymnaſtique. Celle-ci, qui donna à
tous les exercices toute l'étendue qu'ils pouvoient avoir, établit trois ſortes de courſes;
à pied, à cheval & ſur des chars : toutes
trois entroient dans les jeux fameux, où la
Grece & Rome aſſemblées couronnoient

les vainqueurs avec la pompe la plus frappante. Le concours & le rang des Atheletes rendoient ces jeux solemnels un spectacle unique. Les Rois ne dédaignoient pas d'y disputer le prix, & quelquefois ils le remporterent. Trois Rois de Sicile, Hieron, Gelon & Denys, furent vainqueurs à la course équestre. Philippe de Macédoine, pere d'Alexandre, se glorifia de la même couronne. Jusqu'au moment où le luxe énerva les Romains, ils furent courir & combattre. Le Soldat Romain faisoit au pas militaire quatre milles par heure, vingt-quatre milles en cinq heures, ou dix de nos lieues (a), quoique chargé de plus

_____

(a) C'est-à-dire qu'ils faisoient neuf mille six cens enjambées de deux pieds & demi par heures, & cent soixante enjambées ou soixante-six toises deux tiers par minute, tandis qu'au pas redoublé nos Soldats ne parcourent dans une minute que quarante toises. Cependant les armes des Romains étoient beaucoup plus pesantes que les nôtres, ils portoient des vivres pour plus de quinze jours, leur bagage, les outils nécessaires pour remuer la terre, & un pieu ou palissade pour se fortifier. Pour acquérir

de

de soixante livres. Quand il falloit attaquer brusquement l'ennemi, ils avoient un autre pas plus accéléré, qu'ils nommoient pas ou course pour le choc, & ils pouvoient faire de suite quatre cèns au moins de ceux-ci, sans être trop essoufflés.

Les Carthaginois qui souvent les vainquirent, les Gaulois d'ailleurs si forts & si redoutables, les Gots & tous les peuples qui déchirerent l'Empire des Césars, formés à tous les exercices qui augmentent la vigueur, n'avoient garde de négliger celui de la course; les Francs eux-mêmes l'introduisirent dans les joutes & les tournois. Dans toutes les Nations du nouveau monde les hommes & les femmes ont une légéreté surprenante (a), & font des cour-

---

tant de force & de légéreté, il avoit fallu les exercer beaucoup par de longues courses & des travaux pénibles. C'étoient ces Troupes vigoureuses qui, faites pour défendre le Cultivateur, lui épargnoient aussi le poids des corvées. Elles creusoient des canaux, détournoient des fleuves, ouvroient des montagnes & faisoient les grandes routes de l'Empire.

(a) Les Negres & les Hottentots devancent les

ſes qui paroiſſent fabuleuſes. Quoi qu'il en
ſoit, la plus praticable des trois courſes
dans notre éducation, la plus néceſſaire &
la plus ſalutaire c'eſt la courſe à pied. Notre
éleve ſaura donc marcher & courir, il ne ſera
pas comme ces hommes de parade qui ſe
laſſent auſſi-tôt que les femmes. Des promenades à de grandes diſtances, des courſes rapides, d'abord dans la plaine, enſuite
dans des lieux plus difficiles, en montant
un côteau, en grimpant ſur une montagne
eſcarpée, lui délieront les jambes, les lui
rendront plus nerveuſes & plus légeres, &
le diſpenſeront, par la ſuite, de la triſte

---

lions à la courſe. Quand les Sauvages de l'Amérique ſeptentrionale vont à la chaſſe de l'ori-
gnac, animal auſſi léger que le cerf, ils le
laſſent & l'attrappent; & quoiqu'ils ſoient conti-
nuellement arrêtés par des montagnes, qu'il n'y
ait aucun chemin tracé, aucun ſentier battu, ces
hommes font mille ou douze cens lieues en ſix
ſemaines, deux mois. L'homme, exercé à la courſe,
n'eſt pas ſeulement le plus léger des animaux, il
eſt encore celui qui marchera le plus long-temps
ſans ſe laſſer, & qui réſiſtera davantage à la fatigue.

dépendance où font la plupart des honnêtes gens des grandes Villes, des fantaifies de leur cocher, du bon état de leur
voiture & de la fanté de leurs chevaux.

ARTICLE VIII.

Du Saut.

LE faut femble dater d'auffi loin que
les autres exercices naturels. Il eft vraifemblable que dès qu'il a fallu favoir fran-
chir un foffé ou un ruiffeau, s'élancer de
bas en haut & de haut en bas, l'homme
a commencé à fauter. Le faut d'abord fans
principes fut affujetti à des regles dans la
Gymnaftique. On diftingua alors plufieurs
fortes de fauts, tous propres fans doute à
donner plus de reffort aux mufcles; mais
non pas tous de la même utilité pour arriver à ce point. Ceux dont on peut faire
un ufage plus fréquent dans le cercle de
la vie, font manifeftement ceux qu'il eft
bon d'apprendre de préférence; ainfi dédai-
gnant les fauts des Saltinbanques, plus

propres à exciter la furprife ou à contenter la curiofité, qu'à fervir réellement aux befoins de l'homme, nous nous en tiendrons pour notre éleve, à ceux que les circonftances & des obftacles inopinés rendent plus néceffaires, c'eft-à-dire, que nous nous contenterons de lui apprendre à fauter en hauteur, en éloignement, en avant & en arriere. Un chaffeur, un voyageur, un militaire, peuvent être embarraffés & fouvent périr s'ils ne favent pas éviter, par leur légéreté & leur foupleffe, les dangers qui fe trouvent dans leur chemin; fi fans expérience & peu exercés, ils ne peuvent mettre entr'eux & l'ennemi ou une bête furieufe, une haie ou un foffé en s'élançant rapidement au-delà, ou grimper en plufieurs élans au haut d'un arbre. Le danger, me dira-t-on, n'eft pas fréquent? Et que m'importe qu'il foit rare, fi je dois y périr? n'eft-il pas toujours avantageux d'avoir en foi-même des reffources pour s'y fouftraire? Il convient auffi pour raffurer la tête des enfans, de les accoutumer à monter à la cime des arbres, au haut des

échelles. Si toute hauteur eſt précipice pour
un homme, avec quelle hardieſſe monte-
ra-t-il à l'eſcalade d'une place, aux ver-
gues ou ſur les huniers d'un vaiſſeau ? On
ne ſauroit tirer trop de parti de l'exiſtence
de l'homme, & c'eſt l'augmenter en quelque ſorte que d'étendre ſes facultés.

ARTICLE IX.

De la Lutte.

LE deſir d'eſſayer ſes forces contre celles
d'un autre, ou celui de terraſſer ſon ennemi qu'on avoit joint, fut l'origine de la
lutte dans l'enfance des premiers âges. Avant
que l'homme eût fabriqué des armes de
bois ou de métal, il dut employer ſes armes naturelles à vaincre ſes concurrens ou
à dompter ſes ennemis ; ceux-ci ne pouvant oppoſer aux efforts de l'aſſaillant que
la maſſe de leurs corps & leurs forces phyſiques & immédiates, il dut en réſulter un
exercice ou combat de corps à corps, où
celui qui avoit l'avantage de la taille & qui

étoit le plus robuste, étoit presque sûr de vaincre. La lutte étoit alors un exercice grossier & sans regles. La souplesse & la dextérité n'y savoient point encore rendre des forces médiocres, supérieures.

Thésée fut le premier qui établit dans la Grece des Ecoles publiques, appellées *Palestres*, où des Maîtres enseignoient aux jeunes gens à joindre l'adresse à la force dans la lutte. Ce Héros avoit appris de l'expérience, que peu de forces bien distribuées & bien ménagées, pouvoient en balancer ou même surmonter de grandes qui ne suivoient que l'impétuosité naturelle, & que l'adresse étant une juste dispensation de ces dernieres ou même un supplément, l'homme adroit devoit aller de pair avec le fort. Cette nouveauté rendit la lutte un des plus illustres exercices des anciens; aussi vit-on chez eux peu de fêtes & de solemnités religieuses & civiles, sans combats de lutteurs : ils faisoient une partie essentielle des magnifiques jeux de la Grece, & ont rendu à jamais célebres le Spartiate Hypostene qui le premier y reçut le prix,

Milon le Crotoniate , & les Athelètes vigoureux qui marchant fur leurs traces , furent
couronnés comme eux.

Les lutteurs combattoient deux à deux.
Il falloit pour vaincre , renverfer par terre
fon antagonifte. L'adreffe & même la rufe
pouvoient être employées à cet effet. Ils
combattoient nuds. Avant le combat on leur
frottoit le corps ; puis on les oignoit d'huile
pour les rendre plus fouples , enfuite on les
couvroit d'une pouffiere fine pour donner
plus de prife à leurs étreintes. Dès qu'ils
étoient en préfence , ils fe mefuroient des
yeux , ils s'obfervoient mutuellement , &
quand l'un des deux croyoit voir un jour favorable à fon deffein , il attaquoit brufque-
ment fon adverfaire, le faififfoit , le ferroit ,
le pouffoit , le tiroit à lui & le fecouoit
dans tous les fens ; quelquefois celui-ci non
moins fort , non moins adroit que le premier , & fe tenant fur fes gardes , lui oppo-
foit une réfiftance opiniâtre. Les lutteurs en
venoient alors à un combat de main contre
main en s'entrelaçant les doigts ; ils s'empoi-
gnoient réciproquement les bras , ils fe

plioient obliquement ou fur les côtés, fe
prenoient enfin au corps, s'élevoient en
l'air ou fe donnoient des crocs en jambes.
Celui qui étoit renverfé ou jetté par terre
étoit le vaincu, à moins qu'il n'entraînât
dans fa chûte fon antagonifte, & que celui-ci ne confervât point fa fupériorité. Dans
ce cas le combat recommençoit de nouveau;
ils luttoient ainfi couchés & fe roulant fur
le fable, jufqu'à ce que l'un fixé fous l'autre renonçât à la victoire.

Le but de tous ces mouvemens n'étoit pas
le ftérile avantage d'obtenir une couronne
de la plus mince valeur par la matiere,
mais en piquant l'honneur de porter l'homme aux plus grandes chofes, & de lui en
donner les moyens en augmentant par cet
exercice fa force & fon adreffe. « A quoi
» fervent ces combats, ces coups, ces con-
» torfions, ces efforts violents, difoit le
» Scythe Anacharfis ? & quel eft le prix de
» ces couronnes d'olivier, de pin & d'ache,
» que vous donnez aux vainqueurs ? à faire
» naître la vigueur & l'adreffe, répondoit
» Solon. Tu méprifes ces couronnes; c'eft

» que tu ne vois pas les grands biens qui
» y font entrelacés. Si ces jeunes gens fe
» portent avec tant d'ardeur aux exercices
» gymnaftiques pour une fimple couronne
» d'ache , que ne feront - ils pas pour la
» défenfe de la patrie , de leurs femmes ,
» de leurs enfans & pour l'immortalité » ?

Tels étoient chez les anciens la lutte &
les honneurs qu'on lui rendoit, & les fuccès de cette méthode opéroient des effets
furprenans. La plus parfaite conformation ,
la force & l'adreffe la plus grande en étoient
une fuite. Aujourd'hui qu'on femble dédaigner tous ces avantages , la lutte paroîtra
peut-être un exercice de poliffon , à ceux
qui peuvent à peine fe fervir de leurs membres , & dont la molleffe a glacé le corps.
A la bonne heure , qu'ils fe regardent eux
comme deftinés à ne rien faire dans le
monde qui faffe fouvenir qu'ils font des
hommes ; mais pour notre éleve que nous
avons deffein de rendre utile aux autres &
à lui-même , fans nous arrêter à ces objections , nous ne ferons point difficulté d'effayer fes forces de toutes manieres , & la

B v

lutte nous offrant un moyen de les augmenter, nous n'aurons garde de le négliger. S'il y avoit des maîtres de *Palestre* comme des maîtres d'Escrime, nous voudrions lui faire connoître toutes les ressources de l'art ; mais nous tâcherons de suppléer à ce défaut autant qu'il dépendra de nous. Toute la précaution que nous prendrons, sera de lui donner d'abord un lutteur de son âge, & de les mener s'exercer sur le pré, sur le sable d'une allée, où la honte des chûtes apprendra bientôt les moyens de se mieux tenir. Au reste qu'on regarde la lutte de l'œil qu'on voudra, elle sera toujours avantageuse. Il convient à un certain âge d'être polisson ; & j'aime beaucoup mieux que mon éleve le soit, qu'il ait même peu de soin de ses cheveux & de sa parure, que si suçant la vanité de bonne heure, il devenoit pincé par une propreté trop minutieuse, & comme tant d'enfans bien élevés, vicieux, débile & pusillanime. Il sera impétueux & étourdi si on veut ; mais il aura des mœurs pures, beaucoup de force & de santé, & ces avantages en valent bien d'autres.

ARTICLE X.

De l'Escrime.

LES anciens ne portoient des armes qu'à
la guerre, ils ne s'exerçoient à manier l'épée
que pour la guerre ; mais en tems de paix
le Soldat devenu Citoyen paisible, & vivant
sous la protection des loix, ne se croyoit
point obligé de pourvoir perpétuellement
à sa défense ; on ne le voyoit point porter
l'instrument des combats au milieu de la
société, & sur-tout dans la maison de ses
amis, & dans les Temples des Dieux.
Pour nous qui nous éloignons en tout des
mœurs antiques, qui dédaignons ce qu'a-
voient de bon celles de nos ayeux, nous
remués de barbares, dont la passion & la
profession la plus commune étoit d'enlever
de force les biens qui se trouvoient à leur
bienséance, nous semblons toujours prê:s
à faire une invasion hostile ou dans le dessein d'attenter aux jours d'autrui ; nous
marchons dans les rues, nous paroissons

B vj

dans les affemblées publiques & particulieres avec un fer meurtrier au côté, capable d'ôter d'un feul coup la vie à un Citoyen (*a*); avec cette difpofition offenfive,
l'orgueil s'effarouche facilement dans une
Nation vive & hardie, qui fe fait gloire
d'affronter la mort avec témérité & même
fans fujet. Delà naquit chez nous cette délicateffe exceffive qui ne put fupporter aucune offenfe directe contre l'amour-propre,
qui déclara lâche celui qui la fouffriroit,
& exigea pour réparation le fang & fouvent
la vie de l'aggreffeur.

Les Grecs & les Romains, non moins

(*a*) Il femble que l'efprit de Philofophie & la
modération qui le fuit, nous préparent une révo-
lution à cet égard. Nous voyons, depuis deux ans,
une grande partie de ceux qui portoient l'épée,
paroître fans armes dans les rues de Paris, & aux
promenades publiques. Il faut efpérer, en faveur
de la fociété, que les hommes, devenus enfin pai-
fibles & raifonnables, renonceront d'eux-mêmes,
& fans effort, à la coutume barbare d'être toujours
armés, & éviteront par-là les occafions de foutenir
les difputes & les querelles par des meurtres.

braves que nous fans doute, n'avoient pas imaginé qu'ils pouvoient fe faire juftice à eux-mêmes d'une infulte reçue; l'opinion n'avoit pas fubjugué leur raifon au point de leur faire croire qu'ils étoient déshonorés, s'ils avoient alors recours aux Tribunaux. Achille le plus colere des hommes, n'appelle point en combat fingulier Agamemnon qui lui a fait une injuftice cruelle; Thémiftocle, menacé de la voix & du gefte par Euribiade, n'en tire point raifon par les armes, ni Céfar ne fe venge point des fatyres qu'on répand contre lui. Ç'eût été pour nos braves des fujets légitimes de fe couper la gorge, c'étoit tout au plus pour ces Héros, des occafions de fortir de la modération ordinaire par des plaintes vives ou des reproches amers. Ils auroient pris pour un furieux ou pour un affaffin, celui qui eût tenté de repouffer une injure particuliere à main armée.

Il fut un tems parmi nous, où la manie des duels, appellés aujourd'hui *affaires d'hon-neur*, s'étoit tellement emparée des efprits, que les querelles & les meurtres qu'elle

occaſionnoit devinrent un vrai fléau pour
la ſociété. Ceux qui ſe diſtinguoient alors
dans l'Eſcrime, donnoient le ton aux autres ; ils étoient regardés avec une ſorte de
reſpect, ce qui joint à la néceſſité de répondre aux invitations fréquentes de ſe battre, multiplioit les Maîtres d'armes & leurs
Ecoliers, & faiſoit de leurs ſalles des Ecoles de Gladiateurs. Cette fureur de s'entre-
tuer, graces aux connoiſſances, à l'eſprit
de raiſon & d'humanité qui s'étendent tous
les jours, s'eſt beaucoup rallentie, & il
faut eſpérer qu'elle tombera avec le tems
comme un des préjugés les plus funeſtes.

Prenez garde, me dira-t-on, que vous
ne ſoyez en contradiction avec vous-même.
Vous regardez l'eſcrime comme une piece
de Gymnaſtique, bonne pour l'éducation,
& vous faites ſentir que plus les ſalles d'armes ſe multiplient, plus l'eſprit tapageur
& les querelles augmentent. D'un autre
côté vous avouez que l'occaſion de ſe battre n'eſt plus fréquente. L'eſcrime eſt donc
ou dangereuſe ou inutile ? accordez-vous.
Cela eſt facile. Quoiqu'on doive convenir

que l'efcrime produit fouvent des effets dangereux , ce n'eft pas une raifon pour la profcrire de l'éducation. Le feu qui embrafe les Cités , prépare nos alimens ; on peut donc employer l'efcrime , mais avec réferve. Elle eft encore néceffaire quoique l'occafion de fe battre foit moins fréquente qu'autrefois. Qui peut fe répondre qu'il n'aura pas à repouffer les attentats d'un furieux armé , & l'infolence d'un brave coquin ? Les loix de tous les pays nous permettent de défendre notre vie, d'après la loi naturelle & l'intérêt de notre confervation qui nous en infpire le defir (a),

_____

(a) Qu'on ne dife pas que j'autorife par mon fentiment , la manie des duels que je femble combattre. A Dieu ne plaife que j'approuve jamais cette horreur infenfée. Je regarde comme affaffin tout homme , qui de fang froid en provoque un autre au combat , qui , par une action auffi téméraire , confond l'innocence avec le crime , en les mettant de niveau , & qui , tout au moins , fait courir le danger de la vie à celui qu'on outrage. Mais quoi ! vous laifferez-vous outrager impunément ? Non , fi on attaque ma vie , je la défendrai

en nous en faisant voir la nécessité. Nous
permettrons donc l'escrime à notre Eleve,
pour sa sûreté personnelle ; d'ailleurs comme elle est par elle-même un exercice très-
propre à dénouer les membres, à fortifier
les muscles, à donner à tout le corps, dans
des positions très - variées, la vigueur, la
solidité & la souplesse, nous l'employerons
encore dans cette vue comme un excellent
moyen d'augmenter les facultés individuelles de l'homme ; & cette raison seule est
suffisante, pour engager tout pere sage à

de toutes mes forces. Il est des occasions mal-
heureuses où l'on ne peut, sans péril, attendre
le secours d'autrui. Je ne voudrai donc jamais que
mon Eleve apprenne à tirer des armes, pour être
plus en droit d'insulter ou provoquer un homme ;
rien ne donne ce droit ; mais je suis bien aise qu'il
ait pardevers lui le moyen d'en imposer à l'inso-
lence audacieuse, ou tout au moins de la réprimer. Il n'acceptera donc pas le duel ; mais il se
doit à lui-même de se défendre. La défense est un
acte aussi légitime devant Dieu & devant les hommes, que l'attaque est injuste, odieuse & attentatoire à l'autorité du Souverain.

admettre l'efcrime dans l'éducation de fon fils.

ARTICLE XI.

De la Danfe.

SI la danfe ne peut être regardée comme la première partie de la Gymnaftique par fon ancienneté, elle fera du moins reconnue pour celui des exercices du corps, que l'on a le plus cultivé dans tous les fiecles & parmi tous les peuples. Ses variétés font infinies, & elle peut à bon droit le difputer pour l'agrément & l'utilité, à toutes les autres efpeces de Gymnaftique. Très-propre à la confervation de la fanté, parce que fans fortir du naturel, elle fait diftribuer une agitation modérée à toutes les parties du corps qu'elle remue en cadence & avec mefure, elle fert en même-tems à rendre la taille libre & dégagée, à former un corps bien proportionné, à donner à toute la perfonne un air aifé, noble, gracieux ; en un mot, une certaine politeffe d'extérieur qui prévient toujours en faveur de ceux qui se sont familliarisés avec cet exercice (*a*).

A tous ces avantages de la danse, on peut en ajouter d'autres qui lui sont particuliers, comme de convenir à l'un & à l'autre sexe, de pouvoir se proportionner aux forces & aux besoins de tous les âges, & se pratiquer en tout tems & en tous lieux (*b*).

La danse est née du penchant naturel de l'homme à imiter. Elle est l'expression imitative de la nature par le mouvement, c'est-à-dire, un enchaînement de mouvemens expressifs & de pauses. D'abord ce n'étoit qu'un composé irrégulier de pas, de

---

(*a*) Le Poëte Simonide appelloit la danse une poësie muette, & réciproquement la poësie une danse éloquente.

(*b*) Xénophon fait dire à Socrate, dans son banquet : L'on peut aussi bien suer en dansant dans une salle médiocre, que dans les gymnases les plus spacieux. On peut danser à couvert pendant l'hiver & le mauvais temps; & l'été, si la chaleur est trop forte, on peut danser à l'ombre.

fauts & de postures, qui rendoient grossié-
rement les passions des danseurs; mais on
ne tarda pas à assujettir ces mouvemens aux
loix d'une mesure & d'une cadence, réglée
par le son de la voix, par la percussion
d'un corps, ou le son de quelqu'instrument.

Les danses des anciens, considérées par
rapport aux divers usages auxquels on les
appliquoit, peuvent se réduire à quatre
principaux genres, selon qu'elles étoient
destinées, 1°. aux cérémonies de la religion,
2°. aux exercices de la guerre, 3°. aux
spectacles du théatre, 4°. aux noces, aux
festins & à de semblables réjouissances.

La danse sacrée fut la plus ancienne de
toutes les danses, & la source d'où sont
venues toutes les autres. Dans toutes les
religions anciennes, les Prêtres furent danseurs par état, parce que la danse étoit
une partie du culte. Aussi Aaron danse-t-il
dans le désert devant le Veau d'Or, avec
une troupe d'Israëlites; David danse devant l'Arche. Chez les Grecs les sacrifices
en l'honneur d'Appollon, de Diane, d'Her-

cule ne se faisoient pas sans danses , &
les Prêtres de Mars à Rome , étoient appellés *Saliens* , parce qu'ils sautoient &
dansoient devant leur Divinité.

Les danses militaires instituées pour donner plus d'aisance & de justesse à exécuter
tous les mouvemens des armes , furent
particuliérement en honneur chez les Grecs
amoureux de ces exercices. Phyrrus, fils
d'Achille , assujettit la danse militaire à
des regles , & elle fût appellée *Phyrrique*
de son nom. Lycurgue fit une loi expresse,
pour ordonner que les jeunes Lacédémo-
niens y seroient exercés dès l'âge de sept
ans. Les danseurs étoient armés de toutes
pieces ; ils exécutoient leurs mouvemens,
soit pour l'attaque , soit pour la défense,
au son de la flûte qui jouoit des airs
belliqueux dans le mode Phrygien ; ces
mouvemens étoient si variés & demandoient
tant d'agilité , qu'ils rendoient cette sorte
de danse infiniment pénible & laborieuse.

Les danses de théatre étoient de quatre
sortes ; la tragique, la comique, la satyrique & la pantomime. Elles étoient parfai-

tement conformes à l'expreſſion des paroles que chantoit le chœur, & s'accommo-
doient aux différens caraĉteres des paſſions
que les aĉteurs vouloient exciter. Les tra-
giques étoient graves, les comiques, gaies
& ſouvent indécentes, les ſatyriques, folâ-
tres & riſibles. Quant aux *pantomimes*,
parce que les attitudes & les geſtes des
Aĉteurs repréſentoient toutes les aĉtions des
hommes, elles varioient avec les ſujets
qu'elles exprimoient.

Un des principaux divertiſſemens des
noces & des feſtins, c'étoit la danſe ;
elle s'exécutoit au ſon de la flûte. Des
Muſiciens & des Danſeurs qu'on louoit,
réjouiſſoient la compagnie. Les conviés ſe
plaiſoient à groſſir le nombre de ces derniers lorſqu'ils étoient en pointe de vin.

L'uſage de la danſe commun à tous
les peuples & à tous les états, a paſſé de
ſiecle en ſiecle juſqu'à nous. On danſa aux
fêtes publiques & particulieres, à la Ville
& à la Campagne, ſous l'ormeau comme
dans un ſallon, & quoiqu'on abuſât de la
danſe comme on abuſe de tout, quoiqu'elle

dégénérât en postures lascives & effrontées ; & que par cette raison nos anciennes *fêtes baladoires* ayent été frondées par les peres de l'Eglise , frappées d'anathême par les Papes , & défendues par les Ordonnances de nos Rois , la danse s'est soutenue dans la possession de faire le principal agrément des noces & des fêtes. L'on a toujours dansé & l'on dansera toujours.

Cependant on peut dire que si l'art s'est embelli parmi nous , si nos danses théatrales font plus variées & plus nobles qu'autrefois , si la danse est encore en honneur dans le grand monde , elle fait plus rarement les plaisirs du peuple , & sur-tout des Habitans de la campagne. La gaieté françoise , grandement affoiblie , semble dédaigner les plaisirs & les jeux qu'elle aimoit. Nos Pasteurs , trompés par leur zèle , tout au moins aveugle , s'élevent avec force contre les danses champêtres qui se font les jours de fête , comme s'il convenoit mieux que nos Agriculteurs passassent leur temps au cabaret , ou qu'ils prissent leurs délassemens les jours ouvrables. Hélas !

on ne fait pas affez combien ces hommes
fimples & malheureux, à qui nous devons
nos fubfiftances, méritent, après un travail
de fix jours, d'ufer le feptiéme dans la joie néceffaire pour foutenir le poids qui les accable,
& combien il importe pour l'union des
familles, pour la folidité & la paix des
mariages, que les jeunes gens des deux
fexes puiffent fe voir, fe connoître & s'é-
battre enfemble en préfence de leurs parens.

On remarque dans l'éducation vulgaire,
que les jeunes gens s'ennuyent de la danfe;
qu'ils en prennent les leçons avec dégoût,
& les quittent avec plaifir pour courir à leurs
jeux ordinaires, où ils déployent tout le
feu & la vivacité de leur âge. Cette indication nous montre qu'il y a un changement
à faire dans la maniere de leur enfeigner la
danfe. Ce n'eft pas qu'ils ayent une répugnance naturelle pour cet exercice; on
voit au contraire que lorfqu'ils font livrés
à eux-mêmes, ils forment entr'eux des danfes, mais toujours analogues à leur penchant. Dans ce temps où la nature demande
de grands mouvemens, ils dédaignent les

pas du grave menuet, ils fe laffent de danfer feuls. Etudions la nature dans le caractere des peuples ; nous verrons ceux qui vivent fous un beau ciel, & participent à cette heureufe vivacité qui fait l'appanage de la Jeuneffe, fe livrer à la danfe avec une efpece d'enthoufiafme, & former leurs mouvemens avec des pas très-rapides. Voyez le Provençal, le Languedocien, le Gafcon, & enfin tous les peuples des Provinces méridionales, c'eft le tambourin, la bourée, la gavotte, les bals qui les amufent ; les danfes férieufes n'entrent jamais dans leurs plaifirs. Suivons cet exemple dans l'éducation de nos éleves. Pour les former à cet exercice, étudions leur goût ; & comme la mauvaife grace à marcher, à fe préfenter & à faluer, n'eft un mérite pour perfonne dans aucun pays, & qu'il convient au contraire qu'un enfant d'une maifon honnête s'annonce comme tel par les graces de l'éducation, n'excluons perfonne de celles de la danfe.

ARTICLE

ARTICLE XII.

De l'Equitation.

Dès que l'homme éclairé par ses besoins eut connu l'avantage d'employer à son service, la force & l'industrie des animaux, il s'occupa des moyens de les soumettre, & les ressources de son esprit lui apprirent à les dompter; mais parmi ceux qu'il soumit à son empire, le cheval fut sa plus belle conquête comme la plus précieuse. Aussi l'homme ne l'admit pas seulement à ses travaux, mais à la domesticité; il devint le compagnon de ses entreprises, de ses plaisirs & de ses voyages. Il faut remonter si haut dans les tems pour trouver l'origine de cette sorte d'association, qu'on la perd dans l'obscurité des siecles, que l'histoire ne nous en offre point de notions, & qu'à peine en voit-on des traces dans la Fable; cependant le peu qui nous en reste dans celle des *Centaures* ou *Hyppocentaures*, moitié hommes &

moitié chevaux , nous montre allégorique-
ment cette participation du cheval aux
travaux de l'homme , & la naiſſance de
l'équitation. L'art de dreſſer & de mener
les chevaux eſt donc preſque auſſi ancien
que le monde ; tous les peuples en ont
ſenti l'utilité , tous les peuples l'ont cultivé ; mais en raiſon de la facilité qu'ils ont
eu à élever des chevaux , & à les nourrir.
Comme tous les arts ont fait des progrès &
ſe ſont perfectionnés , celui de l'équitation a
profité des lumieres d'une longue ſuite d'expériences & des obſervations des plus habiles
hommes de cheval. On peut ſe convaincre
en liſant l'hiſtoire, que l'équitation eſt aujour-
d'hui bien différente de ce qu'elle étoit
autrefois. Quoique les anciens fiſſent un
fréquent uſage du cheval, que la Cavalerie
fît une partie nombreuſe de leurs armées,
les Cavaliers ne ſe ſervoient pas d'étriers
pour ſe mettre en ſelle. Jeunes , ils appren-
noient à s'élancer deſſus ; mais appeſantis
par l'âge ou gênés par le terrein , ils étoient
obligés d'emprunter le ſecours d'autrui pour
y monter , ou de prendre l'avantage de

quelque pierre ou d'un tronc d'arbre. Grac-
chus fit pofer fur les grands chemins d'efpace
en efpace de grandes pierres, dans la vue
de donner aux Cavaliers la facilité de
monter à cheval. Il y avoit des peuples
entiers tels que les Numides, chez qui la
bride ni le mords n'étoient point en ufage,
ils fe fervoient de la voix ou d'une baguette
pour diriger leurs chevaux.

Le cheval a été la voiture commune de
tous les états, jufqu'aux tems où le luxe
& la recherche ont enfanté cette foule
d'équipages de toutes formes qui embar-
raffent nos rues. Les Rois, les Magiftrats,
& fur-tout les Militaires en faifoient ufage. Il n'y a pas plus d'un fiecle qu'un Militaire qui fe fût fervi d'une chaife de
pofte pour fe rendre à l'armée, en eût été
la fable. Aujourd'hui la molleffe eft portée
fi loin, elle a fi bien gagné toutes les conditions, que des artifans & de fimples
Commis vont en campagne ou parcourent
la Ville, fi ce n'eft en carroffe, du moins
en cabriolet. Quoi qu'il en foit, le cheval
n'en eft pas moins la voiture la plus favo-

rable à la santé (& à l'exception de la maniere d'aller à pied) la plus commode, la
moins coûteuse, la plus propre pour tous
les tems & pour tous les chemins, celle
qui nous fait mieux jouir de la beauté du
Ciel & des scenes variées des campagnes.
Un homme qui court la poste dans une
voiture bien fermée, dort une partie de la
route, ne voit rien, n'examine rien, rend
nuls autant qu'il peut le tems & l'inter-
valle du départ à l'arrivée, tandis que
l'homme de cheval fait un exercice salutaire & voit sans cesse passer sous ses yeux
tout le spectacle de la nature.

Le cheval sera donc la voiture de notre
éleve ; & comme un homme quelconque ne
peut pas se promettre qu'il ne sera pas
obligé plus d'une fois en sa vie de monter à
cheval, eussions-nous plusieurs éleves destinés
à différens états, nous ne croirions pas moins
nécessaire de les former à cet exercice. Ce
n'est pas cependant que nous prétendions
en faire des écuyers, & que nous cher-
chions à leur donner l'élégance & la grace. La
grace donne du prix à tout sans doute ;

mais ici elle demande trop de tems, elle
ne doit être que fecondaire. Il importe
de les rendre fermes à cheval, de leur
donner de la hardieffe & de la force ; &
c'eft à quoi il faut pourvoir. Qu'on leur
apprenne donc à fe bien tenir, à monter
un cheval à nud, foit dans la montée, foit
dans la defcente, à traverfer les eaux fur
un cheval à la nage, à s'élancer fur fon
dos fans étriers, & ces préliminaires rem-
plis, nous aurons un bon homme de cheval, fi nous n'avons pas un écuyer.

ARTICLE XIII.

Parmi tous les exercices gymnaſtiques, la
Natation recommandable.

LA lutte, la courfe, la paume, l'efcrime, l'équitation, &c. qui vont fi bien au
deffein que nous formons de fortifier notre
éleve, doivent donc entrer dans notre plan ;
mais un exercice que je recommande particuliérement par la perfuafion où je fuis
de fa grande importance, foit pour éten-

C iij

dre & affouplir les membres d'un jeune homme & leur donner plus de reffort , foit pour lui fervir de fauve-garde dans plus d'une rencontre dangereufe ; c'eft la natation.

Je vois redoubler ici les objections des meres craintives & des peres foibles , & s'élever contre cette partie de ma Gymnaftique. Quelques-uns à qui une imagination prévenue & alarmée groffit les objets , fe repréfentant déja leurs enfans dans un péril imminent & continuel , penferoient les y livrer s'ils leur permettoient la natation. D'autres qui fe croient raifonnables & prudens, en regardant cet exercice comme agréable, le jugent pourtant dangereux. Il fuffit , difent-ils , pour devoir l'interdire à fes enfans, que parmi ceux qui veulent fe le rendre familier , il puiffe y avoir quelqu'un qui foit la victime de fon entreprife. Qu'importe d'ailleurs de fe prémunir contre des hafards qui n'arriveront peut-être jamais , par des foins & une habitude pénible , ou tout au moins inutile aux hommes , deftinés à paffer leur vie dans les Villes.

Avec de femblables raifonnemens, on pourroit combattre les inftitutions les plus néceffaires & les plus excellentes. Peut-on cependant parvenir à s'en rendre quelqu'une familiere fans peine comme fans foins? Eft-il bien vrai d'ailleurs que la natation foit un exercice, tout au moins inutile; que les enfans qu'on ne daigne pas y former·n'en auront pas befoin pour fauver leur vie? Ils doivent la paffer dans les Villes. Et favez-vous ce qu'ils deviendront? N'y a-t-il que des Villes à habiter dans le monde? Ne feront-ils pas militaires, voyageurs, marins peut-être? Quel cercle étroit vous décrivez autour d'eux! tandis que mille événemens peuvent les jetter bien loin au-delà de ces bornes chimériques. Peut-être font-ils deftinés à traverfer de larges fleuves, à courir les mers les plus orageufes. Mille occafions alors peuvent les mettre dans le cas de périr, s'ils ne favent pas nager. Un naufrage & quelque chofe de plus commun, le paffage d'une riviere, d'un ruiffeau même groffi par les torrens, une chûte imprévue dans l'eau, un cheval qui s'y abat, suffisent pour les perdre. On voit tous les jours des gens qui se noyent faute de savoir nager.

Qu'on ne dise donc pas que cet exercice est inutile. Qu'on cesse même de le croire entouré de tant de périls. J'ose assurer que si, en le permettant à un jeune homme, on prend la précaution de le mettre sous la garde d'un nageur habile & prudent, la natation sera beaucoup moins dangereuse que l'escrime, l'équitation, la chasse & même la paume, exercices que les parens les plus séveres interdisent rarement à leurs enfans.

S'il y a des jeunes gens qui se noyent en voulant apprendre à nager, c'est toujours la témérité ou l'imprudence qui en sont cause. Ce sont ordinairement des enfans livrés à eux-mêmes, qui ne connoissant pas le péril s'y sont jettés en aveugles. Ignorant qu'un homme qui ne sait pas nager ne peut tenir pied où l'eau est plus profonde qu'il n'a de hauteur, & qu'il ne sauroit même alors s'élever assez sur la surface pour n'être pas submergé, ils se font hafardés en grande eau, tandis qu'ils n'auroient dû le tenter qu'après s'être affurés d'y pouvoir aller fans rifque (*a*).

ARTICLE XIV.

Méthode pour apprendre facilement à nager.

LA crainte qu'on éprouve lorfqu'on effaye de nager pour la premiere fois, eft moins

---

(*a*) Thevenot, Auteur d'un petit Livre intitulé l'*Art de nager*, prétend que fans la crainte les hommes nageroient naturellement comme les animaux; mais l'expérience y eft contraire. Qu'on jette dans l'eau un enfant qui n'eft pas encore fufceptible de crainte, il ne nage point & fe noye. La raifon de cela eft que le centre de gravité des hommes eft différent de celui des bêtes. La tête de l'homme trop pefante, eu égard au refte du corps, fe plongeant dans l'eau par fon propre poids, entraîne le refte & l'homme fe perd. Les bêtes au contraire, ayant néceffairement la tête hors de l'eau par leur fituation, ne fe noyent point, par des raifons de Statique qui font vifibles à tout le monde.

C v

celle du danger réel que de celui qu'on imagine. Un homme quel qu'il soit, n'ose pas se fier au liquide élément qui peut le trahir; il a toujours peur d'enfoncer & de se noyer.

Cette crainte inspirée par la nature pour surveiller notre ignorance ; cette crainte salutaire dans son principe est cependant le plus grand obstacle à la natation ; il faudra donc l'enlever peu à peu aux enfans qu'on voudra former à cet exercice.

La méthode en est simple & facile, & je la donne d'après mon expérience. Je bannis les vessies pleines de vent, les calebasses & tous les corps légers qui surnagent, ils peuvent causer des accidens fâcheux, ne guérissent point de la crainte & n'apprennent à nager qu'avec beaucoup de lenteur. Menez votre éleve se baigner dans le canal d'une riviere claire ou d'un ruisseau, où l'eau ait assez peu de profondeur, pour qu'il puisse poser les mains sur le fond, sans qu'elle lui monte jusqu'au visage, & sans qu'il ait lieu d'appréhender qu'elle lui coupe la respiration. Ces précautions prises, excitez-le à nager.

D'abord, pris de la crainte commune,
il aura peur que sa tête n'entre dans l'eau.
Pour le rassurer, engagez-le s'il est possible à s'y plonger de lui-même ; s'il montre
de la répugnance, excitez-le par votre
exemple. Tant que de la surface, il verra
l'intérieur de l'eau, l'instinct plus puissant
que le raisonnement, l'empêchera sans
doute de s'y étendre sans contrainte & de
mouvoir librement ses membres ; mais dès
que persuadé, il aura plongé le corps & la
tête dans l'eau, le motif qui le retenoit venant
à cesser, sa crainte cessera en même-tems ;
il sera libre de se mouvoir dans le milieu
liquide, aussi long-tems que la capacité
de sa poitrine pourra lui permettre d'y
demeurer sans respirer. Quand ce besoin
urgent l'obligera de mettre la tête à l'air,
il le fera sans peine, puisqu'il pourra
se relever en atteignant le sable avec la
main (a).

(a) On voit que cette méthode a le double
avantage d'apprendre à nager & à plonger, ce
qui n'est point si inutile qu'on le peut croire au

C vj

Tous les enfans aiment le bain à la folie, tous brûlent d'apprendre à nager; la crainte seule du danger les retient. Dès que vous aurez levé cette difficulté à votre fils, par le moyen que je vous indique, soyez persuadé que vous aurez plus de peine à le retenir, que vous n'en aviez à l'y porter; il n'aura pas essayé une fois, qu'il s'empressera de répéter la leçon qu'il aura reçue. C'est une expérience que je puis donner comme assurée; car c'est ainsi que j'ai appris à nager, sans péril comme sans difficulté.

premier coup d'œil. Si je ne sais que nager, je puis voir périr un homme, une personne qui m'est chere, dans un naufrage. Tombés dans l'eau & emportés par le courant, ils disparoissent, ils se noyent. Si je sais plonger, je vais les prendre entre deux eaux, je les suis jusqu'au fond lorsqu'un poids extraordinaire les y précipite ou les y retient, & je les ramene à l'air & à la vie.

ARTICLE XV.

La Natation, combien eſtimée des Anciens.

Les Anciens croyoient la natation une choſe ſi néceſſaire dans la vie, qu'ils faiſoient de cet exercice une principale partie de l'éducation, & que lorſqu'ils vouloient exprimer l'extrême ignorance d'un homme, ils diſoient qu'il ne ſavoit ni lire, ni nager (*a*). Ces deux choſes leur paroiſſant également intéreſſantes, ils prenoient un grand ſoin d'y exercer de bonne heure la jeuneſſe. Nous voyons dans Plutarque, que Caton apprenoit lui-même à ſon fils à traverſer à la nage les rivieres les plus rapides.

(*a*) C'étoit un proverbe commun aux Grecs & aux Romains, que ceux-ci avoient ſans doute pris des autres. Les premiers diſoient :

μητὲ ναὶν μητε γςάμματα ἐπιστασαν.

Les Romains, *nec litteras didicit nec natare.*

. César dans la guerre d'Egypte , ayant
été forcé pour se sauver du port d'Alexan-
drie , de se jetter dans un petit bateau,
tant de gens s'y lancerent en même-tems
que le bateau commença à enfoncer. Cependant les ennemis le poursuivoient , &
il étoit en danger de couler bas. Pour se
dérober à tant de périls , ce Héros prit le
parti de sauter dans la mer pour gagner
sa flotte éloignée de plus de deux cens pas,
& il y arriva nageant de la main droite ,
tenant de la gauche ses tablettes hors de
l'eau , & traînant sa cotte d'armes avec
les dents. C'en étoit fait de lui , si la Jeunesse Romaine de son tems n'avoit reçu
une éducation plus mâle que la nôtre (a).

(a) Si le Prince de Nassau, aïeul du Stathouder
de Hollande, actuellement en place, avoit su nager,
il est vraisemblable qu'il ne se seroit pas noyé
comme il fit en passant le Mordik en 1711. Les
bataillons & les escadrons François qui furent pré-
cipités dans le Mein à la bataille de Dettingen &
qui y périrent, n'eussent pas été noyés , si les Soldats
avoient été exercés à la Natation. Que d'exemples
les batailles, les naufrages, les accidens journaliers

ARTICLE XVI.

Méthode pour rappeller les Noyés à la vie.

APRÈS avoir indiqué les moyens convenables pour apprendre à nager, prouvé l'utilité
de la natation, & la néceffité de l'introduire
dans l'éducation tant privée que particuliere, je crois devoir mettre fous les yeux
de mes lecteurs, les fages, bienfaifantes
& à jamais louables entreprifes & inftitutions formées dans différens Etats de l'Europe *pour rappeller les noyés à la vie*, &
la méthode qu'on a fuivie à cet effet. Les
ouvrages périodiques ont déja parlé de
cette méthode. M. de Villiers, ancien
Médecin des armées du Roi en Allemagne
& Médecin de la Faculté de Paris, l'a publiée dans un Ouvrage où il rapporte tout
ce qu'il a pu recueillir à ce fujet. Le pu-

arrivés fur l'eau, ne nous donnent-ils pas de l'u-
tilité de l'art de nager & de la néceffité de l'introduire dans l'éducation !

blic a pu s'en inſtruire ; mais combien de
gens en Europe, en France même, qui ne
liſent point les ouvrages périodiques, entre
les mains de qui l'ouvrage de M. de Villiers ne tombera jamais, & qui pourront
encore ignorer long-tems une méthode
ſi utile à l'humanité. Ces conſidérations
m'ont porté à l'inſérer ici afin d'en étendre de plus en plus la connoiſſance. On
ne ſauroit trop répandre celles qui inté-
reſſent les hommes. Plût à Dieu que cet
article inutile pour ceux qui ſont inſtruits,
ſerve à inſtruire ceux qui ne le ſont pas,
& contribue un jour à rendre la vie à
quelqu'un des malheureux que des accidens
enſeveliſſent ſous les eaux, & qui crus morts,
feroient comme tant d'autres abandonnés,
ou étouffés par l'ignorance, ou mis au
ſein de la terre quoique vivans (a).

_____

(a) Le reſte de cet article eſt preſqu'entiérement
tiré des *Ephémérides du Citoyen*, tome *VIII*,
année 1771.

Il y a long-temps qu'on s'occupe des moyens
de rappeller les Noyés à la vie ; & cependant ces

Dès qu'un noyé est tiré de l'eau , les indications qui se présentent à remplir ,

---

moyens ne sont pas aussi généralement connus qu'ils devroient l'être.

Dès l'année 1758 , le Gouvernement fit rédiger par le célebre M. de Reaumur , une instruction qui fut imprimée à l'Imprimerie Royale en deux pages in-4° , & distribuée par ordre du Roi dans les Provinces. Cette instruction avoit été principalement tirée de plusieurs expériences heureuses rapportées dans le Mercure de Suisse.

En 1761 , l'Académie Royale des Sciences, Belles-Lettres & Arts de Besançon fit, des moyens de rappeller les noyés à la vie, le sujet du prix qu'elle a donné, en 1762, à M. Isnard, dont le Mémoire couronné a été imprimé à Paris chez Prault, en 48 pages in-8°, sous ce titre : *Le Cri de l'Humanité en faveur des personnes noyées*, ou *moyens faciles pour les rappeller à la vie*.

Mais c'est la Hollande qui nous a donné l'exemple public & général des soins les plus attentifs pour les noyés. Les Magistrats de plusieurs Villes y ont fait publier des Ordonnances, « autorisant » tout Chirurgien à faire tirer les noyés hors de » l'eau , lors même qu'ils ne donnent plus de signes » de vie , à les faire transporter dans les maisons » voisines , soit bourgeoises , soit auberges ou

font de rétablir la chaleur naturelle & la circulation arrêtée ; de débarraſſer la poi-

---

» cabarets , & à leur adminiſtrer tous les moyens
» capables de les rappeller à la vie , en donnant
» toutefois connoiſſance du fait à la Juſtice du lieu
» ſur le champ même. C'eſt ainſi qu'on y a ſauvé
» pluſieurs victimes , ſans rénoncer aux formalités
» uſitées.....

　» C'eſt une Société formée à Amſterdam en fa-
» veur des noyés , qui a procuré cet heureux chan-
» gement. Elle a vu couronner ſon zele par les
» ſuffrages les plus authentiques. Il eſt beau de
» voir cette Compagnie de Citoyens vertueux
» fournir volontairement aux dépenſes faites pour
» traiter tous les noyés ; donner un prix à celui ou
» à ceux qui prouvent en avoir ſauvé un , ſorti
» de l'eau ſans aucun ſigne de connoiſſance ; pren-
» dre des meſures pour rendre ſon établiſſement
» durable , pour le convértir en une fondation à
» perpétuité , & n'être , pour ainſi dire , embarraſſée
» que du nombre & du choix des Souſcripteurs qui
» ſe préſentent à l'envi pour partager le plaiſir de
» leur bienfaiſance ».

　Cette reſpectable Société n'a point borné ſa ſol-
licitude à l'Europe. Dans tous les Etats de la République de Hollande , en Aſie , en Afrique & en
Amérique , ſes correſpondans diſtribuent des récom-

trine & le cerveau du fang dont ils font
furchargés ; & de vuider le poumon, fur-

---

penfes à tous ceux qui fauvent des noyés, & payent
généreufement des Chirurgiens qui leur donnent
des foins, quand même ces foins n'auroient pas le
fuccès qu'on en defire.

On vient d'imiter en France ces grands exemples par une inftitution très-louable. M. de la
Michodiere, Confeiller d'Etat, Prévôt des Marchands, a fignalé le commencement de fa nouvelle
adminiftration :

1°. En faifant dépofer dans tous les Corps-de-
garde répandus le long de la riviere, les inftrumens
& les ingrédiens, avec l'inftruction néceffaire pour
la guérifon des noyés.

2°. En établiffant des prix, des gratifications
en argent, qui font délivrés fur le champ à celui
qui avertit le Corps-de-garde qu'il y a un noyé, à
ceux qui le tirent de l'eau, au Sergent & aux
Soldats de la garde qui s'y tranfportent les premiers, & qui fourniffent les inftrumens néceffaires
au Chirurgien qui donne les fecours, & à celui qui
fe charge de l'aider dans cette opération importante, ou de le fuppléer, d'après l'inftruction, s'il
ne fe trouve point de Chirurgien à portée, à ceux
enfin qui prêtent un lit pour mettre le noyé. Cette
opération bienfaifante, dont l'inftitution n'eft que

tout de l'eau qui peut avoir été inspirée.
Les meilleurs moyens pour le rappeller à
la vie, font les fuivans.

1°. On lui introduira dans les inteftins, la fumée âcre & chaude du tabac, de
la maniere qu'on le dira plus bas. Dans
le cas où l'on n'a pas ce qu'il faut pour
pratiquer cette opération, la Société Hol-
landoife confeille d'y introduire tout fimplement de l'air avec une pipe ordinaire
ou un tuyau quelconque, un chalumeau,
un foufflet, ou enfin une gaine de couteau
dont on coupera la pointe : pratique qui
remonte à ce qu'il paroît par le proverbe,
à l'antiquité la plus reculée. Plus ces deux
opérations fe feront promptement, fortement
& avec continuité, plus elles feront effica-
ces, la premiere fur-tout. C'eft en général
l'une des deux qu'il faut pratiquer d'abord,
& cela fe peut fans perdre un moment en

---

de 1771, a déja fauvé bien des Citoyens. Que le digne
Magiftrat, auquel on la doit, mérite de louanges
pour fa générofité patriotique, qui a retiré & qui
retirera encore tant d'hommes des bras de la mort!

quelqu'endroit que le noyé ait été posé au
sortir de l'eau. Il est bon aussi de lui souf-
fler de la fumée du tabac dans le nez &
dans la bouche. Du tabac en poudre souf-
flé dans les narines a quelquefois produit
un bon effet ; & quand le noyé a repris
connoissance, il faut qu'il fume lui-même.
M. Isnard pense qu'un suppositoire de tabac
de Bresil peut suppléer à la fumigation dans
les intestins ; mais l'effet du suppositoire
doit lui être bien inférieur à tous égards;
il ne convient que pour procurer quelques
évacuations après que la fumée du tabac aura
rétabli le cours de l'air. La plus mauvaise
position qu'on puisse donner à un noyé,
c'est de le tenir sur le dos : il faut le mettre tantôt sur un côté & tantôt sur l'autre,
& quelquefois sur le ventre, comme quand
on veut lui incliner la tête & le corps.

2°. On lui ôtera, le plutôt possible, ses
habits mouillés pour essuyer & dessécher
son corps tout pénétré d'eau, souvent froid,
engourdi & même roide, ce qui peut s'exécuter de plusieurs manieres : ensuite on le
frottera fortement par tout le corps & sur-

tout le long de l'épine, avec des linges
chauds ou de la flanelle chaude arrofée
d'eau-de-vie, à laquelle on mêlera avec
fuccès un fel volatil, concret ou liquide.
On peut auffi faupoudrer ces linges ou cette
flanelle avec du fel de cuifine, fec & pilé
très-fin. On peut encore le réchauffer en le
tenant auprès d'un feu doux & modéré,
en lui couvrant le corps de cendres chaudes, produites par la combuftion du bois,
du charbon de terre, de la tourbe, de la
fiente de vache, du varec ou de la foude,
ou avec du fel chaud, du fable chaud,
des couvertures de laine chauffées, des
peaux d'animaux récemment tués ou bien
anciennes & chauffées, les habits des affif-
tans, & enfin par la chaleur douce de perfonnes faines couchées dans le même lit
que le noyé. On a pourtant quelques raifons de croire, que les peaux d'animaux
récemment écorchés, doivent malgré leur
chaleur douce & naturelle, être fort inférieures à l'application de la cendre chaude, ainfi que les peaux anciennes, parce
qu'en s'appliquant exactement à la furface

du corps, elles en bouchent les pores &
empêchent que l'air n'y pénetre.

3°. Tandis qu'on sera occupé à introduire la fumée du tabac ou de l'air par
l'anus, & à réchauffer le noyé, on lui tien-
dra sous le nez un linge trempé dans de
l'eau - de - vie ou toute autre liqueur forte,
ou bien un flacon de quelque sel volatil
très - pénétrant, & on lui en frottera même
les tempes & le pouls : on peut aussi y appliquer le beaume apopleƈtique.

4°. Il est bon aussi de lui chatouiller la
gorge & le nez avec une plume seche;
mais qu'on se garde bien de lui verser dans
la bouche du vin, . de l'eau - de - vie ou
toute autre liqueur forte, qu'on ne soit bien
sûr qu'il pourra les avaler.

5°. Voici encore un moyen qui a réussi :
Qu'un des assistans mette sa bouche exaƈte-
ment sur celle du noyé, lui serrant les
narines d'une main & pressant le sein gauche de l'autre, & qu'alors en soufflant avec
force, il tâche d'enfler ses poumons; ce
moyen pratiqué dès les premiers momens,
peut devenir aussi efficace & même peut-

être plus que celui d'introduire dans les inteſtins l'air ou la fumée du tabac ; il n'exige aucun inſtrument & n'exclut pas les deux premiers articles.

6°. Il eſt ſouvent néceſſaire d'employer tous les moyens indiqués (n°s, 1, 2 & 3), avec force & avec conſtance, pendant quelques heures ; car pluſieurs noyés ne ſont revenus qu'au bout de quatre ou cinq heures : mais il faudra auſſi faire une ſaignée, par une large ouverture, à la veine jugulaire ou à une des plus groſſes du bras, le plutôt poſſible. Si le ſang ne vient pas immédiatement après la piquure, on la laiſſera ouverte & l'on continuera les frictions. Il eſt inutile de penſer à la ſaignée du pied, en pareil cas les vaiſſeaux des parties inférieures ſont flaſques, ils ne donneroient du ſang que long-tems après ceux des parties ſupérieures ; tout le ſang s'eſt refoulé ſur la poitrine & ſur la tête. Pour faire cette ſaignée, il ne faut pas attendre qu'ils ayent rejetté toute l'eau qu'ils auront pu abſorber.

7°. Quand ils ſont bien revenus, on peut

peut leur faire boire un petit verre d'eau-
de-vie avec dix gouttes de sel ammoniac ,
pour relever les forces de la vie & le pouls
qu'il faut alors tâter souvent , afin d'examiner s'il ne se forme point intérieurement
quelque dépôt qui détruiroit tout le fruit
des peines qu'on a prises. Pour peu qu'on
c.... ne cet accident, qui est l'effet nécessaire des efforts du noyé & de la surprise de
son sang , peut-être aussi des coups qu'il
a pu se donner en tombant , il vaut mieux
faire une seconde saignée & affoiblir un
peu le malade , que de lui laisser des forces
nuisibles ; il ne mangera point ou que très-
peu, du reste il suffira de lui donner de
bon bouillon. Il est arrivé plus d'une fois ,
que faute de veiller aux accidens subséquens
avec circonspection , on n'a ramené les
noyés à la vie que pour deux jours. On
doit penser qu'un homme vigoureux, par
exemple , pléthorique & plein d'humeurs ,
qui tombe dans l'eau ayant chaud , eau qui
est conséquemment très - froide , relativement à l'état de son sang , peut contracter
sur le champ une pleurésie dangereuse , in-

dépendamment des accidens communs à tous les noyés. Il leur faut donc plusieurs jours de repos & de soins , les frictions qu'ils ont essuyées , étant seules capables de leur abattre les forces & de rendre leurs membres douloureux.

M. de Villiers justifie ces procédés par une théorie qui nous a paru fort sûre & par des expériences bien constatées. On nous dispensera de les rapporter ici. Mais ce dont nous aurions été bien fâchés de nous dispenser , étoit de transcrire dans toute leur étendue , les procédés mêmes qui mettront nos lecteurs à portée d'obtenir les heureux succès si fréquens pour la Société de Hollande , & d'arracher des bras de la mort déja triomphante , leurs parens , leurs amis , leurs compatriotes , leurs semblables au moins. Il y a des exemples de noyés qui ont été rendus à la vie après avoir passé plusieurs heures dans l'eau. En voici un dont les circonstances sont si singulières , que nous aurions eu quelque peine à les croire , s'il ne nous avoit été attesté par des personnes très-dignes de foi.

Un Négociant de Lyon voyageant sur le Rhône, le bateau dans lequel il s'étoit embarqué avec son Commis, fut renversé dans le fleuve par un accident qu'il est inutile de rapporter ici. Le Batelier & le Commis qui savoient nager gagnerent le bord ; le Négociant qui ne savoit pas nager , précipité dans l'eau inopinément fut emporté par la rapidité du courant avec sa chaise de poste , & submergé de maniere à ne laisser aucune espérance de sa vie. Cependant son Commis qui n'avoit pu le secourir , employe, dès qu'il est à terre , tous les Bateliers qu'il trouve, pour le retirer de l'eau ; mais avant qu'on ait seulement atteint la chaise de poste plus visible , il se passe un temps si considérable qu'on craint de ne pas trouver le corps , & tout au plus en le retrouvant, on ne s'attend qu'à lui rendre les derniers devoirs. Enfin on retire la chaise , & avec elle le malheureux Négociant qui s'y étoit accroché avec les dents. On le porte à la premiere Auberge, on l'y laisse. Le Commis part pour Lyon , afin d'avertir les parens du noyé de l'acci-

dent funeste qui vient d'arriver. Il donne
ordre en partant d'envelopper le cadavre &
de le mettre dans la biere. On le met dans
une chambre sous la garde d'une servante
pour passer la nuit ; le Négociant étoit bel
homme, cette fille étoit jeune & sensible ;
elle le dépouille de ses vêtemens & ne peut
voir un si beau corps sans s'attendrir : son
cœur, son imagination s'échauffent, elle
se persuade qu'il n'est point mort. Au lieu
de l'envelopper, elle fait un grand feu,
essaye de lui donner de la chaleur, en l'é-
tendant tout le long du foyer, le frotte,
le remue, & voyant qu'elle ne peut l'animer à son gré, elle le met dans un lit
qu'elle a pris soin de bien bassiner & de
bien couvrir. Le croira-t-on ? elle s'y met
avec lui, elle l'embrasse, le presse, le serre,
comme pour lui communiquer la vie. Cet
homme prend du sentiment, il pousse un
soupir, il respire ; alors la fille s'épouvante,
elle court toute effarée réveiller les gens
de la maison, leur dit en partie ce qui
vient d'arriver. On s'empresse autour du
noyé, on le saigne, il revient en peu de

temps dans son état ordinaire, & l'on assure qu'il partit le jour suivant pour retourner à Lyon (a), où la nouvelle de sa mort étoit

---

(a) Le nouveau Journal politique, imprimé à Geneve au mois de Mai 1773, vient de publier un événement qui, quoique d'une espece différente, a cependant tant de rapport à celle dont nous venons de parler, & est si intéressante pour l'humanité, que je ne puis me refuser au plaisir de le rapporter ici, persuadé que la connoissance qui s'en répandra ne peut être que très-utile. Une femme de Manheim, après quinze jours de douleurs, pendant lesquels elle avoit eu une perte considérable, accoucha d'un garçon, qu'on jugea mort au premier aspect. Il ne respiroit point, il étoit sans sentiment; heureusement que la carnation, encore bonne, fit penser au Chirurgien, homme habile, que cet enfant pouvoit n'être pas mort. Dans cette idée il n'oublia rien pour le ranimer, il lui souffla sur-tout dans la poitrine, en lui serrant les narines d'une main, & lui frottant le ventre & l'estomac de l'autre. Son peu de succès d'abord ne le rebuta point, il continua ses secours, & un heureux résultat paya sa constance. Après plus de cinq heures, l'enfant commença à donner des signes de vie, il respira & il a vécu.

déja répandue, non fans avoir reconnu par une penfion de 1200 liv. à la fervante, le fervice inappréciable qu'elle lui avoit rendu. Cet homme avoit été fous l'eau plus de 17 heures.

ARTICLE XVII.

Conclufion fur la Gymaftique, relativement à l'éducation & à la fociété.

Nous ne connoiffons pas encore juf-qu'où peuvent aller la vigueur, l'agilité & fur-tout l'adreffe d'un homme foigneufe-ment habitué dès le jeune âge à de grands travaux, à de longues courfes, &c. foit par les efforts continuels auxquels nous force la néceffité, foit par un exercice conftant & vo-lontaire. Le corps qui prend alors une plus belle forme, une affiette plus ferme, devient en même tems fi fouple & fi vigoureux, la confiance & le courage de l'homme en augmentent à tel point qu'il fe croit capable de tout entreprendre. Ce que nous

favons à ce fujet des anciens & des fauvages, nous paroît incroyable & doit l'être
fur-tout pour ces hommes chétifs, qui favent à peine fe fervir de leurs jambes
pour fe promener dans un appartement,
qui ne peuvent faire des voyages que tranf-
portés dans des boîtes bien fermées, &
dont les forces n'ayant jamais été exercées,
font comme anéanties par la molleffe. C'eft
par l'ufage conftant de fes facultés individuelles, que l'homme eft devenu réellement
le plus fort & le plus adroit des animaux,
qu'il a furmonté les obftacles phyfiques
qui bornent les autres efpeces à certaines
régions ; qu'il a fu vaincre les brutes &
les foumettre, dompter & maîtrifer les
élémens, trouver par-tout fa nourriture &
fupporter la rigueur de tous les climats.

L'éducation qui fupplée aux inftructions
de la néceffité, a-t-elle donné à vos éleves ces habitudes énergiques ? aucune entreprife ne les étonnera. Faut-il ébranler
de grandes maffes, lever des fardeaux pefans, les porter ou les lancer au loin ?
Faut-il faire une courfe longue & rapide,

D iv

traverſer un fleuve à la nage , gravir une
montagne ou eſcalader un mur ? ils ſeront
les premiers à l'entreprendre , les premiers
à l'exécuter ; & s'ils ſont jamais contraints
par la néceſſité d'employer la vigueur de
leur ame courageuſe & toutes les forces
de leurs membres nerveux & diſpos , ils
réſiſteront aux travaux & aux fatigues, ſouf-
friront la faim & la ſoif , le froid & le
chaud & tous les maux attachés à la nature humaine pouſſés au dernier point où
il eſt poſſible de les ſupporter. Les hommes ordinaires ont à peine une idée de
ce que ceux-ci viendront à bout d'achever ;
ils ſeront auprès de vos Eleves comme des
pigmées auprès des géants. C'eſt à des hommes ainſi élevés qu'il appartient non-ſeule-
ment d'exécuter les choſes les plus difficiles , mais de les penſer , & d'en concevoir le plan & les poſſibilités. Il eſt bien
rare de trouver des réſolutions hardies dans
un homme, à qui les organes rendent un
témoignage perpétuel de ſa foibleſſe.

CHAPITRE XIII.

Des Maladies des Enfans.

ARTICLE PREMIER.

Les Maladies des Enfans font des épreuves de la Nature pour les fortifier.

LE peu d'habits, l'exercice, le peu de délicateſſe au coucher, au dormir, au lever, au boire, au manger, font les premieres leçons que vous donnerez à un enfant pour le former à la docilité, au travail & à la patience. Ce n'eſt ici que le prélude de ce qu'il doit apprendre avec le tems; mais c'eſt un préſervatif, un ſûr moyen pour l'empêcher d'être ce que la plupart des jeunes gens font aujourd'hui.

Nous ſommes certains d'après l'exemple des anciens, la raiſon & l'expérience, que cela ſuffit pour former un bon tempérament à la jeuneſſe, & pour lui con-

D v

ferver la fanté ; mais fi les enfans font malades, quels font , me dira-t-on , les moyens les plus fimples de la leur rendre? Cette obfervation eft d'autant plus effentielle , qu'on affure qu'il périt la moitié des enfans avant d'avoir atteint la huitiéme année.

Leur vie eft en ce bas âge dans un continuel danger. La dentition leur donne la fievre ; des coliques aigües leur occafionnent quelquefois des catarres, fouvent des convulfions ; des toux fréquentes les fuffoquent ; les vers qui les défolent les menent tous les jours au bord du tombeau ; les aigres & la plétore leur corrompent le fang ; mille fermens divers leur caufent de dangereufes éruptions ; que faire pour les fauver du concours de tant de maladies & d'accidens naturels ?

Je ne viendrai point, nouvel Efculape, m'ingérer ici mal à propos , d'indiquer des remedes inutiles ou peu fûrs ; je n'en parlerai pas & je n'ai pas cru néceffaire d'en rien dire. Il me femble non-feulement difficile de guérir ces maux attachés à l'en-

fance, mais dangereux même de l'entreprendre & peut-être d'y réuſſir. Ce ſont
des épreuves de toute eſpece par leſquelles
la nature a voulu fortifier leur tempérament & des voyes ſalutaires qu'elle employe pour arriver heureuſement à ſes fins.
S'y oppoſer, c'eſt oppoſer une digue à un
torrent, dont le cours détourné ne fera
peut-être que de plus grands ravages.

ARTICLE II.

Des vers des Enfans ; deux recettes ſimples contre les vers.

LES vers qui quelquefois ôtent la reſpi-
ration aux enfans, les étouffent, les font
périr, me paroiſſent demander plus de
ſoin que les autres maladies qui les affli-
gent ; je ne crois pourtant pas néceſſaire
de les droguer tout de ſuite, encore moins
d'appeller le Médecin : ſoyez-le vous même
s'il leur en faut un. Si vous craignez que
les vers ne les ſuffoquent, vous pourrez

auffi bien que le Médecin, employer les vermifuges qu'il pourroit ordonner.

J'ai vu réuffir quelquefois le mercure doux ; mais la méthode affez ordinaire chez les payfans me paroît la meilleure, puifque j'ai toujours vu périr, des vers, plus d'enfans des Villes que des Villages. Leur recette qui paroîtra peut-être défagréable à bien du monde , & qui n'en eft pas moins bonne, confifte à écrafer de l'ail, à le laiffer infufer dans du vin d'un foleil à l'autre , & à faire enfuite avaler ce vin à l'enfant. Voilà un remede fimple auquel on attribue de grands effets, dont cependant je n'attefterai point l'infaillibilité quelque naturel qu'il paroiffe.

Je crois devoir néanmoins ajouter encore une autre méthode, un autre remede de bonne femme , qu'on rejettera fi on veut, mais dont j'ai vu faire quelqu'expérience avec le plus grand fuccès. C'eft de laiffer infufer dans de l'huile d'olive, la même quantité de graine, (connue fous le nom de *femen contra*) qu'on a coutume de donner à un enfant dans une pomme cuite ou dans des confitures, & de faire avaler cette huile à l'enfant à jeun.

ARTICLE III.

Il faut être sobre à user des remedes & des Médecins.

LOCKE, Philosophe très-fameux & Médecin fort respectable par son savoir & sa prudence, ne recommande rien si expressément dans son éducation des enfans, que d'être sobre à leur faire user des remedes, & à appeller le Médecin.

« Observez inviolablement, dit-il, de
» ne jamais donner aux enfans de remede
» par précaution, il est plus sûr de laisser
» leur conduite à la nature, que de les
» confier à un Médecin. Je dois être cru,
» dit-il ailleurs, ayant passé une partie
» de ma vie à l'étude de la Médecine (*a*).

(*a*) Locke n'est pas le seul Médecin qui se défie de la Médecine moderne, ce sont tous ceux qui joignent les lumieres à la bonne foi. Voici ce que

» lorfque je confeille de ne pas trop s'em-
» preffer à avoir recours à la Médecine &
» aux Médecins ».

Dans une abfolue néceffité pourtant, il
faut bien y avoir recours ; mais je puis
dire fans faire le fatyrique, qu'on voit un
fi grand nombre de ceux qui fe difent

---

dit à ce fujet le Docteur *Clerc*, ancien Médecin
des armées du Roi en Allemagne, aujourd'hui
Médecin de l'Impératrice de Ruffie, dans fon
Livre intitulé : *la Médecine rappellée à fa premiere*
fimplicité.

« J'avoue, après un mûr examen, que la Méde-
» cine elle-même eft malade, que fi elle a de fon
» propre fond des principes lumineux, on l'a offuf-
» quée de ténebres & d'erreurs ; qu'en abandon-
» nant la fimplicité des regles antiques, on l'a
» parée d'ornemens fuperflus ; qu'on a facrifié l'ex-
» périence à la théorie, la vérité aux formes, la
» nature à l'art, & que cet art compliqué, bizarre,
» incertain, reffemble à certains champs plus fertiles
» en poifons qu'en remedes ».

Hoffmann fe plaignoit de ce luxe de remedes,
de cette forêt de médicamens qui fe multiplie fans
fin chez nos Apoticaires, pour étouffer le germe
de vie qui refte aux malades.

Docteurs en Médecine, plus capables de parler affirmativement que de guérir, que je ne saurois trop recommander d'être circonspect à se servir de ces Galiens modernes. Dans les maladies qui proviennent de trop de nourriture, la diète & le repos font toujours un bon effet; mais le remede souverain contre les indigestions, c'est, suivant Locke, un peu d'eau fraîche mêlée avec de l'eau de fleur de pavot rouge. Du reste il suffira d'appeller le Médecin, lorsque l'état de l'enfant vous fera connoître que vous ne pouvez faire autrement. Il faut espérer néanmoins, qu'en faisant observer à votre éleve les regles que je viens de prescrire pour sa santé, l'exercice & la tempérance, vous aurez l'avantage de le voir se bien porter & celui de n'être pas obligé de recourir à la Médecine (a).

_____

(a) L'imagination fait quelquefois plus d'effet que les remedes de Galien & d'Avicenne; en veut-on une preuve? qu'on lise ce que les Historiens nous rapportent de la statue du Scythe Toxaris, qui

En paroiſſant déſapprouver qu'on s'abandonne ſans réflexion & ſans réſerve aux
Médecins ou , pour mieux dire, à certains
Médecins , qu'on leur livre ſes enfans &
ce qu'on a de plus cher , mon intention
n'eſt pas d'attaquer la Médecine ; je reſpecte
comme je le dois , l'art en lui-même &
les hommes qui y excellent. Je ſais que la
Médecine eſt une des ſciences les plus
utiles & les plus néceſſaires ; que parmi
les philoſophes , les Médecins ſont remarquables par les ſervices qu'ils rendent à
l'Etat ; qu'ils agiſſent tandis que la plupart
des ſavans , ſe contentent d'admirer la nature ſans lui porter le moindre ſecours ;

---

guériſſoit de la fievre dans Athènes , & de celle de
l'Athelète Polidamas , qui opéroit les mêmes effets
aux champs olympiques. Les Pſylles d'Afrique,
les Marſes d'Italie & les Ophiogenes d'Aſie, dont
parle Strabon , n'ont agi vraiſemblablement que
par ce principe. Une bonne partie de la ſanté du
malade dépend de la bonne opinion qu'il a de celui
qui le traite : *Ille plures ſanat* , dit Galien , *de quo
plures confidunt.*

qu'enfin la vie des Citoyens leur ayant
été confiée dans tous les tems, *par l'ordre
des Rois & les arrêts des Parlemens*, ils
ont droit aux égards, à la confidération,
& même à la reconnoiffance des Citoyens ;
mais je crois qu'ils ne doivent pas être prodi-
gués, & que, de même que les cordiaux & les
liqueurs violentes, il n'eft bon de les employer que dans de vrais befoins. Appeller les
Médecins à tout propos, c'eft préférer l'art à
la nature, c'eft ne plus fe confier à fes foins
maternels, pour fe livrer témérairement &
en aveugle aux lumieres bornées d'un autre
homme, qui foupçonne plutôt qu'il ne
voit notre mal. D'ailleurs j'ai toujours penfé, que la vue habituelle des Médecins
nous rend pufillanimes, & que la crainte
de la maladie qu'ils nous infpirent, eft pire
que la maladie même.

CHAPITRE XIV.

DE L'INOCULATION DE LA PETITE VÉROLE.

ARTICLE PREMIER.

L'Inoculation ne contrarie pas la Nature.

QUOIQUE je n'aye parlé que succincte-ment de la santé des enfans, & des précau-tions à prendre pour la conserver ou la rétablir, je pense qu'on ne regardera pas comme une digression mal placée, l'expo-sition de mon sentiment sur l'inoculation de la petite vérole, aujourd'hui qu'elle est une matiere de contestation, & que les uns la font aussi nuisible que ses partisans la disent utile.

Pour nous conduire sans prévention, il n'y a qu'à peser l'expérience. Celle-ci nous convaincra qu'on ne sauroit en retirer qu'un grand avantage. Elle n'est point une invention du caprice, une production des fantaifies du Médecin ; c'eft un fage préfervatif contre cette affreufe maladie, à laquelle prefque tous les hommes font obligés de payer tribut une fois. Elle eft felon le defir de la nature, puifqu'elle cherche moins à empêcher cette dangereufe éruption qu'à en fixer le moment, & qu'après nous avoir préparés à la recevoir, elle en écarte le péril.

Si l'on réfléchit fur le ravage qu'a fait de tout tems la petite vérole, fur-tout parmi les grandes perfonnes, & fi l'on confidere que l'inoculation en anticipant fur le temps, met hors de danger prefque tous ceux qui veulent bien prendre la maladie par cette communication, non-feulement on s'empreffera d'en goûter la méthode, mais on fera bien aife d'en étendre les progrès par fon exemple, pour contribuer à l'utilité publique.

ARTICLE II.

Ceux qui confiderent fans partialité, les effets de l'Inoculation, en approuvent la méthode.

SANS vouloir prendre parti pour ou contre l'inoculation, j'ai plus d'une fois examiné fi la communication de la petite vérole étoit plus dangereufe de cette manière, ou fi les effets en étoient nuls; comme le difent ceux qui croient avoir droit de s'élever contre elle; j'ai pefé les objections de fes ennemis & les effets de cette méthode, & ceux-ci me décident pour elle, & doivent, ce me femble, décider également tous ceux qui jugent fans prévention.

Les objections qu'on lui oppofe portent contre la méthode même, ou fur le peu d'attention qu'on garde en l'adminiftrant. « L'inoculation eft inutile, dit-on, fi ceux » qui l'ont foufferte ne font pas délivrés » du danger d'avoir de nouveau la petite

» vérole , ou fi on meurt des fuites de
» l'inoculation ; or il eft prouvé par plu-
» fieurs exemples , que des perfonnes ino-
» culées font mortes des fuites de la petite
» vérole , prife de cette maniere , ou l'ont
» eue plus d'une fois ».

Cette façon d'argumenter eft plus cap-
tieufe qu'impartiale ; mais il eft facile d'y
répondre. D'autres nieroient les faits ou les
rapporteroient à d'autres caufes , & pourroient le faire avec quelque fondement : moi
je les admettrai , fi on veut , & foutien-
drai après cela avec beaucoup de raifon ,
que l'inoculation eft bonne & utile à l'humanité , & qu'elle doit être prônée & propa-
gée , dans tous les lieux où peut s'introduire
la maladie qu'elle prévient & enchaîne.

Pour qu'une méthode puiffe être regardée comme utile , il fuffit que la fomme
des biens qui en réfultent , foit plus grande
que celle des inconvéniens qui en naiffent.
Or, fur le fait de l'inoculation , je défie
fes antagoniftes les plus décidés , de pouvoir nier ce qui eft au vu de tout le monde ,
je veux dire que le petit nombre des per-

fonnes qui meurent des fuites de l'inoculation, ou qui ont une feconde fois la
petite vérole, n'eft pas comme 10 à 1000
en comparaifon de ceux qui y trouvent la
fanté & une fauve - garde contre la maladie. Qu'on jette les yeux d'un côté, fur
la quantité de perfonnes qui ont péri, &
qui meurent journellement emportées par la
petite vérole, & de l'autre, fur le nombre
de ceux qu'a préfervés l'inoculation, &
l'on conviendra qu'il faut être bien attaché
à fon fentiment, pour ne pas en revenir
en voyant des preuves fi convaincantes.
J'ofe avancer ici, que depuis que l'inoculation eft admife en Europe, plufieurs
millions de perfonnes lui doivent leur falut,
& que dans les différens Etats qui compofent cette partie du monde, on ne pourroit pas compter peut-être 10000 perfonnes mortes après avoir été inoculées, & des
fuites de ce traitement, tandis que fur un
pareil nombre de fujets, qui ont eu la
petite vérole par la voie ordinaire, il feroit
facile de vérifier que plus d'un cinquiéme
a péri.

M. Paulet qui a fait l'hiſtoire de la petite vérole, en convenant des bons effets
de l'inoculation priſe en général, ſemble
l'attaquer indirectement en la regardant
comme nuiſible dans le particulier. Il voudroit traiter la petite vérole comme la peſte,
& s'en garantir par la ſéqueſtration de toute
perſonne attaquée, en prenant un ſoin extrême de ne toucher ſans de grandes précautions, rien de tout ce qui a pu ſervir
à ces malades, & à cet égard il a raiſon;
car il prouve très-bien que la petite vérole,
ainſi que la peſte, n'eſt point communiquée
par le véhicule de l'air, mais par le
contact. Il voudroit tenir loin de nous
celle-là, comme on y tient la derniere.
Il ſeroit à deſirer, ſi toutefois cela eſt poſſible, de rendre de cette maniere l'inoculation inutile; mais juſques-là, elle doit
être regardée comme très - profitable au
genre humain, & ce n'eſt point par des
exceptions, par des expériences iſolées &
ſouvent fautives qu'on doit combattre des
méthodes générales, qui contribuent ſi ma-
nifeſtement & ſi conſtamment au ſalut du

plus grand nombre de nos semblables. Dès que les effets salutaires en sont connus, elles doivent être accueillies d'après cette grande maxime, que le salut du peuple doit être la suprême loi.

Ce n'est que l'attachement aux anciennes coutumes, & l'éloignement de toute nouveauté qui portent les ennemis de l'inoculation, à ne vouloir pas profiter de ses avantages. Les disputes élevées à ce sujet servent à rappeller celles que produisit autrefois le quinquina. En vain cette écorce si salutaire contre la fievre, opéroit des cures merveilleuses, elle trouva des ennemis si déraisonnables, qu'ils mirent tout en œuvre pour en faire tomber le crédit. Ils croyoient se faire une gloire de débiter dans le monde, que cette drogue étoit dangereuse, & se flattoient de persuader à ceux qui lui étoient redevables de leur santé, qu'ils avoient eu tort de guérir par la recette d'un remede hors d'usage. Le tems & l'expérience ont rendu tous les sentimens unanimes sur le quinquina. Personne ne doute aujourd'hui de son efficacité.

tacité. Si on vouloit faire le prophete fur la fortune de l'inoculation en France, on pourroit dire qu'elle y aura le même fort. Après voir été long-tems combattue, il eft vraifemblable que tous les fuffrages fe réuniront en fa faveur.

ARTICLE III.

Hiftoire fuccinte de la petite Vérole.

IL ne paroît pas que les anciens ayent connu la petite vérole, du moins leurs Médecins n'en parlent pas. Cette maladie n'eft point naturelle aux climats d'Europe; les Sarrafins, dit-on, nous l'apporterent d'Arabie, d'où elle eft *endémique* ou originaire, comme la pefte l'eft d'Afrique, & d'Amérique, cette autre maladie fi affreufe, qui attaque les principes de la génération, & d'où nos conquérans du nouveau monde la rapporterent avec l'or de ce pays.

On peut penfer que les ravages de la petite vérole, lorfqu'elle commença à fe répandre, durent être d'autant plus terri-

bles qu'on la connoiſſoit moins ; & l'on
peut imaginer quels ils furent alors, en
voyant ceux qu'elle fait aujourd'hui, où
elle emporte dans preſque toute l'Europe
le tiers des enfans, & laiſſe à preſque tous
ceux qu'elle ne conduit pas au tombeau,
de cruelles marques de ſon paſſage, en les
aveuglant ſouvent ou en les eſtropiant. Par
la fréquentation & le commerce que toutes les Nations ont enſemble, elle eſt
devenue commune à toutes. Les ſauvages
de l'Amérique auxquels nous l'avons portée, en périſſent preſque tous.

ARTICLE IV.

L'invention de l'Inoculation eſt due au deſir
de conſerver la beauté.

LA ſanté & la beauté, ont été en tout
pays intéreſſées à ſe ſouſtraire à un, ſi cruel
ennemi, & à trouver des ſecours qui puſ-
ſent les en défendre. Nous devons l'inoculation à cette derniere, & c'eſt peut-être
le plus ſolide avantage que les hommes en
ayent jamais retiré.

Les Circassiens, les Géorgiens, les Min-
greliens, ceux qui habitent le petit Royaume d'Imirite, enfin toutes les Nations qui
font entre la mer Noire & la mer Caf-
pienne, fur le territoire des anciens Royau-
mes de Colchos & de Pont, paffent de
l'aveu de tous les voyageurs, pour les peuples où les hommes & les femmes en
général font les mieux faits, où la beauté
eft plus commune & plus parfaite; mais
celle des filles n'eft pas feulement recommandable aux peres & meres de ces pays,
parce que la beauté qui plaît à tous les
hommes, peut leur procurer des partis plus
confidérables; elle eft pour les chefs de
famille dans ces pays pauvres & mal peu-
plés, le bien le plus précieux & le plus
liquide. Ils vendent leurs filles à des Marchands de Perfe ou de Turquie, de qui
les riches & les grands de ces deux Etats
les achetent pour leurs plaifirs.

Plus les filles qu'on vend font belles,
plus les prix en font confidérables; il eft
donc de l'intérêt des peres de leur donner
toutes les graces qui peuvent les faire

briller dans les Harem de Conſtantinople
ou d'Hiſpahan, & de leur conſerver la fleur
de cette beauté, qu'ils regardent comme le
bien le plus aſſuré pour eux.

C'eſt à cet intérêt que l'on doit la méthode d'inoculer la petite vérole. Les
meres ſoigneuſes de conſerver les traits,
le teint, les appas de leurs filles pour ce
trafic honnête, mirent tout en uſage pour
les garantir d'un ſi terrible fléau. Le haſard
ſecondant leurs ſoins, leur fit découvrir la
maniere d'inoculer la petite vérole, l'expérience leur en apprit les avantages. Il
eſt facile de concevoir qu'elles s'attachent
à en ſuivre la méthode d'autant plus exactement, qu'elle a toujours dans ces pays le
ſuccès le plus deſirable.

ARTICLE V.

Raiſon des ſuccès de l'Inoculation.

LA raiſon des heureux ſuccès de l'inoculation ne me paroît pas difficile à comprendre. La petite vérole ainſi communi-

quée à une jeune perfonne, ne trouve pas dans fes humeurs, les mauvais levains qui augmentent fi fort le virus de cette maladie, lorfqu'on le reçoit d'une autre maniere. Quand elle agit fur un corps tendre, elle fort avec plus de facilité, que lorfqu'elle s'annonce dans un fujet plus formé, dont le tiffu de l'épiderme moins poreux oppofant plus de réfiftance, ne permet pas que le venin forte par les boutons, comme par autant d'iffues.

ARTICLE VI.

L'Inoculation plus favorable aux Enfans qu'aux Perfonnes âgées.

UN motif pris de l'expérience, me feroit fouhaiter dans le plan d'éducation que je propofe ici, que les jeunes gens fuffent inoculés de bonne heure. Je demande comme on a vu, pour les former à la fatigue, qu'on leur durciffe le corps par le travail & l'exercice. Devenus grands, leurs membres ne feront donc pas auffi tendres, ni leur peau aussi douce que dans les sujets qu'on éleve plus mollement. Or, nous voyons que les parties du corps les plus endurcies, comme le visage, résistant le plus à l'effet du mal, en portent aussi presque toutes les marques. Les hommes qui ont la peau plus dure & plus resserrée par le travail ou par la compression de l'air, comme les manœuvres & les sauvages, sont précisément ceux que la petite vérole moissonne en plus grand nombre.

Il y a donc un avantage certain pour les enfans, de prendre la petite vérole par la voie de l'inoculation, puisqu'elle les dispose toujours mieux à recevoir ce venin, & que cette précaution est le moyen le plus sûr d'en prévenir le danger ou d'en moins sentir les terribles effets. Voilà mon sentiment, que je fonde ici comme ailleurs sur l'utilité la plus apparente, & qui étant suivi conserveroit, je pense, à l'Etat bien des sujets qu'on perd journellement, faute d'employer cette pratique aussi peu dangereuse que de peu d'appareil.

THÉORIE

DE

L'EDUCATION.

LIVRE TROISIÉME.

Education morale, ou Maniere de former le cœur des Enfans.

CHAPITRE PREMIER.

DE L'HABITUDE.

ARTICLE PREMIER.

L'Homme est incliné au bien ou au mal avant qu'il soit capable de raison ; il s'y attache par habitude. Il est donc bien essentiel de lui donner de bonnes habitudes dès le jeune âge.

SI les penchans de l'homme étoient si constamment tournés vers le bien, qu'il fût

porté naturellement à l'amour des choses
louables, si les mouvemens de son ame ne
l'en écartoient jamais, l'ordre moral &
politique n'éprouveroit aucune altération &
le crime ne souilleroit pas la terre, mais
en même temps l'homme seroit à peine
intelligent & raisonnable. Ses choix n'étant
plus dirigés par une volonté libre, il n'y
auroit plus d'efforts, plus de grandes actions, plus de vertu (a). Dès-lors l'éducation seroit superflue; car la nature en
auroit épargné tous les frais. A quoi ser-
viroit en effet l'éducation ? L'homme ne
pourroit ni acquérir ni perdre; il ne fau-

(a) C'est cette faculté de vouloir & de choisir,
qui constitue notre liberté & fait tout le moral de
nos actions, qui ennoblit nos moindres sentimens &
l'usage que nous faisons de toutes les créatures;
c'est elle qui nous fait mériter d'être heureux, qui
prépare à notre ame des degrés continuels d'accroissement & de perfection, qui nous donne l'empire sur nos pensées, sur nos desirs, sur toute la
Nature, & sur nous-mêmes, & qui, nous rappro-
chant de la Divinité, nous rend en quelque sorte
semblables à Dieu même.

droit ni le pouſſer , ni le retenir. Il auroit en venant au monde, tout ce qui conviendroit à ſon eſſence ; il ſeroit tel le premier jour, que le comporteroir la perfection de ſon état.

Mais cette perfection n'eſt point dans la nature de l'homme ; né bon, mais ignorant, il eſt faillible & il ſe trompe ; il eſt capable d'efforts & il peut mériter : ainſi il ſe trouve ſouvent incliné vers le vice , quoique formé pour la vertu. Compoſé de deux ſubſtances différentes ; il eſt aſſujetti à leurs mouvemens différens, qui le pouſſent en ſens contraire, tant qu'il eſt dans l'ignorance ; car, tandis que les uns, vrais élans de l'ame , l'élevent à l'étude des vérités éternelles , à l'amour de la juſtice & du beau moral, les autres qu'il reçoit du corps, le rabaiſſent vers la terre, l'aſſerviſſent à l'empire des ſens , aux paſſions qui ſont leurs miniſtres, & s'oppoſent ainſi à l'effet des premiers (a).

(a) Ces inégalités ou contrariétés apparentes, bien capables d'étonner quiconque ignore la nature

E v

Ces penchans divers ne s'annoncent pas en même temps, ni de la même maniere. Ceux que nous devons aux senfations agréables, se développent & suivent l'accroissement de nos organes. Ceux qui nous excitent à bien faire, n'augmentent qu'avec la raison, en sorte que l'homme ayant acquis dans la force du premier âge, le plus haut degré de sensibilité, les premiers sont alors dans toute leur force, & capables si l'homme est laissé à lui-même, de le précipiter dans les plus grands abymes; & cependant la raison, ou si l'on veut, les

---

de l'homme & sa destination, ont fait penser à plusieurs Philosophes ou hommes célebres de l'antiquité, tels que Zoroastre, Manès, &c. que le Monde étoit gouverné par deux principes, dont l'un mauvais prenoit plaisir à contrarier & à détruire tout ce que la bienfaisance de l'autre le portoit à entreprendre. Ces Philosophes ne voyoient pas que ces impulsions contraires nous assuroient l'exercice & le mérite de notre liberté, qui seroit nulle si nous n'avions pas de choix à faire, & qu'elles nous sont données pour exercer notre vertu, comme les besoins pour éveiller notre intelligence.

penchans louables, qui naiffent de la convenance réelle des objets & des idées de bonheur, fe développant plus lentement, n'ont point encore atteint leur perfection, & ne peuvent oppofer aux autres qu'une foible réfiftance.

Il eft donc bien important pour le bonheur de l'homme, que la nature ne foit pas abandonnée à elle-même, dans un âge où la fenfibilité eft auffi grande que le jugement eft peu folide. Il faut que l'homme foit éclairé ; mais avant qu'il fache faire ufage de la lumiere, il a fur-tout befoin d'être conduit, & de s'accoutumer lorfqu'il eft petit, aux chofes intéreffantes qu'il doit pratiquer étant grand. Ne pouvant dans l'enfance fe diriger par fa propre raifon, alors nulle ou infuffifante, il eft bon que la raifon des autres lui ferve de guide, & que la pratique conftante de fes devoirs, lors-même qu'il n'en peut voir les relations, lui en rende l'habitude familiere, jufqu'au temps où capable d'en apprécier les convenances & la néceffité, il pourra s'y foumettre d'après une volonté délibérée.

Cependant la certitude où l'on eft, que l'homme fe déprave s'il fuit dans le jeune âge l'impétuofité de fes penchans, parce qu'il prend alors des habitudes que la raifon condamnera dans la fuite, mais qu'elle aura de la peine à furmonter, nous fournit l'indication des moyens propres à corriger & même à prévenir cette inclination vicieufe. Il fe perdroit par de mauvaifes habitudes, il faut dès qu'il fait vouloir, lui en faire contracter de louables, afin qu'entiérement à celles-ci, il ne connoiffe jamais les autres que pour les craindre & les détefter; ainfi réprimer les unes & fortifier les autres, retrancher & fuppléer, c'eft ce qui demande tous les foins d'un fage maître. Il ne doit jamais perdre de vue ces deux points intéreffans, parce qu'ils font comme les deux pivots d'une excellente éducation, fur lefquels doit rouler toute fa fcience.

L'éducation phyfique confifte à former les jeunes gens de maniere qu'ils puiffent fupporter toutes fortes de travaux facilement & fans danger. L'éducation morale exige qu'on leur rende la pratique de la vertu fi familiere, que l'ayant fuivie dans un temps où ils n'en connoiffoient pas le prix, ils en faffent enfuite de leur propre choix, la regle de leurs actions. Enfin la partie de l'inftruction demande qu'on leur apprenne tout ce qui eft néceffaire à l'homme focial, afin qu'ils puiffent devenir utiles aux autres & à eux-mêmes, en l'attachant pourtant de préférence à l'étude des chofes qui leur conviennent davantage, & qui peuvent donner plus de force & de grandeur à l'ame, plus de jufteffe & d'agrément à l'efprit.

Mais dans ces trois parties d'éducation, quoi qu'en difent bien des Ecrivains, il eft d'une grande importance de donner de bonne heure aux enfans l'habitude des chofes qu'ils doivent pratiquer dans un autre âge, le phyfique agiffant beaucoup plus qu'on ne penfe, fur le moral. On ploye à fon gré un arbre encore jeune, mais on feroit d'inutiles efforts pour le redreffer lorf-qu'il a pris fon entier accroiffement.

On a beau dire qu'on ne doit pas courber la tête fous le joug des habitudes; fi

on n'obéit pas aux bonnes, il faut qu'on
cede aux mauvaises. La vie de l'homme n'est
qu'un tissu d'actes réitérés qu'il fait sans
réfléchir, auxquels le philosophe lui-même
s'accoutume sans pouvoir s'y dérober. Il
dépend de vous de porter votre fils au
bien, en l'accoutumant à le faire ; atten-
drez-vous qu'il raisonne pour le lui faire
pratiquer. L'habitude est une seconde nature (*a*) ; ainsi l'éducation qui lui donnera

---

(*a*) Les dispositions fondamentales & originelles
de chaque être forment en lui ce qu'on appelle la
nature : une longue habitude peut modifier ces dispositions primitives ; & telle est quelquefois sa force,
qu'elle leur en substitue de nouvelles plus constan-
tes, quoiqu'absolument opposées ; de sorte qu'elle
agit ensuite comme cause premiere & fait le fondement d'un nouvel être, d'où est venue cette con-
clusion très-littérale, *qu'elle étoit une seconde nature* ; & cette autre pensée plus hardie de Pascal,
que ce que nous prenons pour la nature, n'étoit
souvent qu'une premiere coutume. En effet l'habitude est ce qui fixe & détermine les organes à agir
constamment de la même maniere, à l'occasion
des mêmes objets : elle caractérise l'esprit en lui
faisant prendre des dispositions qu'il n'a pas natu-

de bonnes habitudes , peut corriger par-là le vice du tempérament ; une maniere d'agir conftante & uniforme fait quelquefois céder les défauts naturels, en accoutumant de bonne heure ceux qui la fuivent , à la vertu. Mais les lumieres de la raifon font bien foibles fur la volonté dès qu'on eft une fois fubjugué par l'habitude du vice.

« Tâche , difoit Marc-Aurele , de t'ac» coutumer aux chofes auxquelles tu pa» rois le moins propre, l'habitude te les » rendra aifées & faciles. Vois-tu la main » gauche qui, mal-adroite à toutes fes autres » fonctions, parce qu'elle n'y eft pas accoutu» mée , eft néanmoins plus ferme à tenir la » bride que la main droite , parce que

---

rellement , ou en l'affermiffant dans celles qu'il a. Ce font les objets mêmes qui nous environnent qui la forment ; c'eft donc d'eux qu'elle dépend, auffi bien que de la maniere dont nous les confidérons le plus ordinairement ; elle dépend encore des différens points de vue qui peuvent nous faire apperce-voir les êtres avec plus ou moins de propriétés & de rapports. Les Philofophes comptent trois habitudes de l'efprit ; favoir, *la fcience* , *l'opinion* & *l'erreur*.

» c'eſt une choſe qu'elle fait toujours ».

Tournez donc toujours les enfans vers
le bien ; ſans le leur preſcrire, commencez à
le leur faire pratiquer. Eloignez leur cœur
du mal ſans le leur défendre , leur âge
n'eſt capable ni de raiſon , ni de raiſonnement (*a*). Qu'ils imitent d'abord ce qu'ils
doivent faire enſuite d'eux-mêmes , & rem-
pliſſent tous leurs devoirs , ſans qu'on leur
enſeigne ce que c'eſt que devoir. Il eſt bon
qu'ils ſe croyent toujours libres , en pen-
ſant néanmoins qu'il y a des choſes dont
le ſuccès indifférent ne demande pas qu'on

(*a*) « Voici mes leçons : celui-là y a mieux
» profité, qui les fait, que qui les ſait.
  » On ne ceſſe de criailler à nos oreilles , comme
» qui verſeroit dans un entonnoir ; & notre charge
» ce n'eſt que redire ce qu'on nous a dit. Je vou-
» drois que le Maître corrigeât cette partie , & que
» de belle arrivée , ſelon la portée de l'ame qu'il a
» en main , il commençât à la mettre ſur la montre,
» lui faiſant goûter les choſes , les choiſir , & diſ-
» cerner d'elle-même , quelquefois lui ouvrant
» le chemin , quelquefois le lui laiſſant ouvrir ».
Montagne.

les entreprenne. La liberté de l'homme ne
confiste pas à faire tout ce qu'il veut, mais
tout ce qui eft loifible, & celle des enfans n'eft que dans l'opinion qu'ils en ont.
Ils peuvent fe croire tout permis, tandis
qu'ils font très-dépendans. C'eft une vertu
de finge, fi on veut, qu'une vertu imitatrice,
j'en conviendrai fans peine. Je fais bien
qu'une action n'eft moralement bonne,
que quand on comprend bien qu'on la fait
comme telle & non parce que d'autres la
font. Mais dans un âge auffi tendre, où le
cœur ne fent rien encore, ne doit-on pas
former les enfans fur de bons exemples? ne
doit-on pas leur faire imiter les actes dont
on veut leur donner l'habitude (*a*), en
attendant qu'ils les puiffent faire par dif-
cernement & par amour de la vertu? C'eft
ainfi qu'on les dreffe à l'obéiffance, fans

(*a*) Je répete ici qu'il ne faut pas leur faire
imiter ces actes louables en ordonnant, mais en
leur montrant adroitement ce qu'ils ont de beau,
en leur donnant le defir & l'émulation d'en faire
de femblables.

qu'ils s'en apperçoivent, qu'on les fait agir en agissant, & qu'il est possible de les porter au bien. Il n'est peut-être pas aussi facile de les garantir des mauvaises habitudes. Cette façon négative est embarrassante & demande beaucoup de soins; mais c'est aussi des soins qu'il leur faut. Pour les tenir dans la dépendance, sans qu'ils puissent haïr leur conducteur, on ne doit pas seulement les pousser, il faut encore les contenir, & voilà précisément le point le plus difficile.

ARTICLE II.

La conduite d'un pere sage envers ses enfans, doit tenir un juste milieu entre l'excessive complaisance & l'extrême sévérité.

DES parens croient aimer leurs enfans, lorsque dans l'âge où leur cœur est capable de recevoir toute sorte d'impressions, ils approuvent leurs irrégularités, rient de leurs malices, s'empressent de tout accorder à leurs demandes & de prévenir leurs desirs. Mais c'est impregner leurs tendres ames des noires couleurs du vice. C'est y semer le germe des passions, qui croîtront en même temps que les forces de l'âge & du tempérament.

Quelques-uns au contraire n'écoutant que leurs caprices & leur brutalité, se plaisent en quelque sorte à affliger leurs enfans, à voir couler leurs larmes, à exciter leurs cris, ne parlent que de châtimens, & punissant avec rigueur la moindre faute, flétrissent ainsi leurs jeunes cœurs, & en font d'avance des hommes stupides & serviles.

Un pere instruit & sage, évite avec le même soin ces extrêmités vicieuses. Il veut bien quelquefois céder à sa tendresse, mais il l'éclaire toujours des lumieres de la raison. Il ne croit pas avec les peres foibles, qu'il faille tout accorder aux enfans, & ne s'amuse point à voir exercer leur malice hâtive. Il sait que ceux qui s'ébattent à tordre le col à un poulet, à blesser un chien ou un chat, ne décelent pas une ame plus guerriere; mais que si on leur permet de s'exercer ainsi étant jeunes, de dire des injures, de faire quelques tours de friponnerie, ou de frapper quelqu'un, on plante dans leur ame, par la main de la condefcendance & de la coutume, la cruauté & la tyrannie (*a*). Enfin l'extrême févérité femble, à un pere raifonnable, plus propre à faire des efclaves que des hommes généreux.

(*a*) Confidérez, dit la Mothe le Vayer, ces brutaux qui commettent tous les jours devant nos yeux des barbaries énormes, tantôt contre des chevaux, tantôt contre des chiens, ils n'uferont pas de plus d'indulgence envers les hommes, autant de fois qu'ils croiront que leur férocité pourra demeurer impunie.

Cicéron nous donne une grande leçon à ce fujet: *Eft autem*, dit-il, *non modo ejus qui fociis & civibus, fed etiam qui fervis, qui mutis pecudibus præfit, eorum quibus præfit commodus utilitatique fervire.*

Autrefois les Athéniens punirent très-févéremeat un de leurs Citoyens, pour avoir eu la cruauté d'écorcher un mouton vivant. Nous voyons tous les jours faire pis à une infinité d'animaux, fans que perfonne s'y oppofe.

ARTICLE III.

Il faut refuser aux Enfans ce qu'ils ne demandent que par fantaisie, ou pour faire un acte d'autorité, mais leur accorder tout le reste.

UN homme qui desire de former d'autres hommes, & se propose de guider leurs premiers pas dans les sentiers de la vie civile & de la vertu, doit être pleinement convaincu que s'il n'est maître de lui-même il ne réussira point à les conduire; il faut qu'il sache également régler les mouvemens d'une tendresse inconsidérée, & contenir ceux de l'impatience & de l'humeur. Point de succès dans l'éducation avec une morgue trop sévere ou une indulgence trop flexible. L'excès de la complaisance rend les enfans indociles & méprisans, la dureté fait fuir leur tendresse. Des procédés pleins de bonté, mais toujours fermes, toujours conformes à la raison, sont seuls capables de les attacher à leur

Gouverneur (a). S'il est habile, il saura descendre à une familiarité douce avec ses Eleves, & s'en fera respecter, quoiqu'ils s'empressent de lui plaire. Pour obtenir leur confiance, il leur accordera, dans ce premier âge, tout ce qu'il croira propre à leur faire plaisir, en exceptant néanmoins ce qu'ils pourroient exiger avec empire & dans le dessein de se faire obéir. Il se guidera, à cet égard, par le motif de leur demande; mais il refusera toujours ce qu'ils ne demanderont que par fantaisie & pour faire un acte d'autorité.

L'un convaincra l'enfant qu'il est aimé de son maître, puisqu'il se prête volontiers à ses

_____

(a) « C'est cet heureux mélange de fermeté &
» de ménagement, de force & de douceur, qui
» est la base essentielle de tout bon gouverne-
» ment, de quelque nature qu'il puisse être. La
» fermeté sans douceur est dureté; elle aigrit, elle
» révolte & porte à secouer un joug qu'elle rend
» intolérable. La douceur sans fermeté est foi-
» blesse; elle rend l'autorité méprisable, & lui ôte
» tout le crédit qu'elle devroit avoir ».

innocens plaifirs ; l'autre l'accoutumera peu-
à-peu à regarder la volonté de fon maître
comme fa regle, ou la chofe demandée
comme impoffible, puifqu'on la lui refufe
conftamment. De cette maniere il apprendra l'art de modérer fes defirs dès leur naiffance, c'eft-à-dire, dans le temps qu'il eft
plus facile de les vaincre, & perdra cet efprit
de domïnation que chaque homme apporte
en venant au monde, & qu'il fe plaît à étendre le refte de fes jours par tous les moyens
imaginables. Enfin regardant tout ce que fon
pere ou fon maître fera pour lui comme une
complaifance & non comme un devoir, fes
refus comme une néceffité, les premiers
fentimens de fon cœur feront l'amour & la
reconnoiffance, & il s'empreffera d'obéir à
ceux de qui il doit dépendre.

Faute d'en agir ainfi, un pere fe rend
coupable de tous les vices qui domineront
fon fils dans la fuite, & fe prépare mille
chagrins. Le moyen, qu'à quinze & à vingt
ans, un jeune homme perde les mauvaifes
coutumes que l'âge lui a rendues comme
naturelles, & qu'il renonce au privilege que

l'indulgence des parens lui a accordé jufqu'alors. On fouffroit par exemple, qu'il
battît ou maltraitât les Domeftiques, on
applaudiffoit à fes coups qu'on regardoit
comme des gentilleffes d'enfant ; hé bien !
il fera un querelleur, peut-être un meurtrier.
Jeune, il commandoit, fa volonté étoit
une loi ; homme fait & revêtu du pouvoir,
il fera un tyran inflexible.

ARTICLE IV.

Accorder tout à un Enfant, c'eft travailler
à le rendre miférable.

« LE vrai fecret de rendre un homme mi-
» férable, dit l'Auteur d'Emile, c'eft de lui
» accorder tout ce qu'il defire lorfqu'il eft en-
» fant, car non-feulement fes defirs augmen-
» tant à porportion de la facilité qu'il trou-
» ve à les fatisfaire, mettent bientôt les
» complaifans imbécilles dans l'impuiffance
» de le contenter, & leur refus alors lui eft
» infupportable ; mais on voit encore qu'ayant
» toujours fuivi tous les mouvemens de fon
» cœur,

» cœur , il fe précipitera aveuglément dans
» le premier abîme où ils le conduiront.
» En attendant, que ne fouffre-t-il pas de
» fes fantaifies , & qui peut entreprendre
» de les fatisfaire ? Il commence par vouloir
» ce qui eft à fa portée , bientôt il voudra
» les chofes qui ne le font pas ; d'abord
» l'inutile , enfuite le difficile , il finit par
» ce qu'il eft impoffible de lui accorder ».

Je me fouviendrai toujours d'avoir vu
un de ces enfans gâtés à qui il coûtoit plus
de fouhaiter que d'obtenir , qui s'avifa de
demander un foir d'été qu'il faifoit un beau
clair de lune, ce que c'étoit que ce rond
lumineux qu'il voyoit au Ciel. Quelqu'un
lui répondit fort mal à propos, ce me femble, que c'étoit un gâteau ; voilà mon petit
bon homme qui veut auffi-tôt du gâteau.
Comme on ne pouvoit le contenter , on
effaya de lui faire entendre raifon , en lui
expliquant l'impoffibilité de le fatisfaire.
C'étoit peut-être la premiere fois qu'il éprou-
voit un refus. On peut concevoir que toutes
ces explications ne furent point goûtées.
Défolé & furieux de fe voir contredire , il

étourdit de ses cris tout ce qui l'environ-
noit, jufqu'à ce qu'une nouvelle fantaisie
lui eût fait perdre cette idée.

L'enfant donc qui n'a qu'à demander ce
qu'il fouhaite, s'imagine naturellement être
le maître de tout ce qu'il connoît. Le refufer en quelque chofe que ce foit, choquer
fon idée de defpotifme, c'eft fe révolter
dans fon efprit; il s'irrite & s'indigne de
la moindre oppofition.

Quelle doit être la furprife de celui qu'on
a élevé de la forte, lorfque venant à figurer fur la fcene du monde, il voit que
prefque tout ce qu'il croyoit au-deffous eft
au-deffus de lui; qu'il fe trouve pour ainfi
dire nul, où il penfoit dominer. Ses habitudes, fes difcours montés fur cette idée
de domination dont il s'eft bercé fi long-
tems, lui attirent mille mortifications,
mille mépris. Alors convaincu de fon erreur,
il paffe d'un extrême à l'autre. Il fe croyoit
tout, il ne fe croit plus rien. Découragé
par ces rebuts inattendus, il fe plaît à fe
ravaler lui-même, il devient lâche, vil &
rampant, de haut & d'infolent qu'il étoit

Voilà des motifs bien fuffifans pour engager un pere fage à refuser toujours conftamment de foufcrire aux demandes de fes
enfans, dès qu'aucun motif de néceffité ne
les a dictées. Accordez tout au befoin,
jamais rien à la volonté, leur foibleffe eft
la premiere chofe qu'ils doivent connoître.
Oppofez de bonne heure à leurs caprices,
une barriere qu'ils effayeroient vainement
de furmonter. Leurs tentatives, toujours
infructueufes leur apprendront bientôt à ne
vouloir que ce qu'il eft loifible & honnête
de prétendre. Mais pour faire réuffir ces
fages mefures, prenez garde qu'ils n'obtien-
nent jamais d'un autre, ce que vous leur
refuferez ; & que des domeftiques groffiers & ignorans, ne trompent là-deffus
votre prudence ; car vous ne perdriez pas
feulement par-là votre crédit fur vos enfans, vous perdriez encore leur tendreffe.

ARTICLE V.

Le point le plus important de l'Education;
c'est de savoir se faire aimer & respecter
en même temps ; méthode pour réussir.

LE point de l'éducation le plus important,
celui qui demande les attentions les plus
délicates de la part des maîtres, c'est après
avoir gagné l'affection des enfans, de savoir
se la conserver. Si les enfans viennent à haïr
ou à mépriser leur Gouverneur , on doit être
assuré que l'éducation qu'il leur donnera sera
toujours fautive. Quel bonnes que puissent
être les instructions qu'ils en recevront , ils
n'en profiteront jamais bien. L'attachement
& le respect sont seuls capables d'établir
le pouvoir d'un Gouverneur & de faire
obéir les enfans sans répugnance. C'est donc
une nécessité indispensable au maître de se
conduire suivant ces principes, dans l'éducation de ses éleves. Mais certains esprits auront
peut-être de la peine à comprendre comment un pere peut en même tems se con-

cilier l'attachement & le respect de sa famille. Car le moyen de se faire respecter sans se faire craindre ? de se faire craindre sans frapper ? & comment frapper sans affoiblir la tendresse ? Ce sont des problêmes qui ne leur paroissent pas faciles à expliquer. Ne doit-on pas appréhender qu'en voulant inspirer la crainte, on ne fasse évanouir la confiance & l'amitié ? Ah! sans doute. Aussi la véritable éducation ne suit-elle pas la maxime de se faire craindre des jeunes gens en employant les verges. Le plur sûr moyen qu'on puisse employer pour s'attirer la confiance & le respect, c'est de tempérer à propos la bonté par un ton & un air sévere, & de savoir faire succéder à celui-ci, un air d'indulgence & de douceur. C'est de se montrer content & satisfait lorsque l'enfant se comporte bien, froid & chagrin lorsqu'il manque à son devoir.

C'est ainsi qu'un pere attentif parvient à prendre sur ses enfans cette autorité, qu'il doit non-seulement tenir des mains de la nature, mais encore de celles de la nécessité & de l'amour. Ce n'est donc pas la

crainte des verges, qu'il faut imprimer dans
ces jeunes cœurs, mais l'appréhension de
déplaire à leurs parens & à leurs maîtres.
C'est sur le visage de ceux-ci, où ils trouvent leur joie & l'approbation de leur bonne
conduite, qu'ils doivent trouver aussi les
réprimandes & la punition méritée, lorsqu'ils se comportent mal. Pour un enfant
bien élevé, le silence & l'air triste de ses
parens, est toujours la correction la plus
sensible & le plus rude châtiment de ses
fautes.

On concevra facilement combien il importe aux maîtres de graver de bonne heure
ces sentimens dans le cœur de leurs pupilles,
si on fait attention que delà dépend le succès de tout ce qu'on fera pour les instruire,
& que c'est la base de toute éducation. Plus
ce point est essentiel, plus il faut s'y attacher, plus l'on doit être soigneux de leur
inspirer cette tendresse soumise, & prendre garde qu'ils ne s'en écartent jamais
pour quoi que ce soit, jusqu'à ce que ces
sentimens leur soient devenus si familiers, qu'il ne paroisse aucune ombre de

contrainte dans leur obéiſſance (a).

Cette conduite ferme du pere, cette attention à les rendre ſoumis, avant qu'ils puiſſent ſe ſouvenir du tems où cette néceſſité
leur fut impoſée, leur donnera toute la
docilité qu'on peut leur deſirer, & ſans avoir
recours aux réprimandes & aux châtimens
ſerviles, on pourra de la ſorte les conduire
où l'on voudra.

On ne riſquera pas ainſi de ſe trouver
dans le cas de ces peres, qui faiſant trop
ſentir le poids de leur autorité à leurs enfans, en font des brutes ou des automates,
ni dans la triſte ſituation de ceux, qui diſſi-
mulant leurs fautes & leur accordant tout,
perdent tout crédit ſur eux, & par-là les
perdent eux-mêmes.

Pour qu'un enfant ſoit bien élevé, il faut
que ſes paſſions ſe trouvent domptées &
obéiſſantes avant que la raiſon vienne à
éclore, de ſorte qu'en ſe développant, elle
n'ait plus rien à faire qu'à regner & à jouir

_____

(a) *Curva ſervicem ejus in juventute, ne fortè
induret & non credat tibi.* Eccleſ. 30.

F iv

de la victoire que l'éducation a remportée.

Que les maîtres n'oublient donc jamais ces premieres regles d'inftitution, abfolument indifpenfables pour acquérir le plus grand & le plus légitime pouvoir fur lefprit d'un éleve, & pour tirer de fes facultés le parti le plus avantageux. Je ne faurois trop le redire. On-doit avoir pour un enfant une affection raifonnable; on peut la lui témoigner par des careffes fans altérer fa candeur & fa fimplicité, & cependant, il faut favoir l'arrêter auprès de foi fans aucune gêne, le tenir dans la crainte & dans le devoir, fans qu'il puiffe imaginer qu'il n'eft pas libre, lui faire aimer le bien, & l'y porter, fans contraindre fon inclination & fon humeur. Ajoutons encore qu'on doit fe comporter à fon égard de maniere qu'il ne perde jamais le refpect durant les careffes, l'amour durant les corrections; mais qu'il faffe au contraire tous fes plaifirs d'être auprès fes parens, & s'accoutume à regarder leurs réprimandes, comme des témoignages d'une tendreffe éclairée.

Telles font les premieres difpofitions

néceſſaires au cœur de la jeuneſſe ; telle eſt la premiere culture du terrein qu'on veut mettre en rapport, & cette préparation ainſi faite, on doit s'attendre ſi la nature eſt propice, à voir bientôt germer & croître toutes les ſemences de vertus & de ſageſſe qu'on aura eu ſoin d'y répandre. Heureux le maître qui trouvera le ſol tel qu'il le deſire, & à qui il coûtera moins de ſoins pour le préparer ; car c'eſt un grand avantage pour lui de trouver un ſol favorable, c'eſt-à-dire, les facultés de ſes diſciples tellement conſtituées par la nature ; qu'il n'ait à ſe promettre que de grands ſuccès de ſa vigilance & de ſes ſoins. On ne peut douter en effet que de même qu'il y a des terreins maigres & infertiles qui ne donnent que peu ou point de produit, & n'indemniſent que foiblement le cultivateur des ſueurs, du tems & des avances qu'ils lui ont coûté ; il eſt des eſprits & des caracteres ſi pauvres & ſi rebelles à l'inſtruction, qu'on ne peut en attendre que très-peu de choſe.

*

F v

CHAPITRE II.

DES CARACTERES.

ARTICLE PREMIER.

L'Education ne change pas les Caracteres,
mais tire parti de tous.

L'EDUCATION n'eſt pas, comme pluſieurs croient, l'art de donner à l'homme ce que la nature lui refuſe, de créer en lui les qualités qui lui manquent, de changer ſon organiſation & ſon caractere, enfin de lui faire une ame nouvelle & un cœur nouveau. L'axiome de Philoſophie qui dit que, *de rien on ne fait rien*, ne fut jamais plus applicable qu'ici. Un inſtituteur auroit beau poſſéder toutes les ſciences & tous les talens, employer les plus grands efforts & l'aſſiduité la plus conſtante pour orner ſon diſciple des qualités qu'on lui deſire, ſi la nature s'y oppoſe, ſes efforts

feront toujours vains ; & s'il eft vrai qu'on
ne puiffe effacer de notre ame les traits
que la nature prit foin d'y graver elle-
même (a), il ne l'eft pas moins qu'on
ne peut nous rien donner de ce qu'elle n'a
pas voulu nous départir.

L'éducation ne fauroit rien produire elle
feule. C'eft l'art du Lapidaire, qui taille &
polit, donne de l'éclat, du brillant & du
feu aux pierres précieufes qui en font fuf-
ceptibles, mais qui d'un cryftal ne fauroit
faire un diamant, ni d'un grenat une to-
paze. C'eft l'art du Jardinier, qui bêche ,
plante & arrofe, taille ou redreffe, mais
ne produit pas. *Neron* eut pour inftituteurs
Seneque & *Burrhus*, & Neron fut la honte
& l'horreur de l'efpece humaine.

C'eft une vérité que le Poëte Lucrece
a exprimée avec beaucoup de force : « L'édu-
» cation (b), dit-il, en perfectionnant
» quelques ames, ne peut effacer ces traits

_____

(a) *Quod natura dedit tollere nemo poteft.*
(b) Traduction de M. de la Grange, Liv. III,
pag. 276.

F vj

» dominans que la main de la nature elle-
» même y a gravés. N'espérez pas pouvoir
» extirper les germes des vices, guérir ce-
» lui-ci de son penchant à la colere, celui-
» là de sa timidité, un autre de cette foi-
» blesse qui le rend en quelques circons-
» tances plus indulgent qu'il ne faut. Il y
» a des différences essentielles dans les ca-
» racteres, comme dans les mœurs qui en
» sont la suite. Cependant, l'étude & la
» réflexion, sans faire disparoître ces traces
» primitives, les affoiblissent à un tel point
» que rien ne nous empêche d'aspirer à
» l'heureux calme dont jouissent les Immor-
» tels ».

Ce n'est pas qu'il y ait des hommes qui
naissent naturellement méchans, & qui ne
soient pas susceptibles d'instruction & per-
fectibles. Ces défauts naturels mettroient
l'homme au-dessous de la brute qu'on instruit & qu'on discipline. Naître avec des
passions & des penchans décidés, n'est pas
naître méchant. A la vérité, quand le naturel
est fortement prononcé dans certains individus, il ne s'efface jamais tout à fait,

mais il peut être réprimé par le frein de l'éducation, & quoi qu'ayent dit Carnéa- des & Hobbes, les deux hommes qui ont le plus mal penſé de la nature humaine, il n'en eſt pas moins vrai que l'homme eſt né bon, mais qu'entraîné par les paſſions & égaré par l'ignorance, il ſe laiſſe éblouir par les preſtiges de l'erreur, toujours nui- ſible & ſouvent criminelle, ſi l'éducation n'a pris ſoin de l'éclairer.

Ainſi, quoique l'éducation ne crée rien, ne forme rien, on peut dire qu'elle eſt toujours utile aux ſujets les moins propres à la recevoir. Elle dirige, elle aide, elle embellit, elle eſſaye les eſprits & les carac- teres, elle ſonde leur capacité, elle juge de leur portée; quelque minces qu'ils ſoient, elle ſait en tirer quelque parti; & comme il n'eſt point de terrein qui ne puiſſe donner quelque production ou rendre quelque ſer- vice, il n'eſt point d'eſprit qui ne ſoit propre à quelque choſe dès qu'on ſait l'appliquer préciſément à celle qui lui convient.

Un Gouverneur habile, loin de ſuivre la routine ou même une méthode bonne

pour certains esprits, n'employera donc que
la plus propre à l'esprit & au caractere de
l'enfant qu'il veut conduire. Sans jamais
perdre de vue le but où il veut le mener,
il saura prendre une route différente de
l'ordinaire, & en s'en écartant il parviendra
au même terme par un chemin détourné.

ARTICLE II.

Différence des Caracteres facile à connoître dans l'enfance.

C'EST dans les premieres années des enfans
que leur pere & leur gouverneur doivent faire
une étude sérieuse de toutes leurs démar-
ches afin de les bien connoître. C'est en les
voyant agir librement dans un âge où ils ne
savent point encore se déguiser, qu'on peut
découvrir & leur caractere, & leur façon de
penser.

Les enfans sont incapables de feindre.
Examinés avec attention, on doit lire jusques dans leur cœur. Si on porte un œil attentif sur leurs actions, sur leurs discours, sur

le ton dont ils parlent, fur la maniere vive, douce ou impérieufe avec laquelle ils agiffent, fur-tout dans des jeux où ufant de toute leur liberté, leurs jeunes cœurs épanouis par le plaifir, fe laiffent voir en entier, on connoîtra facilement leurs inclinations naturelles; s'ils font dociles ou opiniâtres, violens ou modérés, courageux ou timides, fenfibles ou cruels, ouverts ou réfervés; s'ils font induftrieux, inventifs, pareffeux ou appliqués.

ARTICLE III.

Le Caractere de l'Enfant doit déterminer la maniere de le conduire.

SELON les différentes qualités qui prédominent chez les enfans, un inftituteur doit employer une méthode différente, pour faire valoir fon autorité fur eux & pour les inftruire; car il eft certain que chacun ayant dans l'ame, auffi bien que fur le vifage, quelque chofe de particulier qui le diftingue

des autres, chacun demande une conduite
& des mesures particulieres (*a*).

(*a*) Il y a entre l'ame & la physionomie, ou,
si on veut, entre l'organisation intérieure, d'après
laquelle nous sentons, nous pensons, & l'expression
de nos passions & de notre caractere peinte sur le visage, beaucoup plus d'analogie qu'on ne pense ordinairement. L'art de lire dans la physionomie n'est peut-
être pas aussi faux & aussi conjectural qu'on le croit.
Des passions fortes & habituelles doivent laisser des
traces remarquables dans les traits de la face. Ces
traits modifient & se contractent diversement, & plus
ou moins, en raison des mouvemens de l'ame & de
la contention de l'esprit. Au contraire, dans un
Sujet, dont les organes épais & peu flexibles, ne
portent à l'ame que des idées informes ou impar-
faites, cette substance, comme étouffée sous la
matiere, ne peut lui donner que peu de mouvement; le visage demeure toujours à peu près dans
le même état, il n'est jamais fortement ému. Delà l'uniformité de ces physionomies niaises, qui ne
disent autre chose, si ce n'est que celui qui en est
le porteur est un sot.

Veut-on une preuve que l'esprit d'un homme
tient à son organisation, & que celle-ci éprouvant
un changement, l'esprit & même la physionomie
changent aussi? En voici un exemple. Le Pere

Il y a des enfans qui doivent être rete-
nus, il y en a d'autres qu'il faut pousser;
il suffit de se faire entendre de quelques-uns
& de leur montrer le chemin, tandis qu'il
faut sans cesse aiguillonner les autres, & ne
pas les quitter un moment. A certains,
il faut être sévere, doux & complaisant à
plusieurs; enfin on doit employer tantôt
l'adresse, tantôt la douceur, quelquefois la
force & toujours la prudence.

On ne sauroit prescrire de regles là-dessus.
Il en faudroit autant qu'il y a de caracteres. C'est à la sagacité du maître à choisir celles qui sont convenables, à se les
rendre familieres & à les employer à pro-

Mabillon, si connu dans la république des Lettres,
étoit comme stupide dans sa jeunesse, & en avoit
tout l'air. A vingt-six ans il fit une chûte dans un
escalier de pierre; sa tête porta contre l'angle
d'une marche. On trépana mon imbécille. Il sortit
de cette opération avec un entendement lumineux,
une mémoire étonnante, un zele excessif pour
l'étude, & sa physionomie s'ouvrit & se développa.
Le coup & le trépan, en agissant sur sa cervelle,
en firent un homme nouveau.

pos ; il doit quelquefois en changer , les
varier suivant les circonstances, & prendre
soin de leur donner toute l'extension & la
force qu'elles demandent.

Tout ce que je puis dire à cet égard,
c'est qu'il seroit inutile, peut-être même
nuisible, d'entreprendre de former le cœur
& l'esprit d'un jeûne homme , si dans le
moment où l'on a pu s'assurer quelle en
est la trempe , on n'a pas suivi le plan
propre & convenable à son caractere.
C'est pour avoir manqué à ce préalable
essentiel , que tant d'éducations sont fautives, que tant d'instructions , de leçons,
de maximes bonnes , excellentes, admira-
bles même , si elles étoient placées , ne servent le plus souvent qu'à dégoûter de jeunes esprits à qui elles ne conviennent point,
de celles qui pourroient leur convenir , &
aussi les rendent gauches , faux & incapables de connoître & d'aimer la vérité , de
s'attacher à leurs devoirs.

ARTICLE IV.

Signes auxquels on peut connoître certains Caracteres.

SI vous voulez que l'éducation que vous donnerez à vos enfans leur soit utile, il faut nécessairement & avant tout, que vous vous assuriez bien sur quoi elle doit porter, que vous vous convainquiez de leur carac- tere & de leurs inclinations, afin de vous rendre tels que vous devez être à leur égard. Si vous voyez par exemple, qu'un enfant donne volontiers son consentement à ce que veulent ses freres ou ses camarades, qu'il entre rarement en dispute, quoiqu'il soit vif & ardent ; si, s'étant brouillé avec eux, il se reconcilie sans peine & sans rancune, vous pouvez en conclure qu'il a le cœur bon & qu'il est docile ; & s'il s'oppose au contraire à leurs desseins, s'il pleure, s'il tré- pigne & refuse d'adhérer à leurs sentimens, dites qu'il montre des dispositions à devenir désobligeant & opiniâtre.

Quelquefois un enfant prend le pas sur
ses camarades. Il use hardiment d'une autorité qu'il s'arroge. Il ne demande pas, il
s'empare; il ne dispute pas, il décide; il
ne prie pas, il commande. Tout lui est
dû, tout lui doit obéir. A ces traits peut-
on méconnoître un esprit ambitieux non
moins entreprenant que superbe? Ainsi leurs
manieres d'agir, de refuser, d'acquiescer,
les moyens & les tours qu'ils emploient,
les ruses dont ils se servent, l'inconstance
de leurs desirs, la combinaison de leurs
entreprises, la fermeté de leurs résolutions,
peuvent vous donner des indices infaillibles du caractere futur de ces individus.
On connoîtra dès-lors le mobile principal
des actions de leur vie, qui décidera en
quelque sorte de leur sort, soit en les jettant dans le vice, si l'éducation qu'ils doivent recevoir ne les tient en garde contre
eux-mêmes, soit en les portant rapidement
à la vertu, si l'éducation fortifie leurs dispositions heureuses. Ces dispositions décelent quelquefois un grand homme, qui deviendra tel infailliblement, si l'on fait mou-

voir les reſſorts propres à mettre en jeu les qualités qu'il annonce.

En examinant ainſi quelles impreſſions ſe gravent plus facilement ſur leur ame, on connoîtra la portée de leur eſprit & la maniere poſſible de l'étendre ; on verra en même tems ce à quoi on peut les employer, ce qui leur manque pour arriver à la perfection qu'on leur deſire ; enfin l'on pourra s'aſſurer, ſi à force de ſoins & d'application, on peut tirer un bon parti du peu de fonds qu'ils ont reçu de la nature, & les rendre capables de figurer dignement dans l'état auquel ils paroiſſent les plus propres.

ARTICLE V.

Apparences, par fois trompeuſes, qui peuvent faire mal juger des Caracteres.

LES caracteres ſaillans par leur ſingularité ou par leur grandeur, ceux qui ſont fortement prononcés, ſont très-remarquables même dans l'enfance ; mais il y a quelquefois chez les enfans des apparences

trompeuses , & par-là capables de faire
porter de faux jugemens fur ce qu'ils deviendront un jour.

La grande vivacité & l'air épais & taciturne , peuvent induire à de pareilles méprifes , & les occafionnent par fois (*a*).

(*a*) Quand je dis qu'on peut fe méprendre à
ces reffemblances apparentes , je parle en général.
Je fais d'ailleurs que des efprits pénétrans , des
yeux exercés à voir peuvent y découvrir des diftinctions qui échappent aux yeux vulgaires ou
inattentifs ; par exemple l'application de la part
d'un enfant , d'un trait de la Fable à un trait
d'Hiftoire , d'un trait d'Hiftoire à un événement
du temps , des comparaifons juftes , des conféquences bien déduites , la perfpicacité à reconnoître les reffemblances des chofes qui different ,
& les différences de celles qui fe reffemblent , des
marques de juftefse & de pénétration , font des
caracteres par lefquels on peut diftinguer la vivacité d'efprit de la vivacité d'étourderie. Enfin la
taciturnité d'un enfant qui ne provient pas de
bétife , & qui fouvent indique une forte de génie
& de talent , peut s'ouvrir & céder quelquefois à
la préfence de l'objet particulier qui doit l'affec-
ter dans la fuite , & le féparer dans votre efprit de
la claffe des fots.

Bien des peres prennent la vivacité de leurs
enfans à bon augure , comme l'indice d'un
efprit brillant & fubtil , d'une difpofition à concevoir prompte & rapide. Il eft
en effet une forte de vivacité qu'on peut
regarder comme l'aurore du génie. Elle
vient d'une mobilité d'imagination , qui fe
prêtant fans peine à différens objets , les
faifit avec célérité & les combine avec jufteffe. L'enfance de Céfar , génie fécond &
lumineux; celle d'Alexandre , de Pafcal , de
Pope , &c. fe font fait admirer par la vivacité d'efprit; mais il n'en eft pas moins vrai
que pour l'ordinaire, la vivacité pétulante
annonce peu de jugement & de folidité.

Les parens fe perfuadent néanmoins fur
les réparties promptes & quelquefois peu
attendues de leurs enfans, fur l'air délibéré
avec lequel ils font tout ce qu'ils entreprennent , que ce font de petits prodiges ,
& les rangent dans la première claffe; tout ,
felon leur idée , femble les affermir dans
cette opinion ; leurs naïvetés , leurs faillies,
leur étourderie même , les tirent du rang
des efprits vulgaires , quoique ces marques ,

compagnes ordinaires de cet âge, ne marquent souvent autre chose que le caractere de l'enfance & que leurs fils font des enfans. Leurs idées en effet n'ont presque jamais ni ordre, ni liaison, & l'on ne voit rien de positif ni de fixe dans tout ce qu'ils pensent.

Voilà ce qui trompe ordinairement l'amour peu éclairé des peres, mais ce qui peut en tromper bien d'autres, c'est l'air froid & engourdi, la morne stupidité des enfans; car souvent elle est réelle & n'annonce qu'un sot futur, tandis qu'elle sert quelquefois d'enveloppe aux ames les plus magnanimes & les plus fortes. Elle est ainsi le signe commun de deux sortes d'esprits, de deux caracteres entiérement opposés & dissemblables, qu'il est très-difficile de distinguer l'un de l'autre, sans la plus soigneuse application.

Eh! le moyen de démêler dans un enfant, sans cette application attentive, la stupidité causée par un manquement d'idées, ou parce qu'il n'en reçoit que de confuses, d'avec celle qui ne lui vient que de doute

&

& d'irréfolution, ne recevant prefque point d'idées, parce qu'il n'en découvre pas le vrai ? Si on peut y parvenir, c'eft que le fot eft toujours fot, toujours de la même piece, & que l'autre faifit quelquefois des idées ifolées analogues à fes organes, que le hafard met à fa portée & à fon niveau. Tel fut le Connétable du Guefclin, ce grand homme qui illuftra la France fous Charles V. On le prenoit dans fon enfance pour un ftupide opiniâtre ; lorfque fon gé-nie fe développant tout d'un coup, apprit à ceux qui le jugeoint tel, combien ils fe trompoient dans leur jugement (a).

Ce trait feul peut faire comprendre avec

_____

(a) Du Guefclin n'étoit pas feulement le plus grand homme de guerre de fon fiecle, celui qui conduifoit le mieux une armée, qui lui commu-niquoit plus d'ardeur, qui la faifoit mieux opérer, mais encore celui qui combinoit plus profondément une longue fuite d'opérations, qui en voyoit tous les obftacles & les moyens, qui en calculoit mieux les effets. Grace au temps d'ignorance profonde où il vivoit, à fon caractere & à l'éducation qu'il avoit reçue, il ne favoit ni lire ni écrire ; mais

combien de circonspection on doit agir; combien attentivement on doit étudier les enfans, pour bien juger de leur caractere soit en bien soit en mal, de peur que ne prenant pas toutes les précautions néceffai-res, on ne s'écarte du but où l'on veut tendre, & qu'on ne contrarie les opéra-tions que l'on veut favorifer.

Je demanderois donc aux maîtres qu'ils employaffent tous les foins & tout le tems convenables à un examen auffi férieux, afin de ne point fe tromper fur le caractere & les inclinations de leurs éleves. Mais en attendant qu'on puiffe s'affurer de leurs pen-chans, favoir quelle eft la portée de leur efprit, & la méthode qu'on doit employer pour les conduire, il eft toujours bien des chofes qu'il faut leur apprendre quels que foient leur caractere & leur capacité, in-dépendamment de telle éducation qu'on voudra leur donner.

le Roi Charles V ne faifoit rien d'important fans s'éclairer de fes lumieres, & l'on peut dire que fon ame & fa tête fortes influoient beaucoup fur tout le fyftème de l'Europe.

CHAPITRE III.

DE LA NÉCESSITÉ D'APPRENDRE AUX ENFANS LEUR RELIGION.

ARTICLE PREMIER.

Quelle est la premiere chose qu'on doit apprendre à un Enfant.

LA premiere chose qu'il convient d'apprendre à un enfant, comme base du premier devoir imposé à l'homme, c'est qu'il y a un Dieu, c'est que l'homme n'est créature intelligente & raisonnable que pour le connoître & pour l'aimer. Il faut ainsi leur faire sucer pour ainsi dire avec le lait, les sentimens de la Religion, en commençant à leur découvrir les devoirs & les principales vérités qu'elle enseigne. Le fondement de la plus solide vertu & de leur bonheur, porte sur l'amour qu'ils auront pour l'Etre suprême, sur la reconnoissance de ses bienfaits & sur la crainte de lui désobéir. Qu'on

leur apprenne donc à le connoître, à l'aimer & à le servir, autant que la foiblesse de
leur âge pourra le permettre, afin que ces
premieres impressions restent gravées pour
toujours dans leurs ames tendres & innocentes.

ARTICLE II.

Les Enfans sont capables de se faire une idée de Dieu.

Qu'on ne me dise pas que l'intelligence
des enfans est trop foible, pour se faire
des idées justes de cet Etre immense, tandis
que les plus grands esprits ne le comprennent pas. Je sais que des enfans ne sauroient
connoître toute la perfection de ses attributs,
& je suis bien éloigné de prétendre qu'on
les instruise des sublimes spéculations de la
théologie ; mais je sens néanmoins qu'ils
peuvent se faire une idée & une idée véritable de la Divinité (a).

(a) Un enfant sait qu'une maison, une statue,
un meuble, ne se font point faits d'eux-mêmes ;

Qu'on leur dife que Dieu a fait toutes chofes ; qu'il en eft le fouverain maître ; qu'il voit tout , entend tout , connoît tout ; qu'il nous aime tendrement , puifqu'il ne ceffe de nous prodiguer les biens dont nous jouiffons ; qu'il récompenfe & comble de biens ceux qui lui obéiffent ; mais qu'il eft jufte & qu'il punit les méchans ; je fuis affuré que leur efprit ne trouvera rien en tout cela qui foit hors de leur portée. Ces vérités quoique fublimes , étant néceffaires au bonheur de l'homme , entrent avec une facilité merveilleufe dans tous les efprits , & fe trouvent même fi analogues aux pre-

---

il le fait , & quoi que ce foit qu'on lui faffe voir , s'il y remarque du deffein & de la régularité , il ne manquera pas de demander, *qui a fait cela ?* Voilà une difpofition naturelle à tous les enfans, & cette difpofition peut ouvrir naturellement leur efprit à la connoiffance de Dieu. Qu'on leur dife que le Monde, qui étale un fi magnifique fpec-tacle, ne s'eft pas fait de lui-même, on ne leur apprend, pour ainfi dire, rien de nouveau, ils favent déja qu'une maifon n'auroit pu fe faire d'elle-même.

mieres notions qui se développent dans les plus simples, qu'il semble en les adoptant qu'ils ne font que s'en ressouvenir.

Ils sentent que tout ce qu'ils voyent ne s'est pas fait de lui-même ; tout ce qui leur paroît avoir un air de symmétrie & de régularité, leur rappelle l'idée d'un ouvrier. On ne fait donc en leur parlant de Dieu, de son pouvoir, de ce que nous lui devons, que développer en quelque maniere, ce qu'ils sentent au-dedans d'eux - mêmes.

A la bonne heure, dit-on, que les enfans puissent comprendre, que tout ce qu'ils voyent ne s'est pas fait de lui - même, & que l'équité naturelle imprimée dans leur ame, leur démontre la justice d'aimer celui qui nous a tout donné. Mais quelle idée bizarre ne se formeront - ils pas d'un Etre qu'on leur dit être par-tout & qu'ils ne voyent pas, qui a fait tout ce qui frappe les yeux & qui ne tient pas de place & n'a point de corps. N'ayant jamais reçu d'idées que par les sens, il est bien à craindre que la précipitation qu'on mettra à les instruire de cette grande vérité, ne porte des idées fauſſes dans leur eſprit, & ne les rende *anthropomorphites*. Le moyen, ajoute-t-on, de leur faire entendre que Dieu n'eſt qu'un eſprit?

Je conviens que la plus grande difficulté eſt de leur faire ſentir que Dieu n'eſt pas corporel; mais il n'eſt point impoſſible d'y parvenir, même dans le bas âge. Les Peres de l'Egliſe, les Ecrivains qui l'ont illuſtrée par leurs ouvrages, avoient appris à la mamelle les premieres vérités de la Religion. On ne leur reprochera pourtant pas d'être *anthropomorphites*; je l'ai déja dit, Dieu qui nous commande ſi expreſſément de l'aimer, qui veut qu'on le connoiſſe même dès l'enfance, nous en donne tous les moyens. Il ne peut pas nous commander une choſe qu'il nous ſeroit impoſſible de mettre à exécution.

ARTICLE III.

Maniere de faire comprendre à un Enfant que Dieu n'est pas corporel.

SI l'enfant paroissoit surpris que Dieu n'eût pas de corps, & qu'il vous demandât comment une chose peut être sans corps, on pourroit se servir de sa curiosité & de son incertitude même pour l'instruire. Il faudroit d'abord lui faire remarquer, que tout ce qu'il voit a quelque dimension, qu'il est long, large, profond, épais, qu'il a une figure ronde ou quarrée, une couleur, une densité, &c. il comprendra tout cela facilement, puisque toutes ces notions lui viennent immédiatement par les sens. En voici à peu près la méthode dans un dialogue entre le maître & l'enfant.

L'Enfant demande.

« Dieu n'a point de corps ? Mais comment
» peut-il y avoir quelque chose qui n'ait
» pas de corps ?

Le Maître.

» Faites attention à tous les corps qui
» tombent fous vos yeux; n'eft-il pas vrai
» qu'ils ont tous quelque longueur & quel-
» que largeur ?

L'Enfant.

» Cela eft vrai.

Le Maître.

» Ne voyez-vous pas qu'ils ont auffi une
» figure ronde ou quarrée ? &c.

L'Enfant.

» Je le vois.

Le Maître.

» Ne fentez-vous pas qu'ils réfiftent à
» votre main quand vous les touchez, &
» que vous voulez les remuer ?

L'Enfant.

» Je le fens.

Le Maître.

» Vous voulez favoir comment Dieu n'eft
» pas corporel ?

G v

L'Enfant.

» Oui.

Le Maître.

» Mais vous ne le voulez pas aſſez.

L'Enfant.

» Pardonnez - moi , .je le veux beau-
» coup.

Le Maître.

» Vous ſentez donc la volonté de le
» connoître ?

L'Enfant.

» Oui.

Le Maître.

» Eh bien ! cette volonté eſt - elle quel-
» que choſe ?

L'Enfant.

» Oui , elle eſt quelque choſe.

Le Maître.

» Vous vous trompez, ce n'eſt rien.

L'Enfant.

» Oh ! je ne le ſentirois pas ſi c'étoit
» rien.

Le Maître.

» Mais cette volonté est - elle longue ou » large ?

L'Enfant.

» Non.

Le Maître.

» Ronde ou quarrée ?

L'Enfant.

» Non.

Le Maître.

» Blanche ou noire ?

L'Enfant.

» Non.

Le Maître.

» Est-elle pesante ou légere ?

L'Enfant.

» Elle n'est rien de tout cela ?

Le Maître.

» Ce n'est donc rien ?

L'Enfant.

» Pardonnez - moi, c'est quelque chose.

G vj

Le Maître.

» C'est donc quelque chose qui n'est ni
» long ni large , ni rond ni quarré , ni
» pesant ni léger ?

L'Enfant.

» Justement.

Le Maître.

» Votre volonté n'est donc pas un corps
» comme vos mains , vos cheveux , ce mi-
» roir , cette table , cette fontaine , ou
» comme l'air qui se fait sentir au toucher
» quand on l'agite ?

L'Enfant.

» Cela est vrai.

Le Maître.

» Vous comprenez donc qu'il y a des
» choses qu'on ne peut voir ni toucher ,
» & qui sont pourtant quelque chose » ?

Il me semble qu'on devroit d'autant
mieux adopter cette méthode , qu'elle con-

duit naturellement les enfans à concevoir Dieu fans y joindre l'idée d'un corps, & que par ce moyen, ils ne peuvent jamais errer fur un point d'une auſſi grande importance.

ARTICLE IV.

Il eſt fur-tout néceſſaire d'imprimer forte-ment dans l'ame des Enfans, l'idée de la Divinité toujours préſente.

CE n'eſt pas aſſez qu'on parle de Dieu aux enfans, & qu'ils ſoient perſuadés de ſon exiſtence, le point le plus néceſſaire eſt de les pénétrer fortement de l'idée de ſa préſence. Les hommes ſe font en quelque ſorte ſéparés de la Divinité ; elle n'eſt pour eux que dans un fanctuaire. Les murs d'un temple bornent ſa vue, elle n'exiſte point au-delà. Inſenſés que vous êtes ! franchiſſez l'eſpace où vous croyez Dieu renfermé ; voyez-le préſent dans tous les points de l'étendue, embraſſant & pénétrant toutes choſes de ſon immenſité.

Pour graver profondément dans l'ame tendre de mon éleve, l'idée de la Divinité toujours préfente, je voudrois lui en faire une compagnie fi réelle & fi affidue, qu'il ne pût s'en diftraire, & que je n'euffe à craindre & à prévenir en lui que l'excès d'un enthoufiafme refpectueux (*a*).

Si je voulois le retenir fur le penchant du vice, le frapper de honte ou de repentir d'une action qu'il auroit commife, au lieu de lui annoncer la préfence de fon pere ou de telle autre perfonne qu'il craint le plus, je lui dirois tout d'un coup en le regardant fixement: *malheureux ! tu fais le mal, & Dieu eft là qui te regarde.* Les

_____

(*a*) Je me fouviens, dit M. de Voltaire, que dans plufieurs conférences que j'eus, en 1726, avec le Docteur Clarke, jamais ce Philofophe ne prononçoit le nom de Dieu qu'avec un air de recueillement & de refpect très-remarquable. Je lui avouai l'impreffion que cela faifoit fur moi, & il me dit que c'étoit de Newton qu'il avoit pris infenfiblement cette coutume, laquelle doit être en effet celle de tous les hommes. *Métaph. Chap. I.*

enfans font faciles à conduire lorfqu'on les prend par les fens ; je multiplierois donc autour d'eux les fignes indicatifs de la préfence divine , afin que fe voyant fans ceffe fous l'œil vigilant de l'Etre fuprême , ils n'ofaffent rien entreprendre qui pût lui déplaire.

ARTICLE V.

Il ne faut pas attendre , pour parler de Dieu à un Enfant , que fa raifon foit développée.

JE fuis bien éloigné de fuivre le fentiment de quelques Philofophes modernes , qui penfent qu'on doit différer de parler d'un Etre fuprême à un enfant , jufqu'à l'âge où fa raifon plus ouverte lui permettroit mieux de comprendre ce qu'exige le devoir d'aimer Dieu.

Ce devoir eft felon moi fi précieux & fi néceffaire à l'homme , que je regarderois comme un oubli très - criminel du pere, de demeurer long-temps fans en inftruire ſes enfans, & ſans le leur faire pratiquer. Quoiqu'ils ne comprennent pas d'abord auſſi bien qu'ils le feront dans la ſuite, ce qu'exigent d'eux les devoirs de la Religion, les vérités eſſentielles qu'elle enſeigne, gravées de bonne heure dans leurs tendres ames, ſe développeront avec le tems, les caracteres en deviendront, pour ainſi dire, ineffaçables, & ſi on ne ceſſe de leur retracer ce qu'ils doivent au Maître de la nature, ils ſerviront à les garantir des pieges de l'illuſion.

Prémunis ainſi contre l'erreur, ils n'auront garde enſuite d'en adopter les ſophiſmes. Ils verront que ſi elle admet un Dieu, au lieu de ſe le peindre comme un pere tendre, elle le croit indifférent ſur le ſort de ſes créatures qui, à ſon dire, n'étant que matiere, ne ſont ſorties du néant que pour y rentrer à jamais.

On doit convenir, que ſi Dieu avoit créé les hommes ſans aucune vue morale, ſans deſſein de les rendre juſtes & heureux, il ne devroit exciter dans leurs cœurs aucune gratitude; & que nous importeroit en effet ſon exiſtence? nous n'aurions point d'intérêt à le connoître. Le crime & la vertu feroient les mêmes devant lui. Celle-ci demeureroit fans récompenfe, & l'autre fans la punition qu'il mérite ; mais comme tout nous apprend que Dieu eft notre pere, qu'il nous aime & que nous devons le pof-féder un jour, enfans d'un pere auffi bon, pouvons-nous trop tôt le connoître, l'ai-mer & pratiquer fa divine loi ?

Si petit qu'un enfant puiffe être, ayant une ame fpirituelle & immortelle, il eft néceffaire de lui faire aimer Dieu, de l'affujettir aux devoirs qu'il nous pref-crit, & de lui donner la pratique d'une piété que le temps rendra plus éclairée fans la rendre plus folide. C'eft attendre bien tard à lui en parler que d'attendre la force de fa raifon. Ainfi, tandis que la nature eft flexible & molle, que le cœur eft exempt du joug des paffions & la raifon de celui de l'erreur, il faut tourner fes premieres affections vers ce point toujours intéreffant pour l'homme.

La piété eft la perfection de l'enfance. Un pere foigneux & tendre ne prendra-t-il pas tous les foins poffibles pour en faire l'ornement de celle de fon fils (*a*) ? Dès

---

(*a*) Voici une méthode qui me paroît très-propre à donner à un adolefcent une idée fublime de Dieu, de fes œuvres & de fa puiffance, à la graver dans fon ame, à en remplir fon efprit.

Dès qu'on s'apperçoit qu'il cherche les endroits folitaires pour y réfléchir, dès qu'on le furprend l'œil attendri, attaché fur la voûte du Firmament, contemplant, dans une douce extafe, ce rideau azuré qui lui femble prêt à s'ouvrir ; alors il n'y a plus de temps à perdre, c'eft un figne que fa raifon a toute fa maturité, & qu'il peut recevoir avec fruit le développement des merveilles que le Créateur a opérées.

On peut choifir une nuit où, dans un ciel ferein, l'armée des étoiles brille dans tout fon éclat. Accompagné de fes parens & de fes amis, que le jeune homme foit conduit dans un lieu bien découvert. Tout-à-coup on applique à fon œil un télefcope ; on fait defcendre fous fes yeux Mars, Saturne, Jupiter, tous ces grands corps flottans dans l'efpace ; on lui ouvre, pour ainfi dire, l'abîme de l'infini, tous ces foleils allumés viennent en foule fe preffer fous fon regard étonné. Alors fon Conducteur doit lui dire d'une voix grave & impofante : « Jeune homme, voilà le Dieu de l'unique la nature lui infpirera de vouloir, il lui enfeignera à vouloir ce qu'il faut, &

---

vers qui fe révele à vous au milieu de fes ouvrages; adorez le Dieu de ces mondes, ce Dieu dont le pouvoir étendu furpaffe & la portée de la vue de l'homme, & celle même de fon imagination. Adorez ce Créateur, dont la majefté refplendiffante eft imprimée fur le front des aftres qui obéiffent à fes loix. En contemplant les prodiges échappés de fa main, fachez avec quelle magnificence il peut récompenfer le cœur qui s'élevera vers lui. N'oubliez point que parmi fes œuvres auguftes, l'homme doué de la faculté de les appercevoir & de les fentir, tient le premier rang, & qu'enfant de Dieu, il doit honorer ce titre refpectable ».

Le jour venu, la fcène doit changer; qu'on lui préfente un microfcope, au moyen duquel il va découvrir un nouvel univers, plus étonnant, plus merveilleux encore que le premier. Ces points vivans que fon œil apperçoit pour la premiere fois, qui fe meuvent dans leur inconcevable petiteffe, & qui font doués des mêmes organes que les coloffes de la terre, lui préfentent un nouvel attribut de l'intelligence du Créateur.

Le Conducteur reprend du même ton : « Etres foibles que nous fommes ! placés entre deux infinis, opprimés de tous côtés fous le poids de la grandeur

le réglera si bien , que loin de lui voir
faire des actions indignes , il aura la con-

---

divine , adorons en silence la main qui alluma
tant de soleils , & qui donna la vie & le sentiment
à des atomes imperceptibles ! sans doute l'œil qui a
composé la structure délicate du cœur , des nerfs,
des fibres du ciron, lira sans peine dans les derniers
replis de notre cœur : quelle pensée intime peut se
dérober à ce regard absolu , devant lequel la voie
lactée ne paroît pas plus que la trompe de la mite.
Rendons toutes nos pensées dignes du Dieu qui les
voit naître & qui les observe. Combien de fois dans
le jour le cœur peut s'élancer vers lui & se fortifier
dans son sein. Hélas ! tout le temps de notre vie ne
peut être mieux employé qu'à lui dresser , au fond
de notre ame , un concert éternel de louanges &
d'actions de graces ».

Le jeune homme ému, étonné, conserve la
double impression qu'il a reçue presque au même
instant : il pleure de joie , il ne peut rassasier son
ardente curiosité , elle s'enflamme à chaque pas
qu'il fait dans ces deux univers ; ses paroles ne sont
plus qu'un long cantique d'admiration ; son cœur
palpite de surprise & de respect , & , dans ces ins-
tans , sentez-vous avec quelle énergie , avec quelle
vérité il adore l'Etre des êtres ? comme il se remplit
de sa présence ? comme ce télescope étend , agran-

folation de fe convaincre, que la piété dont il a enrichi fon ame, y a jetté le fondèment de la plus folide vertu.

---

dit fes idées, les rend dignes d'un Habitant de cet étonnant univers? Il guérit de l'ambition terreftre & des haines qu'elle enfante, il chérit tous les hommes, il eft le frere de tout ce qui refpire.

CHAPITRE IV.
DE L'EXEMPLE.

ARTICLE PREMIER.

Force de l'Exemple sur les Enfans.

LA maniere la plus propre à graver la vertu & la piété dans l'ame tendre des enfans, c'est de leur parler d'exemple ; la leçon qui en est toujours bien reçue & qu'ils ne manquent guère de suivre, c'est celle qui leur vient de l'exemple. Les instructions qu'il donne font toujours les plus vives & les plus durables impressions sur l'esprit des jeunes gens. Si l'exemple est bon, il les porte sans effort vers le bien ? s'il est mauvais il les corrompt & les mene souvent à la plus extrême licence en les livrant à leurs desirs.

ARTICLE II.

L'Exemple domeſtique eſt celui qui a plus de force.

L'EXEMPLE domeſtique eſt celui de tous qui a toujours plus d'influence & plus d'empire ſur les enfans. Auſſi la plupart des jeunes gens, couverts de vices, de défauts, de ridicules, n'en ſont point toujours redevables à la contagion des mœurs de nos libertins; c'eſt ſouvent un héritage qu'ils tiennent de leurs peres, qui commençant à leur dépraver le cœur & l'eſprit par les paroles indécentes, les actions déréglées dont ils les rendent témoins, les mettent ainſi de bonne heure en état d'aller de pair avec ceux qu'ils doivent fréquenter dans la ſuite.

Que ceux donc qui réellement ſoigneux de procurer une bonne éducation à leurs enfans, prennent pour mieux réuſſir, toutes les meſures qui leur ſemblent les plus convenables, ne s'imaginent pas dans cette

vue avoir affez fait en gênant leurs premiers
caprices, en modérant leurs defirs , en éclai-
rant leur conduite , fi la leur ne répond
pas à toutes ces précautions effentielles, ou
fi elle dément au contraire les préceptes
qu'ils leur ont donnés. Vainement ils voudroient les corriger de quelque défaut ou
de quelqu'indécence , s'ils fe permettent la
liberté qu'ils-répriment dans leurs enfans;
ces exemples feront toujours bien mieux
fuivis que toutes leurs inftructions (a).

ARTICLE III.

*Les fréquens accès de colere dans ceux qui
conduifent les Enfans, difpofent ceux-ci
à l'impatience & à la brutalité.*

QUELLES impreffions pourroient faire
fur le cœur d'un enfant , les leçons de

(a) C'eft une des plus belles maximes de l'éducation & de la fageffe , que celle que Juvenal a
exprimée par un vers fi connu :

Maxima debetur puero reverentia..... Juv. Sat. 14.

douceur

douceur & d'humanité qu'on ne cesse de lui donner, quand la moindre chose aigrit ceux qui le conduisent, lorsque les moindres paroles, les actions les plus indifférentes, sont des étincelles qui tombant sur leur bile & l'allumant tout d'un coup, les transportent soudainement hors d'eux-mêmes? Les peres sujets aux fréquens accès d'une colere violente, ne devroient-ils pas du moins avoir l'attention de se dérober dans un état si honteux, à la vue de leurs enfans, pour ne pas les rendre témoins de ces cris, de ces emportemens, de ces violences qui conviendroient beaucoup mieux à une bête en fureur, qu'à un homme fait pour avoir de la raison.

Quelles traces profondes ne doivent pas laisser ces scenes déshonorantes dans l'ame encore tendre des enfans? Ce sont-là de ces leçons contradictoires, dont l'effet est d'effacer dans un moment & pour toujours les premieres qu'on leur a faites (a); les

(a) Cependant les réflexions qu'un homme sensé peut faire sur les emportemens d'un homme en

enfans feront coleres comme eux, brutaux comme eux, durs, groſſiers, inhumains comme eux; & les parens n'ont pas plus lieu de s'en étonner, que de voir un arbre enté de mauvaiſe eſpece, produire de mauvais fruits.

---

colere, feroient bien capables d'en donner de l'horreur. La colere n'eſt pas feulement la plus folle des paſſions, mais encore la plus nuiſible à celui qui l'éprouve. D'ailleurs, combien ne ſemblera-t-elle pas humiliante, ſi on fait attention qu'il n'y a pas de perſonnes qui s'adonnent ſi-tôt, ni ſi aveuglément, au courroux, que les foibles de corps & d'eſprit: un enfant, une femme, un ignorant, un malade, un vieillard, s'irritent avec tant de facilité, qu'un rien les met hors d'eux-mêmes.

Un proverbe Arabe dit qu'il y a trois choſes qui ne ſe connoiſſent bien qu'en trois circonſtances; la hardieſſe aux dangers de la guerre, l'ami dans la néceſſité, & la ſageſſe dans les attaques de la colere.

ARTICLE IV.

L'imprudence d'un Pere efface quelquefois dans l'ame de son fils les leçons d'honnêteté & de modestie qu'il lui a faites.

UN pere semble desirer que son fils soit honnête, ennemi de la violence, & quelquefois il n'approuve pas seulement ses malices, il ne voit pas seulement d'un œil tranquille qu'il injurie, qu'il bat les autres autant qu'il en est capable ; mais il l'y excite encore : « Frappe-les, dit-il, ou » donne-moi un coup pour que je le leur ren- » de ». Si on vouloit en faire un insolent, un querelleur, un meurtrier, on ne lui donneroit pas, je pense, une leçon plus convenable. On peut déja prévoir, à moins qu'on ne soit aveugle, ce qui en résultera.

C'est en suivant à peu près la même conduite qu'un pere non moins imbécille, prétendra inspirer la modestie à ses enfans, tandis qu'il cherchera les occasions de par-

H ij

ler ou de faire tomber la converſation en leur préſence, ſur leur mérite, ſur les grandeurs & les biens qui les attendent, ou ne paroîtra donner ſon eſtime qu'à ceux qui ſe diſtinguent par le brillant de leurs voitures, la magnificence de leurs habits, & par ces dehors futiles, à la faveur deſquels (*a*) les petits eſprits penſent aller à la conſidération.

(*a*) Nous ne jugeons guère les hommes que ſur l'extérieur, & alors nos jugemens ſont preſque toujours faux.

C'eſt merveille, dit Montagne, que ſauf nous aucune choſe ne s'eſtime que par ſes propres qualités. Nous louons un cheval de ce qu'il eſt vigoureux & adroit, non de ſon harnois; un levrier de ſa viteſſe, non de ſon collier. Pourquoi de même n'eſtimons-nous pas un homme par ce qui eſt ſien? il a un grand train, un beau palais, tant de crédit, tant de rente, tout cela eſt autour de lui, non en lui. Si vous achetez un cheval, vous le voyez nud & à découvert. Pourquoi, eſtimant un homme, l'eſtimez-vous tout enveloppé & empaqueté?

Si l'homme ſe connoiſſoit bien, l'orgueil & la vanité diſparoîtroient de la terre. Malheureuſement il met ſon être hors de lui-même, & s'habitue à

Comment voulez-vous après cela, que l'orgueil & la vanité n'entrent pas dans leur ame, qu'ils n'en réglent pas tous les mouvemens ? Et quand des jeunes gens verront ceux qui les conduisent noyés dans la molleſſe, enſevelis dans la débauche, dévorés par l'ambition, rongés par l'envie, aveuglés par l'amour, ou poſſédés par l'avarice; toutes les leçons qu'on leur fait de ſe vaincre, ne paſſeront-elles pas dans leur eſprit pour d'inutiles diſcours ? N'en doutez point, ils ſuivront exactement les traces qu'ils ont devant les yeux (a); ils ne croiront pas devoir

---

ſe croire ce qu'il n'eſt pas. C'eſt ce que la Mothe a exprimé dans ces vers aſſez connus :

> J'ai vu quelquefois un enfant
> Pleurer d'être petit, en être inconſolable :
> L'élevoit-on ſur une table ?
> Le marmot penſoit être grand.
> Tout homme eſt cet enfant ; les dignités, les places,
> La nobleſſe, les biens, le luxe & la ſplendeur,
> C'eſt la table du nain, ce ſont autant d'échaſſes
> Qu'il prend pour ſa propre grandeur.

(a) On aime aſſez, dit M. de Maſſillon, à donner à des enfans des leçons de vertu & de probité ; on ſe fait honneur même de leur débiter les

être plus fages que leurs conducteurs, perfuadés que leur exemple doit l'emporter fur
leurs paroles.

ARTICLE V.

Effets du bon exemple des Peres fur leurs Enfans.

IL faut qu'un pere faſſe parler ſa conduite, & que ſa morale ſoit d'accord avec ſes

maximes les plus féveres & les plus héroïques de la
ſageſſe : mais la conduite domeſtique foutient mal
le faſte & la vanité de ces inſtructions. On leur propoſe les vertus de leurs ancêtres, & on affoiblit, en
les démentant foi-même par des mœurs oppoſées,
l'impreſſion qu'auroit pû faire le ſouvenir de ces
anciens modeles. Ainſi, loin de leur inſpirer des
ſentimens de vertu par ces impreſſions contredites
par nos exemples, nous les accoutumons à penſer
de bonne heure que la vertu n'eſt qu'un nom,
que les maximes qu'on nous en débite ne ſont qu'un
langage & une façon de parler qui a paſſé des peres
aux enfans, mais que l'uſage a toujours contredit;
& qu'enfin ceux qui en ont paru, dans tous les

actions, s'il veut que ses enfans se portent
naturellement à la vertu , & qu'ils la trouvent toujours aimable. C'est dans l'exemple du pere que les enfans doivent apprendre que la vertu est préférable à tout ; que
les biens qui périssent ne peuvent satisfaire
un cœur vraiment grand , & que tout
passe hors la vertu. Malheur à ces peres aveugles encore trop communs parmi nous ,
qui commencent à faire des fous de leurs
enfans , par l'éducation & l'exemple qu'ils
leur donnent ; puis par leurs richesses &
leur crédit , les rendent puissans dans le
monde , arbitres du sort des hommes , en
font quelquefois des Juges & des Magistrats.

Celui à qui l'ame de son fils est chere ;
qui desirant l'orner de toutes les vertus , lui
montre par son exemple le chemin qu'il
veut lui faire suivre , doit s'attendre à
voir couronner ses travaux & ses tendres
soins , par la plus heureuse réussite. J'ose

---

temps, les plus zélés défenseurs, ont toujours été
au fond , semblables au reste des hommes.

H iv

promettre à ce digne pere, non-feulement
le bonheur de fes enfans, le repos & l'honneur de fa vieilleffe; mais encore la reconnoiffance, l'affection de fes parens, de fes
amis, de fes concitoyens; puifqu'en formant le cœur de fon fils, il travaille autant pour les autres que pour lui-même.

CHAPITRE V.
DE LA DOUCEUR.

ARTICLE PREMIER.

La Douceur est une vertu des plus nécessaires à la Société.

LE vrai but d'un pere doit être de former un homme plein de vertu, mais non de cette vertu sauvage qui s'aigrit de tout, qui contrôle tout, qui veut tout réformer. Il faut lui faire aimer ses semblables; & puisqu'il est destiné à passer sa vie avec des hommes, qu'il doit contribuer à leur bien-être par ses vertus, on doit sur-tout lui inspirer l'amour de celles qui sont plus nécessaires au bonheur de la société; mais dans cette vue on doit commencer par la douceur. Il n'en est point de plus recommandable, parce qu'aucune n'est plus propre à concilier à celui qui la possede, la

H v

bienveillance & l'eftime de ceux qu'il fréquente.

La douceur une vertu, me dira-t-on?
c'eft plutôt une qualité du tempérament,
un préfent de la nature, qu'un réfultat des
foins de l'éducation.

Voilà le ton du préjugé. Si on a raifon
de penfer que la douceur eft plutôt un préfent de la nature que le fruit de nos foins,
qu'elle ne regne fouverainement fur nos
actions, que lorfqu'elle nous a été donnée
fans mefure, on fe trompe, en croyant
que l'éducation ne fauroit la faire germer
dans notre ame & la perfectionner, puifque
des foins affidus, la réflexion, la culture,
peuvent en donner l'habitude du moins jufqu'à un certain point. L'homme eft né bienfaifant & fenfible; c'eft toujours le calcul
d'un faux intérêt, qui l'égare en le fépa-
rant des autres, qui le rend faux ou repouf-
fant. Un peu de raifon & de réflexion peut
donc lui faire fentir le prix de la douceur
dans la fociété. Quoi qu'elle coûte, on ne
l'achete jamais trop cher. Les avantages qui
la fuivent, font un prix toujours bien au-

deſſus du travail le plus long & le plus
pénible.

En effet, le caractere qui plaît le plus
dans la ſociété, comme le plus parfait &
le plus aimable, eſt celui qui réunit beaucoup de douceur à beaucoup de raiſon.
Celle-ci ne plairoit pas également ſans
l'autre ; la douceur en tempere l'auſtérité &
en aſſure l'uſage en la rendant plus agréable. « C'eſt par la douceur, que celui qui
» la poſſede, eſt exempt de ces mouve-
» mens de colere, de ces failli.s de l'hu-
» meur qui font ſouvent agir l'homme le plus
» raiſonnable, comme ceux qui le ſont le
» moins ; c'eſt par elle qu'il conſerve ce
» ſang froid & cette tranquillité d'ame qui
» lui laiſſant voir les choſes comme elles
» ſont, ou modérant l'impreſſion qu'elles
» devroient faire d'elles-mêmes, le met
» toujours en état d'entendre ce que la raiſon
» lui dicte en chaque circonſtance & de
» s'y conformer ſans peine. Enfin la dou-
» ceur nous aide à faire ſuivre la raiſon aux
» autres par la maniere dont elle fait la
» leur préſenter. Elle eſt ainſi le principal
H vj

» moyen de la perfuafion, la grande force
» & le plus bel ornement de la vérité ».

ARTICLE II.

De diverſes ſortes de Douceurs.

ON peut diftinguer deux principales fortes de douceur ; celle que nous tenons immédiatement de la nature, & qui eft toujours la plus forte, & celle qui peut s'acquérir & qui n'eft pas la moins louable.
L'une & l'autre pouffées trop loin ceffent
d'être au rang des qualités qu'on eftime.
En effet, il y a une douceur naturelle qui
n'eft que foibleffe, timidité (a), abattement

(a) Cette timidité n'eft autre chofe qu'un défaut
de courage d'efprit, qui céde à l'impulfion de tout
ce qui nous environne. Elle indique une ame foible & fans caractere, qui ne fait pas avoir de volonté
qui lui foit propre. Elle n'a pas de couleur ; mais,
comme le Caméléon, elle reçoit celle de tous les
objets qui l'approchent. Elle n'a pas de paffion, mais
elle épouſe les paffions de ceux qui veulent bien
la maîtriſer ; &, fans intention de mal faire, elle

de l'imagination & du cœur, devant ceux qui nous imposent ou que nous craignons. Il y a une douceur d'acquisition, qui n'est que baissesse d'ame, lâche & rampante souplesse de l'intérêt & de la flatterie. Elles sont ainsi toutes deux une imitation trompeuse de cette douceur, que je recommande comme le premier lustre des vertus sociales, & par conséquent autant indignes d'une ame droite & courageuse, que celle-ci mérite leur affection. Soit qu'on possede la douceur par tempérament ou par acquisition, on peut la regarder comme un don très-précieux, car elle ne nous porte pas seulement à la pratique de nos devoirs, mais elle nous donne la facilité de nous en acquitter quelque pénibles qu'ils nous semblent, sans nous plaindre & sans murmurer, & c'est d'elle que nous tenons ce ton affectueux du sentiment qui nous fait chérir de ceux avec qui nous passons la vie.

La vraie douceur est selon moi la mere

fait cependant tout le mal qu'on veut lui faire commettre.

de la vraie politeffe, de la complaifance, des égards, & toujours bien plus affurée de plaire que la politeffe d'ufage, qui équi-voque dans fes difcours, affectée dans fes manieres, impérieufe dans fes attentions, ne fauroit jamais avoir le même air de vérité, puifqu'elle n'eft qu'une imitation de la douceur, c'eft-à-dire ; une fauffe expref-fion des fentimens que la douceur ren-ferme.

On prend dans le monde les foins les plus fcrupuleux pour donner aux enfans cette politeffe feinte que l'ufage fait paffer pour la marque certaine d'une bonne édu-cation, fans qu'on veuille s'appercevoir qu'elle n'eft que le figne équivoque des qualités effentielles qui doivent nous faire aimer. On leur fait de même un art de tromper les hommes, par des manieres & des expreffions fauffes, d'autant plus crimi-nelles, qu'elles font plus capables d'attirer la confiance & qu'elles paroiffent plus fin-ceres.

Dans un fiecle auffi fardé que le nôtre, où l'on aime fi peu l'ingénue vérité, on

frondera peut-être ce que je viens de dire,
comme tendant à établir des nouveautés
blâmables ; on me reprochera de vouloir
que dans le commerce du monde , on té-
moigne à chacun ce qu'on pense , & qu'on
en bannisse cette politesse qui , toute fausse
qu'elle est , rend le lien de la société plus
doux & plus supportable ; mais ne me
croyant pas lésé par ce reproche , je ré-
pondrai ingénument que je voudrois de
bon cœur pouvoir introduire un tel changement dans nos usages , non pas pour
voir les hommes devenir grossiers ou cyni-
ques , mais pour leur faire connoître le
prix des sentimens dont ils se jouent. Je
voudrois leur faire chérir ces sentimens. La
vérité ne seroit pas choquante , si on avoit
pris autant de soin d'inspirer la vraie douceur à ceux qui composent la société , qu'on
en prend tous les jours pour les former à
ce cérémonial de parade , à ce fade jargon,
aussi vuide de sens que de sentiment (a), qui,

_____

(a) Que notre politesse est fausse & minutieuse !
que celle sur-tout dont se parent les grands est

au bout du compte , ne trompe aujour-
d'hui que ceux qui veulent bien se payer
de grimaces.

ARTICLE III.

Comparaison de la Douceur & de la Politesse.

LA douceur nous attire , la politesse nous
repousse ; l'une fait naître la confiance & l'a-
mitié ; l'autre nous avertit de nous tenir sur
nos gardes, nous rend méfians: celle-ci décele
toujours un excellent naturel , celle-là ne
sert souvent qu'à nous cacher un ennemi:
la premiere , obligeante, lie les cœurs par la
reconnoissance ; la seconde, indifférente, ne
sauroit inspirer aucune affection. La dou-

odieuse & insultante ! c'est un masque plus hideux
que le visage le plus difforme. Toutes ces révéren-
ces, ces courbettes affectées, ces gestes outrés,
sont insupportables à l'homme vrai. La brillante
fausseté de nos manieres est pour lui plus détestable
que la grossiéreté des hommes les plus rustiques
n'est rebutante.

ceur ne va jamais fans la bonté ; on ne
la fuppofe même pas dans la politeffe ; enfin la douceur nous plaît, nous charme,
nous intéreffe, par l'affurance qu'elle nous
donne qu'elle eft véritable & qu'elle s'occupe réellement de nous ; tandis que la politeffe nous éloigne d'elle, par la perfuafion
où chacun eft, qu'elle eft une hypocrifie de
toute la perfonne.

Convaincu de cette vérité, qu'un pere
s'empreffe de bonne heure de rendre la
douceur précieufe & familiere à fon fils;
qu'il lui donne une politeffe qui parte du
cœur. Si le jeune homme n'acquiert pas
ainfi ces graces fuperficielles & frivoles, tant
recherchées par ceux qui ont le cœur auffi
faux que l'efprit, il aura celles qui annoncent le Citoyen & l'honnête homme ; alors
il lui fuffira d'être bon pour avoir les moyens
de plaire, d'être indulgent pour flatter les
défauts d'autrui ; il faura déférer à leur volonté fans baffeffe, il pourra les prévenir fans
artifice, être complaifant fans foibleffe,
endurant fans lâcheté & liant fans affectation.

ARTICLE IV.

On peut acquérir la Douceur jusqu'à un certain point, quoique le caractere semble contraire.

Posons pour maxime inconteſtable, qu'un gouverneur qui fait germer la douceur dans l'ame de ſon éleve ou qui la fortifie par la culture, le rend par cela ſeul capable de pratiquer toutes les vertus ſociales, puiſqu'il n'y en a pas une qui ne lui doive ſa naiſſance, ſon accroiſſement ou ſa perfection.

Mais faudra-t-il refondre les caracteres? Il y en a qui ſont naturellement ſi vifs, ſi emportés, ſi méchans, qu'il ne paroît guère poſſible, quelques efforts que l'on tente, de les rendre abſolument différens de ce que la nature les a faits.

Non, je n'entends pas que des enfans d'un pareil caractere, puiſſent jamais acquérir une tempérance d'humeur auſſi entiere & auſſi conſtante que ceux dont le ca-

ractere diftinctif eft la douceur ; mais j'ai
des raifons de me perfuader, qu'une culture affidue, de folides réflexions, l'habitude de fe modérer de bonne heure, peuvent,
comme je l'ai déja dit, donner cette qualité, qu'on fembleroit n'avoir pas reçue de
la nature. Si nous ne la tenons pas immédiatement d'elle, elle ne nous a pas refufé
les moyens de nous la procurer (*a*).

Il n'eft perfonne qui ne doive être honnête homme (il feroit bien humiliant pour
l'humanité, qu'il y eût quelqu'un qui
ne pût le devenir); & comme à tout honnête homme, les vertus morales & civiles
font de néceffité & doivent former fon
effence, il eft évident que tout homme
peut fe les rendre propres ; car Dieu feroit
abfurde de nous faire un crime d'y manquer, s'il nous avoit refufé les moyens de
les acquérir.

(a) *Nemo adeo ferus eft, ut non mitefcere poffit,*
Si modo culturæ, patientem accommodet aurem.

ARTICLE V.

L'Exemple de Socrate cité, pour prouver qu'on peut acquérir des vertus que le caractere semble refuser.

SOCRATE, qui fut regardé comme un des hommes les plus sages & dont la réputation a duré entiere tant de siecles, examiné par un homme expert à connoître le caractere & le tempérament dans les traits de la physionomie, fut jugé devoir être entiérement adonné aux femmes. Ses disciples, témoins de la pureté de sa vie, certains que sa morale s'accordoit parfaitement avec ses mœurs, traiterent cet homme d'ignorant & d'inconsidéré ; mais la grande ame de Socrate, incapable de vaine gloire & de dissimulation, convint ingénument que ce physionomiste avoit deviné juste. J'étois né, dit-il à ses disciples, tel qu'on vient de me dépeindre, avec un penchant extrême vers les plaisirs des sens ; mais à force de me combattre & par l'habitude de régler

mes defirs ; je fuis enfin parvenu à les furmonter.

Croyez que l'exemple de Socrate n'eft
pas unique. Ce qu'un homme peut fur fon
cœur, un autre le peut également fur le
fien, dès qu'on l'aura accoutumé de bas
âge à le vouloir & à le tenter ; & fi on peut
réprimer efficacement la plus impérieufe
des paffions, quel eft l'homme affez foible
qui n'efpérera pas, non-feulement de vaincre les autres paffions, mais encore à l'exemple de Socrate, de pouvoir acquérir les vertus qui leur font oppofées.

Eft-il un pere qui defire ardemment de
faire de fon fils un vrai Citoyen, que cette
idée ne doive encourager, qui ne puiffe fe
dire dans fa tendre ambition, en voyant
les nobles exemples qui le frappent : on eft
parvenu jufques-là, pourquoi ne rendrai-je
pas mon fils capable de pareils efforts &
même d'aller plus loin s'il fe peut ?

ARTICLE VI.

La Douceur est rare, & pourquoi.

POURQUOI voyons-nous si peu d'hommes posséder cette douceur aimable qui
plaît à tout le monde, & si estimable qu'elle
est mise au rang des béatitudes par Jesus-
Christ (*a*). Pourquoi, dis-je, en voit-on si
peu qui en soient ornés tandis qu'il n'est
personne à qui on ne puisse la procurer?
Est-ce absolument la faute de la nature?
Non, cela provient ou du défaut de
l'éducation, ou de la force de l'exemple
des peres; souvent parce qu'ils ont cru la
politesse d'usage supérieure & préférable;
peut-être enfin, parce que ne connoissant
pas assez la portée de l'esprit humain & la
fléxibilité du cœur de l'homme dans la jeunesse, ils n'ont pas daigné tenter un changement dont ils n'avoient pas même l'idée.

L'exemple qui par-tout ailleurs dans l'édu-

_____

(*a*) *Beati mites, quoniam ipsi possidebunt terram.*

cation a tant d'influence & de pouvoir, eft ici d'une néceffité indifpenfable (*a*). Si vous voulez que je pleure, dit Horace, que vos larmes excitent les miennes. Je dirois de même à un pere qui voudroit faire naître ou fortifier la douceur dans le cœur de fon fils : Témoignez-lui de la douceur, parlez-lui avec douceur, inftruifez-le avec doūceur & ne vous démentez jamais. Cette précaution eft fi effentielle, qu'un moment d'emportement prévaudroit fur fix mois d'inftruction. Prenez un foin extrême de lui faire pratiquer à l'égard des autres, ce que vous pratiquerez à fon égard ; car il n'y a qu'une longue habitude, qui puiffe nous faire acquérir les vertus, qui ont le moins de rapport à notre caractere, & dont nous voulons nous rendre l'exercice familier.

J'infifte d'autant plus fur cet article, que je regarde la douceur, non-feulement comme la bafe de l'union qui doit fubfifter entre un pere & fa famille ; mais comme le

---

(a)   *Si vis me flere, dolendum eft*
Primum ipfi tibi. Hor.

germe de ces attentions affectueuses, qui
font le charme de la société ; attentions
bien autrement touchantes que les grimaces & les discours de ces gens faux ou futiles, dont le cœur n'anime jamais les pro-
testations frivoles.

ARTICLE VII.

Quel cas on fait de la Douceur.

JE veux que la douceur soit la politesse
de votre éleve. Mise à côté des singeries
vulgaires, elle aura le mérite du naturel &
du vrai , auprès de l'affectation & de la
fausseté. Le public est plus équitable qu'on
ne pense ; il apprécie les choses à leur juste
valeur : un homme poli est reçu avec politesse ; un homme doux & affectueux , le
sera avec douceur & avec affection. Celui
qui paye avec de la fausse monnoye, doit-
il recevoir de bonne marchandise ? La fauss-
seté est le juste prix de la fausseté ; les sentimens du cœur ne se doivent qu'à ceux
qui sont dignes de les inspirer.

La

La douceur eſt préférable à la politeſſe, autant que l'original à la copie, le corps à l'ombre, la vérité à l'apparence; auſſi le monde tout frivole qu'il eſt, lui donne-t-il en ſon eſtime une place bien honorable. Que nos Profeſſeurs d'airs & de diſcours galans, doucereux, ſouples, faciles, employent toute la fineſſe de l'art, faſſent tout leur poſſible pour gagner les cœurs & perſuader les eſprits; ils n'auront jamais le crédit des manieres ſimples de la douceur. Tandis qu'ils prennent tant de peine, cette naïve & charmante expreſſion du ſentiment va perſuader en un clin d'œil & charmer ceux qui l'apperçoivent.

ARTICLE VIII.

La timidité qui ſuit la Douceur, ſigne ordinaire d'une belle ame.

LA timidité eſt quelquefois le fruit de l'amour-propre qui ſoupçonne ſon ignorance & craint de ſe compromettre par des

manieres hafardées. Quelquefois elle eft pro-
duite par la modeftie, fouvent elle fuit la
douceur. Cette efpece de honte eft blâmable lorfqu'elle eft exceffive, & un pere doit
prendre alors des précautions pour guérir
fes enfans de leur timidité, & pour les
raffurer contre les yeux & la préfence
d'autrui; mais qu'il ne s'en inquiete pourtant pas; fes foins, le temps, & la fréquentation de la bonne compagnie, diffi-
peront peu à peu cette crainte & leur
donneront l'affurance modefte qui leur
convient.

Quoique la timidité foit regardée comme
un défaut dans la fociété, on peut dire que
celle qui fuit la douceur & la modeftie dans
un jeune homme, eft un heureux indice
d'un excellent caractere & l'annonce d'une
ame fenfible & délicate. L'orgueilleux qui
ne voit que lui feul, celui qui n'a point
d'égard pour les autres & ne fe refpecte
point, ne rougit point. Il faut fentir qu'on
peut manquer à des devoirs de convenance
& d'honnêteté pour être timide.

Ne vous affligez donc pas de la timidité

de votre fils, ô vous qui lui defirez une
ame grande & généreuſe ! dès que l'aimable douceur ſera gravée dans ſon ame, &
qu'inſtruit ſur le détail des convenances, il
ſera plus raſſuré, ne craignez point de lui
voir commettre d'actions injurieuſes ou
cruelles, ni que le ſouffle empoiſonné de
ſa bouche, terniſſe jamais la réputation
d'autrui. Loin de ſuivre l'exemple des jeunes gens du bon ton, il s'indignera d'une
ſatyre lâchée contre un abſent, & ne pourra
voir ſans honte qu'on croye ſe donner du
relief en dévoilant les fautes & les ridicules de ſon frere. Ce vil métier de chercher à briller en flétriſſant les autres lui
ſera horreur. Le médiſant lui paroîtra ce
qu'il eſt, c'eſt-à-dire, plus méchant que l'ho-
micide ; car l'un n'en veut qu'à la vie, tandis
que l'autre nous enleve l'honneur qui lui eſt
ſans doute préférable.

Il ne ſe permettra jamais de raillerie,
non que toute raillerie lui paroiſſe un crime ;
mais c'eſt qu'il craindra plus de bleſſer,
qu'il n'aura envie de dire un bon mot,
l'expérience lui faiſant voir que ſouvent

I ij

une raillerie qu'on croit innocente, fait une bleſſure profonde, & que les railleurs ſont naturellement ſi peu réſervés que, pour faire parade d'une ſaillie ingénieuſe, ils ne craignent point quelquefois de perdre un ami, & d'aliéner les perſonnes auxquelles ils doivent le plus de reconnoiſſance (a). Il ne ſera pas non plus capable d'une indiſcrétion, & ſes amis n'auront jamais à le blâmer d'avoir trahi leurs ſecrets, ni manqué à leur confiance. Enfin il aura pour maxime, qu'un homme ne doit jamais tenir de propos licentieux, capables de bleſſer les oreilles & de faire rougir les femmes qui l'écoutent. Un cynique lui paroîtra ce qu'il eſt, un homme qui n'eſt pas fait pour la bonne compagnie.

(a) Les railleries, dit Salomon, détruiſent les plus étroites amitiés. *Qui conviciatur amico diſſolvit amicitiam.* C'eſt un malheureux penchant dont un homme d'eſprit devroit bien chercher à ſe défaire, que celui qui le porte à inquiéter ſans ceſſe ſes amis ſur leurs défauts, moins pour les corriger, que pour en flatter ſa malignité.

C'est ainsi que cet esprit de douceur germant d'une maniere insensible & jettant de profondes racines dans le cœur de vos éleves, leur fera chérir toutes les vertus sociales, comme particuliérement analogues aux sentimens de complaisance qu'ils auront sucés avec le lait.

CHAPITRE VI.
DE L'OPINIATRETÉ.

ARTICLE PREMIER.

Définition & cause de l'Opiniâtreté.

L'OPINIATRETÉ est une opposition constante aux sentimens des autres : opposition qui doit ordinairement son origine à la petitesse d'esprit, à l'ignorance, à la présomption (*a*). Elle est d'autant plus ca-

---

(*a*) Comme il y a des gens qui rendent des injures pour des raisons, il y en a d'autres qui prennent des raisons pour des injures. Tous les ignorans sont opiniâtres, & presque tous les opiniâtres sont ignorans. Ils ne démordent jamais de leur sentiment, parce que leur esprit offusqué ne voit rien de mieux pensé que ce qu'ils ont mal pensé. Vous ne les trouvez jamais en bon sens, parce qu'ils n'en ont point. On ne gagne rien sur eux par des raisons, parce qu'ils ne sont capables d'en recevoir aucune.

pable d'aigrir ceux contre qui elle se montre, que son but en quelque sorte est de les humilier, en empêchant l'effet de ce qu'ils ont prétendu. L'opiniâtre, quoique convaincu qu'il a tort, ne montre tant de constance, que pour faire croire qu'il a raison.

Si après tout ce que j'ai dit de la douceur, on est bien convaincu de son prix, si on fait cas de la complaisance, on doit trouver l'opiniâtreté choquante dans le caractere d'un homme & insupportable dans celui d'un enfant; car l'opiniâtre ne heurte pas seulement la politesse; mais il annonce un cœur peu sensible à la bonté, & tout au moins indifférent sur les qualités nécessaires à un homme honnête & sociable.

ARTICLE II.

Quels moyens employer pour vaincre l'Opiniâtreté.

L'OPINIATRETÉ étant un des plus grands vices du caractere, on ne doit rien omettre pour en préserver les jeunes gens; ou si les soins n'ont pu la prévenir & l'empêcher de paroître, il faut tout mettre en œuvre pour les en corriger. L'opiniâtreté & le mensonge me paroissent si haïssables, que je voudrois punir ces deux vices dans les enfans, avec la plus grande sévérité. On peut les corriger des autres défauts en employant des privations & des châtimens modérés suivant les caracteres, & je ne conseillerois point d'y employer les verges; mais pour ceux-ci nonseulement méprisables, mais choquans, mais irritans, je crois qu'on ne doit rien épargner pour les réprimer.

L'opiniâtreté des enfans, est le germe de cet orgueil révoltant, qui dans les hommes faits, veut assujettir les autres à ses sentimens & primer par-tout. C'est lui qui, tandis qu'ils sont encore petits, qu'ils sont foibles, leur fait chercher tous les moyens de se soustraire à l'autorité de ceux à qui la nature & la raison les ont soumis. Ainsi quoique je désapprouve infiniment qu'on employe les verges pour faire exécuter aux enfans ce qu'on leur ordonne, pour les punir de quelques erreurs innocentes, de quelques légers manquemens, c'eſt ici une exception où je penſe que tout homme ſage eſt forcé d'avoir recours , pour réduire l'eſprit de rébellion dès qu'il ſe manifeſte.

Je dis plus : comme l'on doit penſer naturellement que tout enfant opiniâtre , qui a vaincu par ſon obſtination ceux qui lui commandoient , ou lui défendoient quelque choſe , ſe rendra une autre fois plus inflexible dans ſes fantaiſies , plus conſtant dans ſa volonté , dès qu'on ſera contraint d'avoir recours à la force , je ſerois d'avis qu'on s'armât d'une fermeté inébranlable , juſqu'à ce que ſon opiniâtreté domptée ne lui laiſſât plus l'eſpoir de ſe ſouſtraire à l'obéiſſance qu'un enfant doit à ſes parens , un être foible à un plus fort , dont il doit dépendre.

Le manquement réfléchi & déterminé appuyé de l'obſtination , ne peut ſe vaincre que par la force. C'eſt un remede déſagréable ; mais le ſeul que je connoiſſe pour ce mal; j'en preſcrirois un autre ſi je le ſavois.

Dès qu'un pere a donc commandé ou défendu quelque choſe à ſon fils, un Gou-

I v

verneur à son éleve, qu'ils n'oublient pas
que le commandement lâché, ils doivent
se faire obéir sans délai comme sans résistance. Si les signes & les paroles ne sont
pas capables de le soumettre, il faut bien
s'y prendre d'une autre maniere; il faut
bien, quand on le peut, donner à la raison
& à l'autorité le droit du plus fort. Il n'y
a pas d'éducation plus fautive, que celle où
l'autorité du maître lutte sans cesse contre
la désobéissance du disciple & dans laquelle
on peut les voir disputer à qui aura le commandement.

J'annonce ici à tout pere de famille qui
a des enfans de ce caractere, qu'il doit prendre de bonne heure un parti ferme, s'il
veut qu'ils écoutent dans la suite ce que
son autorité aura droit de leur prescrire.
S'il ne songe pas à les dompter tant qu'ils
sont enfans; si le peu de vigueur qu'il apporte à ployer cet orgueil naissant, leur
fait méconnoître & dédaigner leur guide,
il peut dès à présent se résoudre à être à
l'avenir & pour toute la vie dans leur dépendance.

CHAPITRE VII.
Du Mensonge.

ARTICLE PREMIER.

Le Mensonge, vice bas & lâche.

EN parlant de la rigueur avec laquelle
on doit punir l'opiniâtreté, j'ai fait sentir que
le mensonge ne méritoit pas plus d'indulgence; en effet, celui - ci est encore plus
criminel que l'autre. C'est un vice si bas que
ce qu'on peut reprocher de plus piquant à
un homme, c'est de lui dire qu'il a menti;
& l'on ne doit pas s'étonner que le reproche d'un vice aussi répandu offense si grié-
vement, puisqu'il suppose toujours une
ame lâche dans celui qui s'en rend coupable. Quoi de plus éloigné en effet du caractere d'un homme vraiment grand, de
celui d'un honnête homme, que de se dé-
dire de sa parole, de parler contre sa con-

I vj

ſcience , ou de promettre contre ſa volonté ?

Rien de beau dans l'Univers , dans le
Ciel & ſur la Terre , ſans la vérité. Que
ſeroient tous les êtres ſans elle ? Que pourroit - on admirer , ſouhaiter ou aimer ſans
elle ? Le menſonge qui l'éclipſe & l'anéan-
tit autant qu'il eſt en ſon pouvoir , eſt donc
un vice bien haïſſable. Tout homme en eſt
ſi convaincu , que même en mentant , il
veut autant qu'il lui eſt poſſible , donner à
ce qu'il dit l'air de la vérité qu'il déguiſe. Le
menſonge eſt d'autant plus digne de blâme
& de mépris , que , comme dit un Ancien,
le menteur ſemble craindre les hommes &
ſe jouer de la divinité.

La parole eſt le moyen ordinaire de communiquer nos penſées. C'eſt le lien intime
de toute ſociété , c'eſt l'interprete de nos
ames ; s'il eſt infidele , il rompt la confiance ſociale , diſſout toutes les liaiſons
que celle - ci établit , bannit la ſûreté du
commerce des hommes. Nous ne nous re-
connoiſſons plus , nous ne tenons plus à
rien.

Ce n'eſt donc pas ſans raiſon que Platon dans ſa république , demande à ſon lé-
giſlateur , pour premiere vertu , l'amour de
la vérité , & qu'il penſe que le premier ſigne
de la corruption des mœurs , eſt l'habitude
à trahir les regles de la vérité.

A tout honnête homme , l'honneur doit
être plus cher que la vie , mais il ne doit
pas prétendre à l'honneur , s'il ternit ſon
ame par le menſonge. Il ne peut être eſti-
mé s'il n'eſt pas ſincere. Quel cas ne doit-
on pas faire de la ſincérité ? Avec quel
ſoin un pere ne doit-il pas s'efforcer d'inſpirer à ſes enfans & l'horreur du menſonge
& l'amour de la vérité ? Nous ſavons tout
cela , me dira-t-on peut-être. A la bonne
heure. Que ne le pratiquez-vous ? vous vous
épargneriez la peine de l'entendre. Quelle
inconſéquence , de connoître ſi particuliérement la néceſſité d'être vrai , en y manquant tant de fois tous les jours.

A R T I C L E　II.

Par quels moyens on peut empêcher les Enfans de mentir.

QUE faire, me dira-t-on, pour conſerver aux enfans la franchiſe naturelle à cet
âge ? comment leur donner en grandiſſant
l'amour de la vérité ? On les punit lorſqu'ils mentent, il eſt préférable de les empêcher de mentir ; il vaut mieux des pré-
ſervatifs que des remedes.

Voilà ce que je me ſuis dit bien des fois.
Il faut empêcher les enfans de mentir, ſans
doute, l'habitude de manquer à la vérité
formée une fois, il eſt bien difficile d'y revenir & de lui être fidele. Il eſt donc bien
important d'accoutumer un jeune homme
à marcher dans le chemin droit & uni de
la franchiſe ; mais il faut convenir que la
choſe n'eſt point facile, & que la réuſſite
ne dépend pas toujours des ſoins que ſe donnera ſon conducteur. Il faudroit plus de
droiture & de vérité dans le monde, il

seroit bon que tout ce qui approche l'enfant, ne lui inspirât jamais, ni par l'exemple, ni par les menaces, le dessein de recourir à l'artifice, afin qu'il ne pensât jamais trouver un avantage en trahissant la vérité. L'imposture, j'ose le dire, est une production étrangere au cœur de l'homme & sur-tout dans l'enfance. Il faut qu'un sensible intérêt le détermine à l'employer; car il ne le fera jamais sans un motif du moins apparent, ou s'il n'y est excité par l'exemple. Otez ces deux causes à votre fils, vous lui ôterez infailliblement l'envie & l'occasion de devenir menteur.

Si les aveux naïfs qu'un enfant pourroit faire de ses petites fautes, ne lui occasionnoient pas des châtimens ou des réprimandes, qui l'obligeroit de trahir sa pensée? S'il ne voyoit pas les autres s'excuser & mentir dans des cas semblables, s'il ne s'appercevoit pas qu'on leur en fait des reproches & qu'on les en punit, quel motif auroit-il de mentir? Encore une fois, ôtez-lui la crainte & l'exemple, & il ne dira jamais le contraire de ce qu'il pensera. Je me plais à flatter mon imagination, de la possibilité de souſtraire ainſi les enfans à l'impoſture, & comme Montagne, *j'aimerois à leur groſſir le cœur de franchiſe & d'ingénuité.*

Malgré les difficultés, un pere peut donc eſpérer de rendre ſon fils toujours ſincere; mais qu'il regarde alors comme une loi inviolable, non ſeulement de ne pas faire de réprimande à ſon fils, mais de ne marquer jamais de mécontentement de tous les aveux que lui inſpirera ſa franchiſe.

Lorſque votre éleve aura fait quelque faute, & qu'il viendra vous conter la choſe librement, ne lui témoignez ni ſurpriſe ni chagrin. Si vous ne louez pas ſa naïveté, gardez-vous bien de blâmer ſa faute. Reſtez indifférent en apparence : en le louant, vous pourriez lui faire ſoupçonner le mal; mais une correction ſeroit pour lui un avertiſſement de n'être plus ſi ſincere ; il faut qu'il lui paroiſſe auſſi ſimple de tout dire, qu'il lui ſemble naturel de tout penſer.

Si vous réglez ainſi votre conduite ſur ce principe, ne cherchez point à affliger votre

Emile, en lui rappellant les fautes dont il sera coupable, ou les aveux qu'il vous en aura faits. Ne tendez jamais de piege à sa bonne foi; vous le mettriez vous - même dans le chemin de l'imposture. Faites au contraire semblant de ne prendre aucun intérêt aux petites fautes qu'il aura avouées : & si vous voulez que par une pratique constante, il se fasse une habitude nécessaire de ne jamais s'écarter du sentier de la vérité, prenez d'avance la résolution de lui pardonner tout ce qu'il pourra vous dire, afin que ne trouvant aucun inconvénient à découvrir son jeune cœur, l'impunité dont il jouira, & qui lui semblera une chose suivant l'ordre & la nature, l'engage de plus en plus à ne jamais taire ce qu'il aura dit ou pensé.

On pourroit croire au premier coup d'œil qu'il doit résulter bien des inconvéniens de cette méthode. Comment corriger un enfant des fautes qu'il aura avouées, me dira-t-on ? il n'a qu'à tout dire, le voilà à couvert de tout châtiment, même de correction verbale ; si on n'approuve pas tout

haut ce qu'il aura dit, du moins le con-
fentement tacite qu'on femble y donner, le
pouffera à continuer ce qu'il pourroit avoir
fait de blâmable.

Objection purement fpécieufe, & qui n'a
rien de folide. En effet, loin que cette méthode doive empêcher un pere habile de
corriger fon fils, des fautes que fes aveux
lui auront fait connoître, elle lui donnera
au contraire un moyen infaillible d'y remé-
dier ; car, les aveux du fils laiffant au pere
la facilité de pénétrer le caractere de fon
enfant, & de connoître quelles font fes inclinations, il lui fera bien plus facile enfuite de l'empêcher de tomber dans les mêmes fautes. Ne pourra-t-il pas le détourner
infenfiblement & fans qu'il s'en apperçoive,
des objets & des occafions qui peuvent y
avoir donné lieu ? Ne fauroit - il prévenir
fes penchans, en le préoccupant de nouvelles idées (a) ?

_____

(a) Pour adoucir les paffions, les affoiblir dans
les jeunes gens & s'en rendre maître, il faut faire à
leur égard ce qu'on fait avec fuccès envers une

On eſt ſouvent obligé de tromper les enfans pour faire réuſſir nos vues ſur eux, & pour les conduire ſans qu'ils s'en doutent, au but où l'on aſpire. Penſez-vous qu'un pere n'aura pas alors tous les avantages néceſſaires pour réuſſir ? Les enfans n'ont ni paſſé ni avenir. Ce qu'ils ont vu, non plus que ce qui peut arriver, n'eſt lié dans leur eſprit par aucune idée, au préſent qui ſeul a droit de les occuper. Le guide qui les connoît, ayant ſur eux l'avantage de la prévoyance, les tournera, pour ainſi dire, comme il voudra, & les fera mouvoir à ſon gré.

ARTICLE III.

Il faut punir ſéverement les Enfans lorſqu'ils mentent, & les regarder avec mépris.

IL arrive par fois & trop ſouvent, qu'un enfant qui marche librement dans le che-

perſonne affligée, qui eſt de lui préſenter de nouveaux objets, & de lui donner ainſi le change.

min de la franchife, en eft tout d'un coup
détourné par l'imprudence de quelqu'un
de ceux qui l'approchent; qu'il eft repris
aigrement ou châtié de fes fautes fur fon
aveu. Dès-lors il prend la réfolution de les
cacher, & la vérité n'eft plus épargnée.
Serons-nous alors dupes de notre fécurité,
& notre méthode ne fervira-t-elle qu'à nous
égarer?

Mais ce n'eft point à elle à qui nous devons nous en prendre, fi l'enfant a recours
au menfonge. On voit bien au contraire,
qu'il n'eft fautif, que parce qu'on ne l'a
pas toujours fuivie à fon égard. Le moyen
le plus fimple de le redreffer, feroit donc
de lui faire prendre le chemin qu'il a quitté,
s'il eft encore poffible, & s'il ne montre
pas trop de répugnance à y revenir. Le
raifonnement, inutile auparavant, eft alors
très-néceffaire. On doit donc commencer
à lui faire entendre avec douceur qu'il eft
affreux pour un honnête homme de le voir
manquer à la vérité. En lui donnant bien
à connoître tout le regret qu'on a de la
punition de fa franchife, on doit l'exhorter

à revenir à sa premiere ingénuité. Mais si ces moyens doux ne peuvent plus servir , si l'enfant a pris goût à la ruse & à l'artifice, s'il a formé la résolution de tromper , persuadé qu'être faux c'est être fin , alors il ne faut rien oublier pour le convaincre de mensonge , & sur-tout pour lui démontrer la fausseté de ses excuses. Ce préalable rempli, on doit s'armer de fermeté, & autant qu'on avoit eu d'indulgence pour les fautes qu'il avouoit autrefois, autant on doit montrer de sévérité pour le mensonge réfléchi; en le punissant sans miséricorde.

Il ne faut rien oublier en même temps pour lui donner de ce vice toute l'horreur qu'il mérite , en le lui peignant en peu de mots , comme la chose la plus odieuse, seule capable de dégrader un homme aux yeux du public, & lui apprenant que la seule apparence de ce vice est si déshonorante, que la plus grande injure qu'on puisse dire à un homme, c'est de lui reprocher qu'il a menti (*a*).

_____

(*a*) L'idée qu'on doit se faire d'un menteur , &

Il feroit bon encore que toute la maifon
fe conformant à l'intention du pere, témoi-
gnât à l'enfant, durant quelques jours, un
air froid & dédaigneux, jufqu'à ce que
rebuté de tout le monde, il vînt de lui-
même demander pardon, qu'on doit lui
accorder tout de fuite, en applaudiffant à
la réfolution qu'il fera fans doute de ne plus
mentir. Vous pouvez être affuré que cette
utile leçon fera pour long-temps gravée dans
fa mémoire.

ARTICLE IV.

Le Menfonge prefque jamais excufable.

LA prohibition que je fais du menfonge,
femblera peut-être exceffive à bien du
monde, en ne faifant pas de diftinction

___

le mépris qu'il infpire, eft exprimé d'une manière
très-énergique dans ce proverbe Anglois:

Shew me a liar, and i'll fhew you a thief.

Montrez-moi un menteur, je vous montrerai un
voleur.

des cas où il peut s'étendre. Vous voulez, me dira-t-on, que votre éleve soit puni pour une imposture légere comme pour un menfonge de grande conféquence. Cependant il y en a d'excufables, s'il ne s'en trouve même qui méritent notre approbation.

J'avoue que je ne faurois blâmer quelqu'un, qui pour dérober la connoiffance d'un fait fcandaleux, pour prévenir le mal, pour rendre un grand fervice, ou pour avoir la paix, confent à faire un léger menfonge. Je conviens que c'eft alors une fineffe moins honteufe à celui qui l'emploie, qu'elle n'eft propre à faire bien juger de fon cœur; & fi on étoit bien fûr qu'un enfant n'eût manqué à la vérité que dans cette vue charitable, il ne faudroit point le punir; mais outre qu'il eft bien rare qu'un enfant fe conduife par ce motif, c'eft qu'on ne doit pas fe déguifer, que cette diftinction eft bien délicate, & qu'à fuppofer qu'il y ait quelqu'efpece de menfonge tolérable, il convient toujours mieux d'ufer de tout autre moyen, s'il eft poffible de l'employer pour arriver à son but , que d'avoir recours au mensonge quelqu'innocent qu'il paroisse.

Je sais bien que la morale à la mode n'est pas rigide en fait de sincérité ; qu'on regarde comme une bagatelle , de trahir la vérité sur le moindre prétexte. Cependant à la rigueur, c'est un abus d'autant plus condamnable qu'il est plus général. Ce qu'on appelle un petit mensonge , n'est pas par cela seul plus excusable qu'un autre , puisqu'il est également contraire à la vérité ; s'il n'est pas toujours aussi criminel, ce n'est pas seulement parce qu'il est officieux , ou qu'il ne contient qu'une plaisanterie ; mais c'est qu'il ne renferme pas comme celui qui paroît plus grief , deux fautes en même temps.

J'aurois beau voir ce vice encore plus répandu qu'il n'est maintenant, si, toutefois, cela est possible, je ne saurois jamais approuver qu'on tolérât ce penchant , ni chez les grands , ni chez les petits ; & quand ma façon de penser seroit encore plus rigide, elle se trouveroit conforme aux loix de la

nature

nature & de la religion, qui s'accordent parfaitement fur ce point, en prohibant, fans exception, toutes fortes de menfonges. Qu'il
y en ait d'excufables fi on veut, encore
faut-il convenir que les cas en font très-
rares, & que les prétextes employés pour
en juftifier l'ufage, font auffi vains que
mal fondés, puifque la bonne intention
ne peut pas toujours fervir d'excufe, qu'elle
n'autorife point de mauvaifes actions, &
qu'il n'eft ni jufte ni raifonnable de faire
d'abord le mal, pour qu'il en arrive un bien
dans la fuite.

CHAPITRE VIII.
DE LA FRANCHISE.

ARTICLE PREMIER.

Trop de Franchise peut être nuisible.

LA franchise, eſt une facilité ingénue à
dire la vérité. Elle porte avec elle une candeur qui plaît, & une confiance qui ho-
nore. Précautionnée, elle eſt noble ; trop
ſimple, elle peut être nuiſible à celui qui
en fait uſage, & dans ce cas, il doit en
naître bien des inconvéniens pour ſoi-même
& pour la ſociété. Si la circonſpection ne
la guide, le moyen qu'on ne découvre le
fond de nos penſées, le nœud de nos affaires, le ſecret même de nos amis ; ceux qui
ont quelqu'intérêt à les ſavoir, les mal-hon-
nêtes gens, nos ennemis déguiſés connoiſſant combien nous ſommes ſinceres, nous
arracheront ſans peine tout ce que nous aurons ſur le cœur.

Il ne faut donc pas seulement éloigner notre éleve du chemin du mensonge & de l'artifice ; mais en le tirant de ce danger, nous devons encore prendre garde qu'il ne tombe dans l'indiscrétion. Si je demande qu'il soit toujours véridique, je desire en même temps qu'il apprenne à se taire & à ne parler qu'à propos ; je veux qu'à la sincérité, il joigne la prudence, celle - ci étant une lumiere si nécessaire pour le conduire, que sans elle ses vertus lui seroient préjudiciables. Apprenons - lui donc à se taire, lorsqu'il est dangereux ou inutile de parler. Il faut qu'il soit toujours affable & toujours sincere ; mais qu'il sache garder le silence dans l'occasion. On ne doit pas déguiser ses pensées lorsqu'il est à propos de les mettre au jour ; mais il est bon de retenir pardevers soi, celles que la prudence nous défend de produire.

ARTICLE II.

Il faut éclairer la Franchise des lumieres de la prudence.

IL y a des manieres simples de garder un secret sans jetter un voile imposteur sur son ame; d'être discret sans se rendre ni fourbe ni taciturne. On peut sans trahir sa conscience & sans tromper les autres, être réservé sur ses affaires & fidele à ses amis; & si c'est un grand avantage dans le monde d'être réputé si véridique, qu'on ne révoque jamais en doute ce que nous disons, ce n'en est pas un moindre qu'on nous croye incapables de permettre une seule indiscrétion à notre langue.

Un sage instituteur ne manquera donc pas d'inspirer à son éleve la prudence nécessaire pour se conduire dans le monde; & s'il a le dessein de former un homme aussi utile à lui-même qu'aux autres, il lui apprendra à se comporter avec circonspection dans toutes les affaires de la vie, de maniere qu'il prenne toujours les moyens les plus propres à les diriger avec prévoyance & à les traiter avec habileté (*a*). Mais l'expérience jointe à la forte application d'esprit que cette vertu demande, étant au-dessus de la portée d'un enfant, il faut qu'un pere se contente d'abord

---

(*a*) C'est là la grande science & celle qu'il importe le plus d'apprendre ; c'est la science des relations sociales, des droits & des devoirs, avec la maniere de s'en acquitter dignement. Jusqu'ici on s'est contenté de l'apparence, & peu de gens connoissent la réalité.

Cardan, dans son Livre de la prudence, donne cet avis important, qu'il faut tenir pour nos ennemis ceux qui, sous le voile de la familiarité, s'informent trop curieusement de nos pensées, de nos desseins, & généralement de tout ce qui nous touche de fort près. Leur dessein, dit-il, est souvent de prendre par-là le plus d'avantage sur nous qu'il leur est possible, & de faire ce que le satyrique Romain reproche aux mauvais serviteurs :

Scire volunt secreta domûs atque inde timeri.

Un homme qui tient notre secret acquiert sur nous un grand empire, & est en quelque sorte maître de nos actions.

K iij

de la prudence qui lui est sortable , en attendant que ses soins , le temps & les réflexions
puissent lui faire acquérir celle que doit avoir
un homme sage & instruit.

ARTICLE III.

*En quoi consiste la prudence. Différence de
celle de l'homme & de celle de l'enfant,
de la vraie & de la fausse.*

LA prudence de l'homme consiste à savoir choisir les moyens les plus sûrs & les
plus louables pour arriver au but qu'il se
propose ; celle de l'enfant, à ne pas ignorer
qu'il est incapable de se conduire lui-même,
& qu'il ne doit pas s'en rapporter aux foibles lueurs de son esprit. L'homme prudent
réfléchit, combine , examine , avant que
d'entreprendre (*a*) ; il s'assure de ses forces

_____

(*a*) La prudence renferme l'examen , la résolution , l'exécution & la circonspection. La circonspection règle notre croyance , nos sentimens, nos
paroles & nos actions. La circonspection dans nos

avec circonspection pour exécuter fans aucun rifque. L'enfant qui a quelque prudence, n'ofe rien entreprendre fur les moyens
que fon imagination lui fuggere , parce
qu'il ignore le rapport & la liaifon de tous
les objets , & qu'il ne fauroit prévoir la fin
d'une chofe que les bornes étroites de fon
efprit lui dérobent.

La véritable prudence agit avec précaution , la fauffe avec artifice ; c'eft ordinairement un défaut où tombent les enfans;
connöiffant qu'ils n'ont point affez de force,
ils veulent y fuppléer par la fineffe. Or,
comme la fineffe a tant d'analogie avec le
menfonge , & que c'eft un moyen de parvenir à fes fins par des chemins tortueux

---

fentimens régle l'amour-propre ; elle régle les defirs
du cœur , qui deviennent paffions , fi on ne leur
tient la bride , &c. La circonfpection dans les paroles bannit la médifance , la raillerie , l'indifcré-
tion & la liberté cynique des propos. La circonfpection dans nos actions ne nous laiffe rien faire qui ne
porte un caractere de droiture & de vertu ; elle nous
prefcrit l'étude des ufages , les bons exemples , la
bienféance & la pudeur.

& illicites, un pere doit autant qu'il peut, détourner son fils d'y avoir recours.

Il est nécessaire pour ce dessein de faire voir à un enfant qu'il se trompe dans son attente ; il faut lui montrer que l'homme fin inspire toujours la méfiance, parce qu'il est souvent faux ; mais que telle finesse qu'il puisse avoir, il n'en aura jamais assez pour tromper tout le monde, & pour empêcher qu'enfin il ne soit découvert. On peut lui faire comprendre en même-temps qu'il n'en faut pas davantage pour se faire fuir ; mais le moyen le plus propre à l'éloigner de l'artifice, c'est de l'accoutumer à voir si bien le vrai des choses, qu'il ne puisse jamais être content de ce qu'il voit, de ce qu'il entend, de ce qu'il projette, s'il n'y apperçoit les notions du vrai ; c'est de lui élever l'ame par des sentimens si nobles & si généreux, qu'il se sente toute la vie un mépris décidé pour le mensonge, & pour tout ce qui peut y avoir quelque rapport.

C'est ainsi que les anciens Perses, soigneux de donner au Prince destiné à monter sur le Trône la meilleure éducation, lui inspiroient, pour en faire un grand homme, l'amour de la vérité. Un précepteur particulier étoit chargé de la lui rendre si familiere, qu'il ne pût jamais rien souffrir qui fût capable de l'altérer, tandis qu'un autre lui enseignoit le culte des Dieux, un troisiéme ses devoirs envers les hommes, & qu'un quatriéme lui formoit le courage: institution bien sage & qui eût dû produire de grands fruits, si l'air corrompu de la Cour, les flatteries des courtisans & les bassesses des eunuques, ne les avoient pas fait avorter. Connoître ses droits & ses devoirs, savoir dire la vérité, ne pas la craindre, ne point s'étonner des dangers ; voilà, je crois, les principes d'une éducation mâle, capable de former des hommes vigoureux, propres à entreprendre & à faire de grandes choses.

CHAPITRE IX.
DU COURAGE.

ARTICLE PREMIER.

Définition du Courage.

LE courage n'est pas seulement cette ardeur impétueuse, qui sans nous faire illusion sur ce que le péril a de terrible, nous le fait affronter avec fierté; c'est encore cette vigueur de l'ame qui nous fait opposer un front inébranlable à tous les maux qui assiégent la nature humaine, aux contradictions, aux mépris, aux persécutions; qui nous donne la force de vaincre nos ennemis domestiques, en nous vaincant nous-mêmes, & qui fait mettre un frein à nos desirs.

Toutes deux constituent l'homme intrépide, toutes deux sont essentielles pour rendre un homme accompli. L'une nous fait sur-

monter les ennemis du dehors, les ennemis
de la patrie; l'autre nous fait vaincre ceux du
dedans, & nous éleve au-deſſus de nous :
l'une eſt bonne, utile, louable; l'autre néceſſaire, magnanime, admirable : l'une
nous donne de l'éclat, de la réputation ;
l'autre nous procure le repos & le bonheur :
la premiere eſt brillante, la ſeconde plus
ſolide ; celle-là ſe propoſe la gloire & celle-
ci la vertu. Tout le monde n'eſt pas fait
pour avoir la premiere, ni n'eſt dans l'occaſion de la faire paroître ; mais tout le monde
devroit ſe faire une loi de connoître la ſeconde & tout mettre en œuvre pour l'acquérir. J'appelle la premiere bravoure, valeur; je nomme l'autre conſtance & grandeur d'ame (a).

(a) Il y a, ſi on veut, bien des ſortes de courage ; mais je les réduis à ces deux, qu'on pourroit
définir plus ſimplement le courage d'eſprit & le
courage de cœur ; diſtinction très-juſte, quoiqu'elle
ne ſoit pas toûjours bien fixée.
Il me ſemble que le courage d'eſprit conſiſte à
voir les dangers, les périls, les maux & les

K vj

Si un pere fait orner l'ame de fon fils de ces deux vertus, il peut fe flatter d'avance qu'il le verra capable de faire les efforts les plus généreux & les actions les plus belles ; jamais homme ne les a poffé-

---

malheurs précifément tels qu'ils font, & par conféquent les reffources. Les voir moindres qu'ils ne font, c'eft manquer de lumieres ; les voir plus grands, c'eft manquer de cœur. La timidité les exagere, & par-là les fait croître ; le courage aveugle les déguife & ne les affoiblit pas toujours; l'un & l'autre mettent hors d'état d'en triompher.

Le courage d'efprit fuppofe & exige fouvent celui de cœur. Le courage de cœur n'a guère d'ufage que dans les maux matériels, dans les dangers phyfiques, ou ceux qui y font relatifs. Le courage d'efprit a fon application dans les circonftances les plus délicates de la vie. On trouve aifément des hommes qui affrontent les périls les plus évidens; on en voit rarement qui, fans fe laiffer abattre par un malheur, fachent en tirer des moyens pour un heureux fuccès. Combien a-t-on vu d'hommes timides à la Cour, qui étoient des héros à la guerre?

Les hommes ont plus de timidité dans l'efprit que dans le cœur, & les efclaves volontaires font plus de tyrans que les tyrans ne font d'efclaves.

dées, en même temps, fans parvenir au plus éminent degré de perfection où l'homme puiffe arriver.

Tel étoit Socrate. Il avoit montré la plus grande valeur dans une bataille, où il fauva Alcibiade, en le couvrant de fon bouclier ; il avoit fait paroître l'intrépidité la plus ferme dans la retraite, où combattant à pied avec Lachès, il intimida les ennemis par fa fiere contenance : quand il fut accufé par la calomnie & condamné par l'injuftice, il fit voir une grandeur d'ame fi extraordinaire, que digne de tous les prix de la vertu, il ne murmura pas même de la mort injufte & flétriffante qu'on lui fit fouffrir.

La valeur & la bravoure font néceffaires pour le fervice de la Patrie. Peres, donnez, s'il eft poffible, ces qualités à vos enfans ; mais la grandeur d'ame & la conftance font indifpenfables pour leur bonheur, n'épargnez rien pour les y former. Je voudrois, fi j'étois gouverneur, rendre mon éleve incapable de craindre quoi que ce fût dans le monde, fi ce n'eft fa propre foibleffe & le danger de manquer à la vertu ; d'ailleurs,

je ferois en forte qu'il fût braver tous les
dangers, affronter tous les périls, fe montrer fupérieur à toutes les difgraces ; tel
enfin qu'Horace peint fon jufte, affez ferme
pour voir fans crainte la chûte de l'univers
& pour demeurer inébranlable fur fes rui-
nes (*a*); bien entendu pourtant qu'il ne
fouffrît pas ces orages par fa faute ; qu'il ne
les cherchât point de gaieté de cœur, &
ne dût pas fa fermeté à fon imprudence :
ce feroit une tache qui terniroit l'éclat de
ces vertus. Lorfqu'il n'y a point de néceffité
à chercher le danger, ni de honte à s'en
éloigner, ceux qui s'y expofent volontairement font moins une action de courage,
qu'un acte de folie & de témérité.

Je voudrois donc qu'après avoir infpiré aux
enfans l'amour de la vérité, & les avoir
prémunis contre l'impofture & la calomnie,
on s'efforçât de leur rendre propres ces qualités fublimes que le vrai courage donne aux
grandes ames, afin qu'ils puffent dans la

_____

(*a*) *Si fractus illabatur orbis, impavidum ferient ruinæ.*

fuite voir d'un air tranquille tout ce qui pourroit leur nuire, ou d'un œil indifférent tout ce qui n'eft pas digne d'échauffer une ame généreufe & immortelle.

ARTICLE II.

Méthode pour préferver les Enfans de la crainte.

Sur la connoiffance que j'ai du caractere de mon éleve, timide ou ferme, ou imprudent, je dois agir en conféquence. S'il eft fi timide, par exemple, que le moindre danger le faffe trembler, & fi je le vois en même temps fufceptible d'émulation ou de honte, & capable de raifonner, je dois le mener d'une maniere infenfible, par le raifonnement, à ne pas craindre ; tantôt je l'exciterai par le récit des faits courageux, qui doivent être le partage d'un homme vraiment homme ; tantôt je lui ferai honte de fes propres fentimens ; mais s'il n'eft pas capable de m'entendre, outre la précaution que je prendrai de bonne heure d'empêcher qu'on ne lui fasse jamais naître aucune idée effrayante, je m'efforcerai de le rassurer sur les objets qui lui font peur, tant par l'expérience que par mon propre exemple.

Est-ce l'horreur des ténébres qui l'épouvante? je trouverai le secret de l'arrêter sans affectation dans sa chambre, jusques bien avant dans la nuit; d'abord j'y demeurerai avec lui sans lumiere, afin qu'il s'accoutume à l'obscurité, je m'y promenerai dans tous les sens, pour lui montrer qu'elle ne fait aucune impression sur moi; d'autres fois je l'exciterai à y aller, & même à s'y arrêter; soit en le priant de m'aller chercher quelque chose sur ma table, soit en l'excitant à faire des jeux nocturnes avec ses freres ou ses camarades; car alors le plaisir, l'émulation, la joie l'emporteront infailliblement sur sa frayeur. Connoissant une fois les motifs les plus capables de le faire agir, je ne balancerai point de les mettre en œuvre, en lui promettant pour récompense tout ce qui pourroit lui faire plaisir; car pour exciter le génie craintif, il faut toujours employer des moyens plus forts & plus puissans que la crainte. Les a-t-on trouvés, qu'on les employe, on eſt sûr de diſſiper la crainte.

Dès que l'enfant peureux ſera adroitement familiariſé avec l'objet de ſa frayeur, la honte, & ſur-tout l'expérience, viendront bientôt à bout de faire le reſte & d'affermir ſon ame. Je ſuis sûr qu'avec cette méthode on effacera tout-à-fait ces terreurs paniques qui le tourmentent ; craintes puériles ſi on veut, mais ſi cruelles & ſi terribles, qu'au lieu de s'affoiblir dans la ſuite par les réflexions qu'un homme eſt capable de faire, elles ſemblent au contraire prendre un nouvel accroiſſement avec l'âge & devenir indeſtructibles.

La crainte des enfans naît ſouvent de l'imprudence de ceux qui les environnent. Pourquoi leur ame ſe glaceroit-elle à l'idée des fantômes, des lutins, des revenans, &c. ſi on n'avoit réaliſé dans leur imagination ces objets fantaſtiques, par des contes auſſi vains que dangereux, ſi on ne leur prêtoit pas des formes bizarres & affreuſes, des intentions méchantes & cruelles ? Le mal eſt entré dans leur ame par le menſonge,

il faut les guérir par la vérité. C'est alors
que pour les tirer de l'erreur où ils sont,
& pour leur rendre une fermeté courageuse ; on doit leur faire remarquer soigneu-
sement tout le faux de ces histoires lugu-
bres qu'on leur a faites.

A-t-on fait peur du tonnerre à votre éleve,
& voyez - vous quelqu'apparence d'orage ?
prenez-le par la main , & menez-le faire
un tour de jardin avec vous , on peut assez
compter sur sa bonne volonté à partager
vos promenades. Sachez l'occuper de maniere qu'il ne se doute pas du tour que vous
voulez lui jouer. Est - il frappé du bruit
qu'il entend, il court à vous : il tonne, vous
dira - t - il , ne voulez - vous pas vous retirer ? Il tonne , répondrez-vous d'un air tranquille , & que nous fait le tonnerre , laissez
tonner , ce n'est rien. L'air d'indifférence
& d'insensibilité que vous montrerez alors,
diminuera naturellement dans son esprit,
l'idée du danger qui l'effrayoit ; il se rassu-
rera en voyant que vous le partagez volontairement avec lui ; d'ailleurs , le temps qu'il
demeurera là , l'orage qu'il verra se dissiper,

(car il faut, s'il eſt poſſible, qu'il y attende la fin de l'orage) le convaincront inſenſiblement de la puérilité de ſa frayeur, il ſe ſaura bon gré d'avoir eu tant de courage, & j'oſerois parier que ſi on ſait tirer parti de cette circonſtance, non'-ſeulement il entendra le tonnerre une autre fois avec moins d'émotion ; mais que s'il a des occaſions fréquentes d'exercer ainſi ſon ame, il parviendra dans peu à ne le point craindre du tout (a).

Vous pouvez comprendre facilement par cet exemple qu'il faut encore moins de précautions pour garantir de la peur les enfans d'un autre caractere, & que ſi la crainte avoit fait ſur eux quelqu'impreſſion, l'émulation & la honte auroient, ſans dou-

_____

(a) Je ne propoſe cet expédient contre la crainte du tonnerre, qu'après en avoir fait une expérience très-heureuſe ſur un enfant qui étoit devenu fort craintif, à l'exemple de ſa Bonne. Je parvins ſi bien à effacer la frayeur de ſon ame, qu'il ne regardoit plus les éclairs & le bruit du tonnerre que comme un ſpectacle amuſant.

te, bien plus de prise sur leur ame que sur celle d'un enfant timide.

On trouvera peut-être qu'il est dangereux de s'exposer ainsi à découvert aux coups du tonnerre, & de faire une telle expérience sans précaution. Mais on ne voit pas que le tonnerre tombe plus fréquemment sur les jardins que sur les maisons, & quand cela seroit, un homme n'est pas fait pour demeurer toujours enfermé dans une chambre comme dans une boîte. N'en doit-il jamais sortir ? ne se trouvera-t-il jamais en route ou à la campagne lorsqu'il tonnera ? ne faut-il pas qu'il précautionne son ame contre les accidens qui pourroient lui arriver ? S'il étoit dans une Ville assiégée où l'on feroit pleuvoir les bombes, dans un vaisseau de guerre exposé à la furie du canon ennemi, au danger d'être coulé bas, excuseriez-vous en lui cette crainte pusillanime ? ne feroit-elle pas la honte d'un homme qui doit être courageux ? Vous pensez qu'il est dangereux d'employer cette méthode pour rassurer un enfant contre le bruit du tonnerre; mais ne voyez-vous pas que s'il ne guérit point de sa frayeur, elle sera dans la suite son plus rude tourment. Elle sera en quelque sorte plus terrible pour lui que le mal même, en lui faisant appréhender d'être écrasé, chaque fois que le bruit le frappera, & laissant ainsi toujours son ame ouverte à la crainte, par conséquent toujours moins forte, ou pour mieux dire toujours susceptible de mille frayeurs; car celui qui craint une chose, est par cela même toujours plus susceptible d'en craindre beaucoup d'autres. J'aimerois mieux, en quelque maniere, lui connoître les défauts opposés, le voir imprudent plutôt que si timide, du moins il vivroit tranquille; & si sa témérité le mettoit quelquefois en danger, peut-être que les fautes qu'elle lui feroit commettre deviendroient pour lui, dans la suite, un moyen de s'en corriger.

ARTICLE III.

*Il est une crainte utile donnée par la Nature,
pour veiller à notre conservation.*

QUAND j'ai dit que j'aimerois mieux
l'imprudence dans un enfant, qu'une disposition à s'effrayer de tout, ce n'est pas que
je veuille applaudir à la témérité. Je dis que
je l'aimerois mieux, parce que de deux maux
on préfere le moindre, & je suis bien loin
de l'approuver. S'il est une crainte servile
indigne d'un honnête homme, qui le fasse
trembler à la vue du péril, il en est une
nécessaire pour notre conservation qui n'arrête pas, mais qui au contraire éclaire le
courage, qui nous fait juger de l'importance
du danger en nous en montrant les suites,
sans qu'elle affoiblisse pourtant notre ardeur
lorsqu'il est nécessaire de s'y livrer.

Chacun porte au-dedans de lui-même
cette crainte conservatrice, mais beaucoup
d'hommes, & sur-tout les enfans vifs &
inconsidérés, n'en écoutent pas la voix; &

je fais, par bien des exemples, qu'aucun danger ne les étonne : leur pétulante inexpérience leur cache le péril, ils n'en prévoyent point les conféquences, ou n'arrêtent point leurs réflexions fur les fuites qu'il peut avoir.

Un peu de crainte eft defirable alors pour leur fauve-garde. Pour prémunir un enfant contre la fougue de fon caractere, il faut lui dévoiler le danger & le lui rendre fenfible; & comme les enfans s'expofent auffi quelquefois, pour la vaine gloire de faire des chofes hardies & difficiles, on doit avoir foin de l'affurer qu'il ne s'attirera que du mépris en agiffant de la forte ; qu'il ne convient qu'à un enfant téméraire, à un poliffon ignorant d'affronter le péril fans un motif raifonnable. Mais en le corrigeant de cette témérité qui lui plaît, de cette envie qu'il montre de fe jetter dans le péril pour le plaifir de s'y expofer, fervez-vous en même temps de ces difpofitions pour le porter à de grandes chofes ; c'eft un indice très-remarquable qu'il eft ambitieux de gloire & fufceptible d'émulation. Saififfez à propos

l'inftrument qu'il vous préfente, pour donner de l'élévation à fon ame; faites entrer
l'honneur dans fon jeune cœur par vos difcours, tantôt en lui faifant voir la honte qui
doit fuivre fes imprudences, tantôt en y
éveillant le defir de fe diftinguer par le récit
des actions louables vers lefquelles on veut le
tourner.

CHAPITRE

CHAPITRE X.
DE L'ÉMULATION.

ARTICLE PREMIER.

La honte & l'émulation portent l'ame aux plus grandes choses.

Dès qu'un enfant se montre sensible aux deux stimulans de l'émulation & de la honte, on peut en concevoir les plus grandes espérances. Que n'a-t-on pas en effet à s'en promettre ? qu'y a-t-il de grand & d'admirable, que de tels sentimens n'ayent pas fait entreprendre & réussir ? Vertus morales & civiles, actions généreuses & sublimes, efforts étonnans & prodigieux, voyez, examinez s'il n'en sera pas capable ? Les sentimens les plus héroïques lui seront comme naturels ; dès-lors vous devez être assuré qu'il chérira la vertu, qu'il l'adorera, & qu'il sera comme embrasé de son feu céleste.

Tome II. L

ARTICLE II.

*Portrait d'un homme plein de grandeur d'ame
dans la prospérité & dans l'adversité.*

QUAND cette vive émulation enflamme
le cœur d'un jeune homme, devenu paf-
fionné pour la vraie gloire, il fe porte avec
ardeur aux plus belles actions. Peu fou-
cieux du refte, il voit d'un œil indifférent les biens futiles qui affectent les
autres hommes, pour la poffeffion def-
quels ils fe trahiffent & fe déchirent. S'il
defire la richeffe & le pouvoir, ce n'eft
pas pour en faire une vaine parade, & fe
procurer des befoins nouveaux; il ne s'en
fervira point comme nos débauchés, à corrompre l'innocence, ni comme les ames
lâches, pour perdre fes ennemis, quelqu'in-
juftes qu'ils foient. Indulgent pour ceux
que la fortune humilie, touché de voir le
mérite opprimé, les talens avilis, le malheureux foible, écrafé par l'iniquité du fort,
il ne fouhaitera des richeffes que pour
pouvoir rendre aux infortunés une main

secourable & protectrice , & pour faire à leur égard ce que dans l'ardeur de ses nobles sentimens , il pensera que chaque homme est trop heureux de faire à ses semblables.

Il n'imaginera pas de plaisir au monde plus grand, que la satisfaction ravissante de partager avec la Divinité le soin de faire des heureux , & sans chercher la gloire qui suit la générosité & la vraie grandeur, il se trouvera bien récompensé par la douceur qu'il éprouvera dans sa bienfaisance.

Que si , au contraire, mal partagé par la fortune , il se trouve à l'étroit , pauvre misérable, s'il est persécuté, trahi, méprisé, en proie aux infirmités & aux maladies , alors, loin d'être abaissé par les maux qui tomberont sur lui, il n'en sera pas seulement ému ; comme un nageur habile s'élève sur l'eau , au moyen de laquelle il arrive au terme qu'il se propose , en la pressant de son poids , son ame courageuse se rendra supérieure aux malheurs. Les maux physiques (a) ne troubleront pas un

_____

(a) Les maux physiques sont les plus suppor-

homme, qui les regardera comme des conséquences nécessaires des propriétés mêmes
par lesquelles nous éprouvons les biens &
les plaisirs, un homme à qui la vie paroît
un bien fragile & la mort un port assuré (a).
Accoutumé à n'accorder son estime, qu'à
ce qui est vraiment estimable ; méprisant
tous ces biens si vantés, qui n'étant que
clinquant, parade, décoration, doivent pé-

---

tables de tous, parce qu'ils sont communs à tous,
qu'ils sont d'ailleurs passagers & inévitables. Il n'y
a qu'à se résigner & à se soumettre. Personne de
bon sens ne s'avise de se mettre en colere ni de
se fâcher, si une pluie, un orage vient à le sur-
prendre ; la nécessité de les souffrir est trop évidente
pour qu'il y ait rien à dire. Il n'en est pas de même
lorsqu'on souffre par le fait d'autrui, l'ame, qui sent
alors l'injustice, s'indigne & se souleve.

(a) O mort ! terme des souffrances du Juste,
fin des épreuves où l'Etre Suprême a voulu l'assujettir, je te bénis ! tu punis comme tu récompenses. C'est toi qui frappes les méchans, qui en
purges la terre, qui mets un frein à la cruauté &
à l'ambition ; c'est toi qui confonds dans la poussiere ceux que le monde avoit flattés, & qui regardoient les autres hommes avec mépris.

rir un jour, dans ses malheurs mêmes, il se suffira par sa vertu.

Ne sera-t-il pas dans cet état, plus grand & plus heureux mille fois que ces riches voluptueux qui ne goûtent aucun plaisir, qu'aux dépens du repos de leurs consciences ; que ces cœurs insatiables, rongés d'envie ou d'avarice, qu'au sein même de leurs fausses joies, les passions vengeresses punissent de leurs forfaits ? Les malheureux ! ils anticipent sur les peines qui les attendent, ils portent déja leur enfer dans le cœur ; ils aiment le crime, le crime est leur bourreau.

Pour votre fils, il est homme, foible par conséquent ; il pourra faire des fautes, & quel est l'homme qui n'en fait pas ? Mais il tirera de sa chûte, un moyen assuré de se rendre plus ferme ; on ne le verra pas découragé, il ne demeurera pas abattu ; devenu au contraire plus soigneux de se garder lui-même, la honte de la chûte, le rendra plus précautionné une autre fois, & lui servira de lumiere pour mieux se conduire à l'avenir.

ARTICLE III.

Maniere d'élever l'ame des Enfans par l'émulation & la honte.

SI on ne peut s'empêcher d'être ému du portrait, quoique foible , d'un homme vraiment courageux, si les qualités sublimes qui forment son caractere , nous échauffent & nous embrasent , quels efforts ne fera pas un pere , non-seulement pour jetter de bonne heure les semences du vrai courage , dans l'ame de ses enfans, mais pour les y faire croître; mais pour les y fortifier , à proportion qu'ils avancent en âge; car leur ayant une fois inspiré ce vrai courage qui fait trouver la tranquillité & le bonheur , ils hasarderoient mille fois leur vie, plutôt que de fuir & de craindre les hommes , lorsque le véritable honneur le défend, & ils aimeroient mieux mourir (*a*),

---

(*a*) *Absit ut fugiamus ab eis : moriamur in virtute nostrâ , & non inferamus crimen gloriæ nostræ.* 1. Machab. 9. n. 10.

que de ne pas éviter de faire une action honteuse qui pourroit dégrader leur ame & en altérer la pureté.

Pour les conduire à ce point, suivez les routes que je vous indique, vous avez à votre choix, la honte & l'émulation. On ne vit jamais d'homme supérieur aux autres qui n'ait suivi l'une des deux. Et quel est, en effet l'homme possesseur d'une ame vraiment noble, qui ne se soit pas dit à la vue ou même simplement à la lecture de grandes actions : puisqu'un homme a été capable de les faire, pourquoi n'en ferois-je pas autant ? commençons du moins par tenter, l'entreprise seule d'une action glorieuse est honorable.

Mais afin que les enfans suivent l'une ou l'autre de ces deux voies qui les meneront infailliblement au grand, il faut d'abord qu'ils y soient conduits d'une maniere adroite. Que le Maître leur donne lieu de remarquer les exemples qui peuvent les inciter davantage ; qu'il leur inspire le desir & la confiance de les égaler ; qu'il souffle dans leur ame le feu de l'émulation, bientôt ils brûleront de s'éle-

ver par des actions fublimes , jufqu'à ceux
qu'ils admirent ; ils feront en quelque maniere honteux de n'avoir encore rien fait
pour y parvenir. Soit en bien , foit en mal,
c'eft ce defir d'égaler , de furpaffer les autres , qui fait les hommes extraordinaires
& célebres. Quelle terreur ne devoit pas
infpirer Alexandre , lorfqu'il fe plaignoit
que la gloire de fon pere alloit fi loin,
qu'elle ne lui laifferoit pas le moyen d'é-
tendre la fienne ? Que ne devoit-on pas
attendre de Céfar , qui voyant la ftatue de
ce Héros , pleuroit en réfléchiffant qu'il
ne s'étoit pas encore fait un nom , à l'âge
où celui-ci avoit déja conquis toute l'Afie.

ARTICLE IV.

Les Enfans aiment la louange & craignent
le mépris (a).

LES enfans font avides de gloire beaucoup plutôt qu'on ne penfe. Qu'on dirige

(a) Le mépris eft le fentiment que nous infpiren

bien ce mouvement, tout eſt fait; ils ſont ſenſibles à la louange (a) & à l'eſtime, il faut donc les louer quelquefois, il faut paroître en faire cas. Que notre conte-nance, notre air, nos manieres leur mar-quent donc une certaine conſidération, lorſqu'on a lieu d'en être content. Qu'en parlant en leur préſence à une autre per-ſonne, on ait ſoin de les louer, en louant toute action, toute parole, tout ſentiment noble, ſemblables ou relatifs à ce qu'ils ont fait ou dont ils paroiſſent capables. Bien-tôt leur jeune cœur épanoui par l'idée qu'ils

---

toutes les actions qui aviliſſent l'homme, qui dé-gradent l'humanité & bleſſent la grandeur d'ame.

(a) Tous les hommes deſirent la louange, ou parce qu'ils ont des doutes ſur leur propre mérite, & qu'elle les raſſure contre les ſentimens de leur foibleſſe, ou parce qu'elle contribue à leur donner promptement le plus grand avantage de la ſociété, c'eſt-à-dire, l'eſtime du Public. Le vil intérêt, la baſſe vanité & la flatterie prodiguent la louange pour obtenir des graces, & l'envie la refuſe; l'honnête homme loue, ſans exagérer, ce qu'il y a de bien dans les autres, & ſe tait ſur leurs défauts.

ont bien fait, par la joye qu'ils trouveront
à être contens d'eux-mêmes, porté rapidement vers le bien, n'aura plus befoin que
d'un bon guide ; alors on fera fûr qu'ils
s'élanceront dans la route où l'on veut les
conduire, & qu'ils la parcourront fans s'arrêter ni fe détourner un moment.

S'ils ont fait quelque faute qui bleffe
la grandeur d'ame, quelque chofe de bas
ou de peu convenable à un homme déli-
cat ou courageux, qu'ils foient regardés
froidement & avec mépris, comme indignes de l'amitié & de l'eftime des honnêtes gens, & corrigés de la même maniere qu'on avoit employée pour leur donner des louanges. Si leurs parens & ceux
qui les fervent, les traitent de la forte &
fans jamais changer, j'ofe affurer qu'ils deviendront bientôt fenfibles à ce traitement,
qui leur paroîtra beaucoup plus rude que
les verges.

Cette méthode me femble préférable à
celle de Locke, qui propofe aux Maîtres
de faire de petits préfens à leurs éleves chaque fois qu'ils feront contens de leur pe

tit mérite ; car les enfans en viendroient peut-
être à les regarder plutôt comme un tribut ,
que comme un témoignage de satisfaction ;
ces préfens tournés en habitude, pourroient
encore éveiller en eux l'efprit d'intérêt &
de cupidité , contraire à cette générofité
noble, dont la grandeur d'ame eft la fource.
Cependant , je ne ferois pas fâché qu'on
leur fît de temps en temps quelque petit
cadeau , pour leur marquer la fatisfaction
qu'on a de leur conduite , toujours comme
une pure libéralité, mais jamais comme une
dette.

ARTICLE V.

Il faut faire réfléchir les Enfans fur les
exemples bons ou mauvais , qu'on les
met à portée de voir.

Dès qu'un enfant raifonne , qu'il eft
capable de jugement , il faut foigneufe-
ment le faire réfléchir fur les exemples
qu'on lui propofe, fur ceux qu'il a journellement fous les yeux , & ne point man-

quer s'il peut jamais être témoin de quelqu'action de bonté, de grandeur, de générosité, de la lui faire voir, de la lui faire remarquer, de lui en expliquer toutes les circonstances, d'en paroître charmé, ému, attendri & de lui en faire dire ce qu'il en pense. Telle fut la méthode du vertueux pere d'Horace dans l'éducation de son fils. Horace en fait lui-même un détail bien instructif dans la quatriéme satyre du premier livre. C'est un passage qui ne peut être trop lu de ceux qui sont chargés d'élever des enfans, ils devroient le savoir par cœur & l'avoir souvent présent à l'esprit.

Vous allez quelquefois à la campagne; prenez la précaution en y menant votre éleve, de lui fournir la poche de quelques gâteaux & de l'empêcher de les manger en chemin. Lorsque vous trouverez de ces familles, malheureusement trop communes, que des maladies ou la misere ont désolées, dont les individus languissans & abattus, portent sur leur visage le sceau de la douleur, faites-les voir à votre éleve;

cherchez à l'attendrir en lui faisant remarquer, ce qu'il auroit peut-être eu peine à remarquer de lui-même ; ensuite quand vous verrez son petit cœur bien ému, demandez-lui s'il ne faudroit pas les secourir.

En quelque rang qu'un enfant soit né, quelque place qu'il doive occuper dans la suite, il est une vérité qu'on ne sauroit lui rappeller trop souvent ; c'est qu'il est homme ; c'est qu'il est fait du même limon que les autres, & qu'il n'y a entre les riches & les pauvres d'autre différence, que celle que leurs qualités personnelles, celles de leurs ancêtres & des circonstances diverses ont mises entr'eux, & que quoique diversement partagés relativement aux qualités individuelles & à l'événement des choses, ils n'en sont pas moins enfans de la même famille & tous fils d'un même pere. Dites donc à votre éleve, que quelque misérables que soient ces hommes qui excitent sa pitié, ils sont ses freres. Ce mot l'étonnera, sans doute, si c'est la premiere fois qu'il l'entend ; mais pour le mieux graver

dans son ame, après avoir piqué sa curiosité, vous différerez quelque temps à la satisfaire pour lui donner celui de réfléchir.
Puis vous pourrez lui dire; que Dieu ayant
voulu former les hommes pour la société,
les avoir partagés diversement, afin qu'ayant
tous besoin les uns des autres, ils fussent
tous forts de la force réciproque, & pus-
sent se secourir mutuellement ; car s'ils
avoient été tous également avantagés, les
besoins auroient cessé & la charité seroit
tombée; qu'en conséquence de cette loi
de disparité portée par la nature, & du
premier devoir de l'homme de pourvoir à
sa subsistance sous peine de mort, tous
s'étoient ingéniés pour se procurer les choses nécessaires à leur bien-être, mais que
les uns plus laborieux, plus avisés, plus
heureux, avoient réussi à se faire des propriétés par l'emploi de leur temps & de
leur personne, tandis que d'autres moins
avantagés en talens & en bonheur, avoient
peu ou point acquis; que les premiers ayant
transmis par succession leurs biens à leurs
descendans, en avoient fait des hommes

puiſſans & riches, lorſque les deſcendans
des autres ſouvent plus malheureux que
leurs peres, avoient continué des générations d'hommes pauvres & plus dépendans;
que la pitié qu'on avoit pour ces malheureux étoit juſte & bien placée ; que ce
n'eſt cependant pas injuſtice aux riches de
jouir de leurs propriétés bien acquiſes, quoique d'autres n'en poſſedent que peu ou
point, puiſque l'établiſſement des propriétés & leur conſervation eſt due à la nature ;
mais comme la ſenſibilité naturelle que
nous devons aux maux d'autrui, nous engage à les ſoulager par la raiſon même de
notre bien-être, nous devons les ſecourir,
non pas tant par des dons qui les aviliſſent, qu'en leur offrant d'employer leur
force ou leur induſtrie à des travaux utiles ,
afin qu'ils ayent à leur tour le moyen d'acquérir des propriétés ; qu'il y avoit néanmoins des temps & des circonſtances, où
l'on ne pouvoit attendre à faire emploi de
l'induſtrie des pauvres ; que les événemens
fâcheux & imprévus, comme la maladie
& autres accidens , mettoient les riches

dans le cas de faire à leurs freres pauvres
des avances fur leurs travaux à venir, &
que rien n'étoit plus fuivant l'ordre & la
nature que de pourvoir à leurs befoins.

Ce préambule fur l'établiffement & la confervation des propriétés & fur l'ufage qu'on
en doit faire, ce préambule que je laiffe à
étendre à la fagacité des Maîtres, fait du
ton & de la maniere convenable, je fuis
bien trompé, fi votre éleve ne vous propofe pas de lui-même ce que vous voulez qu'il faffe. Ces pauvres gens fouffrent,
vous dira-t-il d'abord, ne voulez-vous pas
leur donner quelque chofe, puifqu'ils n'ont
point de propriétés difponibles, & qu'ils
font nos freres ? Les plaignez-vous, pour-
rez-vous lui répondre ? Oh ! fans doute,
vous dira-t-il ; eh bien ! je m'en vais leur
donner, direz-vous, & il faut en effet leur
donner ; mais je ne fatisfais que pour moi,
je ne donne pas pour les autres ; mais vous,
ne donnez-vous rien ? == Eh ! je n'ai rien
pour leur donner —, Quoi ! rien, abfolument rien ?... fouillez-vous. Il fortira fes
gâteaux, il vous regardera & vous dira fans

doute : je n'ai rien que mes gâteaux, les leur donnerai-je ? C'eſt bien peu de choſe, direz-vous ; une autre fois vous donnerez davantage ſi vous en avez. Je m'en vais prier ces pauvres gens de les accepter, en attendant que vous ou d'autres puiſſiez leur faire gagner des ſalaires, & j'eſpere qu'ils le prendront.

Je ſuis bien ſûr que dans cette circonſtance, celui à qui les gâteaux auront fait plus de plaiſir, ne ſera pas l'infortuné qui les aura reçus ; ce ſera ſans doute votre éleve, enchanté de ſe trouver généreux. Mais je me trompe, ce ſera vous, qui commencerez à ſentir au fond du cœur le doux contentement de voir ainſi fructifier vos ſoins & vos exemples, en connoiſſant à ces premiers rayons de bonté, que votre éleve aura le cœur noble & ſenſible, ſigne indicatif d'un grand homme, & véritable but d'une bonne éducation.

Vous engagez votre éleve, me dira-t-on, à donner ſes gâteaux pour l'accoutumer à la bienfaiſance ; mais qu'attendez-vous de cette leçon ? ne voilà-t-il pas un beau préſent à

faire que des gâteaux ? quelle idée lui ferez-
vous prendre de la charité , puisqu'il peut la
satisfaire à si bon marché ? il vaudroit mieux
lui inspirer la libéralité des choses qu'il faut
qu'il donne dans la suite. Votre enfant a
quelque petite somme pour ses menus plaisirs ; c'est de cet argent que vous devez le
rendre libéral, afin qu'il tienne moins à l'argent, lorsqu'il le regardera comme le grand
mobile des affaires. Beau raisonnement !
comme si ces gâteaux , dont vous faites si
peu de cas, parce qu'ils ne sont rien pour
vous, n'étoient pas d'un prix plus considérable aux yeux d'un enfant qui a faim, que
tout l'argent du Potosi ; comme s'il attachoit
une grande valeur à ces pieces de monnoie
qu'il donne sans conséquence , parce qu'il
sait qu'elles seront bientôt remplacées par
d'autres. Pourquoi vouloir, d'ailleurs, lui
donner cette opinion si commune parmi les
grands & les riches, que l'argent tient lieu
de tout , & qu'on peut le mettre à la place
de la vertu & des services ? A Dieu ne plaise
donc que nous mettions notre éleve dans le
cas de croire que sa bourse peut payer les

services perfonnels qu'il doit à fes freres, &
que nous lui infpirions cette fauffe délicateffe qui apprend à calculer les moyens de
s'en acquitter à moindre prix.

Les promenades, les jeux, les plaifirs,
les vifites, les converfations peuvent ainfi
devenir un vafte champ, où le maître aura
la facilité de donner à fon éleve les moyens
de faire une ample moiffon d'idées juftes,
d'inftructions & de fentimens, que celui-ci
s'empreffera d'autant plus de recueillir, qu'il
ne croira les devoir qu'à lui-même.

Mais ne faites jamais parade de préceptes
froids & arides, trouvez toujours le moyen,
en l'inftruifant, d'émouvoir fon cœur & de
tourner au bien fes defirs & fes paffions (a);
intéreffez fa fenfibilité, fa bonté, fa générofité, par la pitié (b); fachez même exciter

_____

(a) Cette regle de rendre l'inftruction agréable
à un enfant doit être fans exception. *Fleury*, *Traité
des Etudes*, page 172.

(b) N'éprouve-t-on pas une fenfation plus déli-
cieufe, n'eft-on pas plus content de foi-même, plus
fatisfait de fon cœur, de verfer des larmes de tendreffe & de fentiment fur le fort des malheureux,

ſes larmes, précieuſes marques d'un heureux naturel ; faites-lui remarquer les efforts
du devoir & de la vertu ſur le penchant ;
enflammez-le du deſir de faire des efforts
auſſi louables, s'il ſe trouve jamais dans l'occaſion, afin que ſon cœur ne deſire &
n'eſtime que ce qui eſt véritablement ſolide
& digne de l'eſtime de tous les honnêtes
gens.

que de rire avec les heureux du ſiecle, & d'être
inſenſible comme eux ? La ſenſibilité eſt un don
précieux de la Nature, elle peut cependant devenir funeſte. Il faut, pour en goûter la douceur
ſans amertume, que la prudence la guide, que la
raiſon lui applaudiſſe ; mais c'eſt l'éducation qui la
cultive, qui la fortifie & qui l'augmente. Le moyen,
c'eſt d'identifier un enfant avec tout homme qui
ſouffre, c'eſt d'étendre ſon exiſtence dans autrui. Si
on paroît trop s'occuper d'un enfant, ſi on l'accoutume à s'occuper de lui-même plus que des autres,
il ſera dur, il rapportera tout à lui ſeul, & les premieres victimes de ſa dureté & de ſon égoïſme ſeront ceux mêmes qui l'auront élevé.

ARTICLE VI.

Apprendre aux Enfans en quoi confiste la véritable grandeur d'ame.

EN donnant à un enfant des leçons de générosité & de bienfaisance, en lui faisant remarquer les exemples louables qu'il doit suivre & les actions qu'il doit pratiquer, il convient de lui apprendre en même temps que la vraie grandeur d'ame ne consiste pas cependant à négliger ses intérêts, & qu'elle ne les perd pas de vue en s'occupant de celui des autres.

Elle mene au bonheur, en nous faisant toujours prendre le chemin le plus sûr pour y arriver, c'est-à-dire, en ne nous attachant qu'aux biens réels. Elle préfere à une vie que les malheurs empoisonnent, une vie douce, exempte de douleurs & de chagrins, accompagnée de plaisirs innocens; mais si nous sommes nécessités d'opter entre une action généreuse qui nous ruine ou nous expose à périr, & une autre qui peut nous

enrichir ou nous élever au-delà de nos ef-
pérances en flétriſſant notre honneur, en
bleſſant notre vertu, l'option eſt bientôt
faite. Elle aime le repos, la vie & ſes plaiſirs;
mais qu'eſt-ce que tout cela, pour paroître
à ſes yeux digne d'être mis en parallele avec
la vertu? La vertu ſeule lui ſemble d'un prix
ineſtimable, dont rien ne ſauroit compenſer
la perte.

La vraie grandeur d'ame n'eſt pas ſeulement contemplative, l'activité de notre
eſprit, la ſtructure de nos organes, leur
vigueur, leur mobilité, nos beſoins toujours
renaiſſans, la perſuadent que la main de qui
nous les tenons ne nous les a donnés que
pour être exercés; auſſi eſt-elle ennemie de
l'indolence & de la molleſſe, ſommeil fati-
gant de l'ame, qui nous conduit enfin dans
une léthargie également dangereuſe pour
l'ame & pour le corps.

D'ailleurs ſi elle aime le travail, parce
qu'un exercice modéré affermit le tempérament, elle nous y excite encore, parce que
membres de la ſociété, dont les ſecours
nous ſont néceſſaires, nous devons la ſervir

avec zele pour les mériter; enfin elle se fait un point d'honneur de nous faire exceller dans la profession que nous avons préférée, & tend toujours à l'avantage d'être utile à la Patrie, par tous les moyens plausibles que son affection sait lui suggérer.

Figurez-vous un moment le cœur d'un jeune homme plein d'une vertu si éminente, & jugez ensuite si l'heureux pere qui lui a donné le jour ne doit pas se flatter avec justice d'avoir donné un Citoyen à l'Etat.. Vous vous sentez une juste reconnoissance pour des soins si bien employés, & vous regardez comme d'autant plus estimable le présent qu'il a fait à son pays, que le jeune homme ayant un grand fond de bonté, ne croira pas qu'il lui suffise d'être spectateur oisif des événemens qui affectent les autres hommes, ses freres, ses concitoyens; mais qu'il doit se vouer à l'action pour l'intérêt de tous & pour le sien propre. Vous comprenez que son noble orgueil le portera sans cesse à surpasser les autres par le bien qu'il peut faire. Excité par l'amour du devoir & de l'honneur, il s'en servira pour tendre à la perfection avec plus d'empreſſement.

C'eſt ainſi que les deux aiguillons de l'émulation & de la honte, en préſervant un jeune homme de tous les vices, le feront marcher à grands pas dans la carriere, où l'on a vu briller les grands hommes de tous les pays, & qui en ont fait la gloire. La honte d'un côté, l'approbation de l'autre, vous diſpenſeront d'employer les deux mobiles ordinaires de l'éducation. Elles vous tiendront lieu de récompenſes & de châtimens, qui ne ſervent preſque toujours qu'à abrutir l'eſprit d'un enfant, à augmenter ſa vanité, ou à le rendre ſenſuel & volontaire.

ARTICLE VII.

Maniere de conduire les Enfans froids, nonchalans ou acariâtres.

IL eſt des eſprits & des caracteres, ſur qui les deux ſtimulans de l'émulation & de la honte, ne ſemblent pas avoir beaucoup de priſe; des eſprits froids & nonchalans que rien ne paroît toucher ou émouvoir,

des

des acariâtres toujours d'un avis contraire
à celui des autres. Les deux moyens que
je propose influeront-ils sur les enfans en
qui ces défauts s'annoncent, ou sera-t-il
nécessaire d'en chercher de nouveaux pour
les rendre tels qu'on desire ? Je ne sais pas;
mais pour les croire insuffisans, il faut
consulter l'expérience ; ainsi je voudrois toujours qu'on en fît un long essai, & particuliérement sur les enfans mornes & ta-
citurnes, dont l'ame paroît ensevelie dans
un flegme qui ne lui permet pas d'agir :
les reproches, les menaces & les coups,
bien loin de les faire sortir de cet engourdissement où ils croupissent, ne font
que les y enfoncer de plus en plus. Il
faut au contraire les épanouir par la joie,
les exciter par les jeux, les réveiller par
l'idée du plaisir, puisqu'on doit plutôt leur
inspirer de la hardiesse & du courage, que de
la crainte & de la circonspection. Ils sont
peut-être plus sensibles aux tendres invitations & aux douces manieres, plus amoureux de louanges, plus capables d'être exci-
tés par le sentiment de l'honneur, que vous

Tome II.   M

ne le croyez. L'émulation pourroit donc faire quelqu'effet fur leur ame.

Pour les acariâtres, qui fe font toujours un plaifir de contredire, qui veulent en tout & par-tout faire prévaloir leur fentiment, feulement parce que c'eft le leur, fouvent ils ne le font devenus que par la faute de leur Maître. S'il avoit eu de bonne heure le foin de prévenir ou de combattre ces défauts, il ne fe trouveroit pas enfuite dans la néceffité de les en corriger. Cependant, quoiqu'ils en aient contracté l'habitude & qu'ils y joignent même l'opiniâtreté, il ne faut jamais les livrer ni les abandonner à eux-mêmes. Il importe au contraire, pour combattre avec fuccès ces défauts choquans, d'employer tous les moyens poffibles, & une attention plus affidue.

L'entêtement & l'opiniâtreté naiffent d'un fond d'orgueil, qui exaltant notre mérite à nos propres yeux, nous perfuade que nous ne faurions avoir tort, & que les décifions de notre volonté ont toujours la raifon pour elles. Lors donc qu'on parviendra à humilier cet orgueil fans l'aigrir, dès qu'on lui

ôtera le voile qui lui dérobe fa propre lai-
deur, la honte faura le rendre obéiffant &
docile. Il ne s'agit donc que de faire naître
la honte chez l'opiniâtre; fon propre orgueil
peut vous donner le moyen de le rendre
fenfible à la correction. Plus l'amour-propre
a fu nous perfuader la fupériorité de notre
mérite, plus nous fommes mortifiés que
les autres n'en ayent pas la même idée, &
plus nous fommes honteux, fi on nous montre notre erreur. L'émulation & la honte
peuvent donc agir efficacement fur les caractères les plus rebelles, les dompter & les
rendre flexibles, pourvu qu'on ne s'en ferve
qu'à propos. Il ne faut d'ailleurs employer
la force & la contrainte qu'à l'extrêmité;
c'eft un moyen défagréable dont un pere
fage & tendre ne fait jamais ufage qu'a-
vec répugnance. Que ceux qui veulent
fuivre ma méthode fe faffent donc une
loi de ne fe fervir des verges qu'à défaut abfolu d'autres moyens; qu'ils ne les
employent fur-tout jamais, lorfqu'il fera
queftion de faire apprendre à leurs éleves
des préceptes & des maximes, ou toute autre

leçon propre à orner la mémoire ; car au
lieu de parvenir de la forte à ce que l'on
fouhaite, on ne fait guère que leur donner
un dégoût affreux pour tout ce qui a rapport
à leur inftruction ; ce qui ne peut opérer que
de très-mauvais effets, dont le moindre eft
l'ignorance volontaire pour toute la vie,

CHAPITRE XI.
DES CHATIMENS.

ARTICLE PREMIER.

On doit proportionner les punitions & les châtimens aux fautes & à la sensibilité des Enfans.

LES châtimens & les punitions sont les peines encourues pour des fautes ou des délits contre l'esprit de la Loi ou les ordres des Supérieurs. On ne peut maintenir l'obéissance dans la famille, la regle dans les villes, l'ordre dans les sociétés, si on ne trouve moyen de faire céder les audacieux & les rébelles, d'affliger les méchans à cause de leurs méchancetés, & de réprimer les attentats & l'injustice. C'est alors une triste nécessité d'employer la force pour contenir la force ou effrayer la violence, de sévir contre un homme, contre un citoyen, pour la sûreté des autres hommes & le repos de

M iij

l'Etat, & pour apprendre enfin à tout mal-
faiteur & à tout indocile, que la défobéif-
fance & le crime n'enfantent qu'affliction &
qu'infortune. Mais dans les petites comme
dans les grandes fociétés, dans la famille
comme dans l'Etat, il faut être fobre de
châtimens, n'employer ce moyen rigou-
reux qu'avec la plus grande réferve, & fur-
tout favoir les proportionner aux fautes &
à la fenfibilité de ceux, fur qui on veut
étendre l'exemple du châtiment. Difons ici,
en paffant, que les peines infligées par la
juftice domeftique & civile, font d'ordinaire trop rigoureufes & trop peu durables; l'exemple d'une punition paffagere
ne peut faire fur l'efprit qu'une légere impreffion : peine & plaifir qui durent arrêtent
le cœur de l'homme.

Que des peres durs & indifcrets imaginent qu'il faut toujours punir, qu'il n'y a
qu'une forte de châtiment à employer, &
que les coups font le moyen général & plus
efficace de conduire la jeuneffe, c'eft une
erreur condamnable par fes conféquences,
trifte pour ceux qui la fuivent, & funefte à

ceux qui en font les victimes. Si l'on veut que
les châtimens foient juftes & faffent impreffion fur un enfant, il faut qu'ils foient proportionnés aux manquemens, il faut qu'ils
foient différens & plus ou moins féveres fuivant les circonftances ; il y en a de tant de
fortes qu'un pere habile ne fera jamais em-
barraffé d'en trouver de propres au caractere
de fon éleve. Tantôt on les prive d'une partie de plaifir ou d'une promenade defirée
depuis long-temps, & qui flattoit agréablement leur imagination ; on attache autant
qu'on peut à cette privation une idée de
honte, afin qu'elle puiffe faire fur eux une
impreffion plus vive & plus durable; tantôt,
s'ils ont accoutumé de manger à la table de
la famille, on la leur interdit pour les faire
manger à part, quoique toujours fous les
yeux du Mentor. Chacun affecte alors de
les dédaigner ou de leur montrer de la froi-
deur.

Sont-ils coupables enfin de quelques fautes un peu graves, on peut très-bien fe fervir
du moyen propofé par l'Auteur d'Emile : il
veut qu'on les enferme dans un endroit

obſcur & peu vaſte, où il n'y ait rien à
caſſer; bientôt, dit-il, ils s'y abandonneront
aux cris & aux larmes, ils appelleront à haute
voix ceux qui ſont à portée de les entendre;
mais il faut que ceux-ci, prévenus, leur
diſent d'abord que quand on eſt coupable
on mérite d'être enfermé, & qu'ils ſe retirent tout de ſuite. Vient enfin quelqu'un,
après pluſieurs heures de captivité, capables
de leur en laiſſer le ſouvenir, qui les voyant
bien fâchés de ce qu'ils ont fait, leur inſinue
de propoſer quelque convention, au moyen
de laquelle leur liberté puiſſe leur être ren-
due. Fort ennuyés d'avoir été long-temps
enfermés, ils donneront volontiers dans
cette idée, & feront prier leur Gouverneur
de les venir voir. Il viendra : les priſonniers
marqueront du repentir & promettront de
ne plus tomber dans la même faute. Il faut
alors leur ouvrir ſans balancer, recevoir
ingénument leur promeſſe, & paroître s'en
rapporter à leur parole.

C'eſt une très-bonne réſolution, pourroit-
on leur dire, je ſuis bien aiſe, par rapport à
vous, que vous l'ayez priſe; que n'avez-vous

eu plutôt cette bonne penfée, vous vous feriez épargné la mortification que vous venez de recevoir ? Là-deſſus on peut les embraſſer avec une expreſſion de joie, en témoignant avoir beaucoup de confiance en cet accord, qu'on leur fera regarder comme ſacré & inviolable. Vous les ramenerez ainſi, & ſans beaucoup de peine, de leurs premiers égaremens, & ce procédé ſimple leur fera prendre une forte idée de l'obligation à laquelle ils ſe ſont engagés, & de la foi de vos promeſſes.

ARTICLE II.

On ne doit jamais châtier les Enfans avec colere.

QUE je diſe, que je répete ici à tous ceux qui veulent m'entendre, cette leçon importante, que tous les châtimens dont un pere punira ſon fils, ne ſauroient trop ſe reſſentir de l'eſprit de modération qui doit paroître dans celui qui les ordonne. Si l'emportement s'y montre, ce ne ſera plus un remede

M v

salutaire, mais un poison versé sur le mal; qui en augmentera l'activité & le danger, & le rendra peut-être incurable.

Tout ce qu'un enfant doit remarquer alors sur le visage de son pere, c'est qu'au lieu de cette douceur ouverte, qui lui témoignoit la satisfaction qu'on avoit de sa conduite lorsqu'il se comportoit bien, il n'y doit voir que de la tristesse, expression des sentimens que ses fautes ont fait naître dans le cœur de ses parens. Si on continue à se comporter ainsi à son égard durant quelques jours, ce sera pour lui, tant soit peu de naturel & de sensibilité qu'il ait, le châtiment le plus rude & la leçon la plus capable de faire impression sur son cœur.

ARTICLE III.

Certaines punitions font plus propres à inspirer la vanité à un Enfant, qu'à le corriger.

COMBIEN n'est pas imprudente la méthode de ces gouverneurs insensés, de ces

parens aveugles qui, par les châtimens &
les récompenses qu'ils promettent à leurs
éleves, livrent sans attention leurs jeunes
cœurs aux fantaisies de l'opinion, au goût
du luxe & de la vanité. Sont-ils mécontens
d'un enfant : si vous n'êtes plus sage à l'a-
venir, si vous ne conservez mieux vos habits,
on vous en donnera de pareils à ceux des
polissons, on vous ôtera les vôtres. Sont-ils
au contraire satisfaits de leur conduite, on
leur promet des parures pour récompense ;
on veut leur donner de plus beaux habits,
on leur fait choisir des étoffes plus riches ou
plus brillantes; ensuite, parés de tout cela,
on les admire. N'est-ce pas leur laisser une
haute idée de ces parures, qui doivent
être si futiles pour un homme qui pense ?
n'est-ce pas leur donner une grande leçon de
vanité, & leur dire tacitement : souvenez-
vous que les beaux habits sont la partie
essentielle du vrai mérite d'un homme,
& que sans eux le reste est compté pour rien
ou du moins pour très-peu de chose. Qu'on
s'étonne, après cela, si la plupart des jeunes
gens sont si vains & si ridicules, & s'ils

M vj

estiment les autres par l'endroit où ils pensent que l'homme doit être prisé.

ARTICLE IV.

*Tristes effets des châtimens infligés mal-à-
propos.*

JE ne saurois trop répéter, qu'on ne doit
châtier un enfant qu'avec la plus grande
retenue & n'employer jamais les coups,
qu'à défaut absolu de tous autres moyens.
La douceur & l'adresse peuvent suffire, si
on sait en faire un usage convenable. Les
châtimens serviles n'arrêtent que pour un
moment la volonté déréglée de l'enfant,
lui font haïr ceux qui le frappent, & lui
donnent un dégoût invincible pour tout
ce qu'on prétend qu'il fasse par ce moyen.
Les coups ne sont bons qu'à faire des sots,
des ames basses & rampantes, aussi dénuées
d'énergie que de courage, & incapables
d'agir virilement après avoir perdu leur
ressort & leur vivacité. Aussi ce traitement
m'a-t-il toujours paru contraire aux desseins

d'un pere fage, qui cherchant à faire pratiquer à fes enfans les devoirs de Citoyen & d'honnête homme, doit fur-tout les leur faire embraffer par choix & par inclination. Il ne fauroit donc fe fervir trop fobrement de ce remede, qui pouvant être mauvais, employé pour de bonnes raifons, caufera les accidens les plus fâcheux, dès qu'il le fera mal à propos.

Je puis affurer que dans ce dernier cas, les châtimens gâtent abfolument un enfant, lui donnent un mauvais caractere; car au lieu de faire fur fon ame, l'impreffion qu'on s'en promet & de rendre fa volonté plus docile, ils ne fervent qu'à le rendre moins fenfible une autre fois. Il s'accoutume à fucer l'orgueil de l'opiniâtreté; il envifage une forte de gloire à réfifter aux réprimandes dont on l'accable, aux coups dont on le frappe fi fouvent. Son obftination qui lui femble jufte, puifqu'il ne voit point de raifon d'être châtié, le rend alors inébranlable; il devient en quelque forte le vainqueur de fes Maîtres, & ce premier avantage fuffit, pour le porter à tout difputer enfuite.

, Ainſi , qu'un pere ſoit aſſez aveugle ; pour châtier ſouvent un enfant dans ſa colere (*a*) , il peut compter qu'il jette des ſemences de reſſentiment dans le cœur de ſon fils , qui le feront lutter autant qu'il pourra contre le pouvoir qui l'opprime. Et que voulez-vous qu'un pauvre enfant penſe de ces rigueurs ? Quels ſentimens produiront-elles dans ſon ame , s'il les voit toujours prêtes à tomber ſur lui , ſans connoître les

_____

(*a*) Il n'eſt paſſion qui nuiſe plus au raiſonnement que la colere. Fouetter les enfans & les châtier étant en colere , ce n'eſt plus correction , c'eſt vengeance. Le châtiment tient lieu de médecine aux enfans ; & ſouffririons-nous un Médecin qui fût animé & courroucé contre ſon patient? Les châtimens qui ſe font avec poids & diſcrétion ſe reçoivent bien mieux & avec plus de fruit de celui qui les ſouffre : il ne penſe pas avoir été juſtement condamné par un homme agité d'ire & de furie..... Nous ne devrions jamais mettre la main ſur ceux qui doivent nous obéir , tandis que la colere nous dure. Pendant que le pouls nous bat, & que nous ſentons l'émotion , remettons la partie ; car c'eſt la paſſion qui commande alors , ce n'eſt pas nous. *Montagne.*

moyens de les éviter ; fi on emploie à fon
égard les mêmes traitemens , pour des fautes
de peu d'importance , que pour une obftination réfolue ou d'autres fautes aufli graves. Il
ne fait plus juger de la conduite qu'on lui
demande ; comme un cheval à qui on a
gâté la bouche, il ne fait plus être guidé,
il devient infenfible , revêche , opiniâtre ,
perfuadé que le feul caprice régle les corrections qu'on lui fait.

ARTICLE V.

Les Enfans font fouvent des fautes dont il
ne faut pas avoir l'air de s'appercevoir.

LOIN de chercher les occafions de punir fon éleve , un Maître doit les éviter
autant qu'il pourra. Combien de petites
irrégularités , de fautes peu effentielles ne
commet pas un jeune enfant , pour lefquelles il ne faut que des avis légers ou une douce réprimande ? Combien , dont il ne faut
feulement pas faire femblant de s'appercevoir ? Peut-on attendre d'un enfant la

même application & la même prudence que d'un homme fait ? Dès qu'un enfant ne péche ni par obstination, ni par mauvaise volonté, les châtimens sont inutiles.

L'étourderie & la négligence, forment les mœurs & le caractere distinctif des enfans ; elles leur occasionnent tous les jours mille petits manquemens. N'est-ce pas une pitié de s'armer alors de sévérité ? quand on s'appercevroit même que leurs fautes sont un effet du tempérament, puisqu'ils sont fragiles plutôt qu'obstinés, ne devroit-on pas mettre en usage tous les moyens de douceur pour les ramener. Gardez-vous donc de les battre quand ils feroient quelques rechûtes ? Eh ! pourquoi tant de colere de les voir si foibles, nous qui le sommes tant? Nous saurons pardonner sans peine, si nous pouvons nous souvenir que nous avons été jeunes ; un procédé affectueux leur fera peu à peu remarquer leurs fautes, & les peres en retireront ce double profit, que leurs fils en se corrigeant les en aimeront davantage.

CHAPITRE XII.
Des Récompenses.

ARTICLE PREMIER.

Les Récompenses doivent être rares, & les motifs importans.

Comme les châtimens font par fois né-cessaires pour punir les fautes & effrayer les méchans, les récompenses deviennent quelquefois utiles & même indispensables pour animer les bons & soutenir leurs efforts généreux. L'homme juste, laborieux & bienfaisant, l'enfant docile & qui s'applique à bien faire, trouvent, je le sais, un prix convenable de leurs actions dans le témoignage de leur propre conscience, & dans la satisfaction qu'ils en retirent, & ce prix suffit à des ames sublimes ; mais il faut convenir qu'il y en a beaucoup d'autres qui veulent un intérêt plus sensible pour se dé-terminer au bien, & à qui les récompenses semblent un salaire dû aux efforts qu'ils tentent pour y arriver.

Les récompenses sont donc nécessaires; mais de même qu'on doit porter beaucoup de discernement & de modération dans la distribution des châtimens, il faut pour assigner des récompenses, les savoir choisir, les employer sobrement & toujours à propos; elles doivent être rares pour faire effet. On ne doit les employer que pour de grandes actions, que pour porter les esprits à l'amour des choses louables & au bonheur de l'homme. Enfin les récompenses doivent servir à anoblir l'ame, au lieu d'irriter les passions.

Proposer des récompenses à un enfant pour lui faire apprendre à danser, à dessiner ou pour retenir ses leçons de mémoire, &c. & proposer pour récompense des choses propres à favoriser & à augmenter leur penchant au plaisir, au luxe & à la sensualité, comme de l'argent, des sucreries, des habits riches ou d'un goût recherché; c'est en même temps donner une idée d'excellence & aux choses qu'on leur offre pour prix, & aux objets pour lefquels on les donne ; c'eft renverfer l'ordre de l'éducation & en contrarier les principes en leur infpirant des fentimens que l'on auroit dû prévenir ou corriger ? N'eft-il pas naturel qu'ils defirent enfuite ardemment ces chofes, dans la jouiffance defquelles on les accoutume à chercher leur bonheur & leur gloire.

ARTICLE II.

Pourquoi & comment on doit récompenfer les Enfans.

SI l'on doit des récompenfes, ce ne peut être qu'au vrai mérite. Il faut donc récompenfer un enfant pour le rendre plus fage & plus vertueux ou lorfqu'il a fait quelqu'action généreufe & louable, dont on veut graver le fouvenir dans fon ame. Mais fes plus grandes récompenfes, celles qui doivent lui caufer plus de joie, c'eft la fatisfaction qu'il trouvera dans les yeux de fes parens & dans l'eftime de ceux qui le con-

noiſſent. On peut néanmoins , indépendamment des témoignages d'amitié qu'on lui
donnera dans ces occaſions ; lui accorder
quelques diſtinctions , lui faire de petits préſens qui flattent doucement ſon cœur ſans
danger de le corrompre. C'eſt tantôt une
promenade , une partie de campagne , un
livre , une image , &c. en prenant toujours
la précaution de les accorder de maniere,
que ces marques de bienveillance & d'approbation excitent de plus en plus l'honneur dans ſon ame ſans jamais y faire naître l'amour d'un vil intérêt.

ARTICLE III.

Les meilleures Récompenſes doivent être tirée du tréſor de l'honneur.

LES Anciens & ſur-tout les Romains
furent de juſtes appréciateurs du mérite &
de la valeur. Pour les faire paroître & les
employer utilement, ils ſe montroient fort
attentifs à leur donner des récompenſes;
mais elles étoient de nature , & ils les

répandoient de maniere qu'en augmentant la réputation de ceux fur qui tomboient les récompenfes, en flattant leur courage par l'honneur de ces diftinctions, ils les illuftroient feulement fans les rendre plus riches. Des largeffes de cette forte ne pouvoient appauvrir l'Etat. C'étoit fouvent une fimple couronne (a) de chêne, de laurier, ou même quelquefois de la premiere herbe que le hafard offroit. C'étoient des ovations, des triomphes, des ftatues, mar-

_____

(a) Ç'a été une belle invention, dit Montagne, & reçue en la plupart des polices du monde, d'établir certaines marques vaines & fans prix, pour en honorer & récompenfer la vertu ; comme font les couronnes de laurier, de chêne, la forme de certains vêtemens, la prérogative d'aucuns furnoms & titres, certaines marques aux armoiries & chofes femblables, de quoi l'ufage a été diverfement reçu, felon l'opinion des Nations. C'eft, à la vérité, une bien bonne & profitable coutume de trouver moyen de reconnoître la valeur des hommes rares & excellens, de les contenter & fatisfaire par des jugemens & payemens qui ne chargent aucunement le Public.

ques plus glorieuſes que lucratives, mais qui touchoient plus ſenſiblement ces grandes ames, en devenant un ſigne de l'eſtime & de l'approbation de leurs concitoyens, que les préſens les plus beaux & les plus magnifiques.

C'eſt en ſuivant ce bel exemple, qu'on doit accorder à un enfant des récompenſes qui excitent, qui piquent ſon émulation, qui ſervent à élever ſes deſirs au-deſſus des objets qui flattent les paſſions tumultueuſes des hommes; mais il faut ſur-tout faire en ſorte que, comme Epaminondas, le plus grand prix & le plus doux contentement qu'il puiſſe avoir de ſes actions, ſoit la certitude du plaiſir qu'elles cauſeront à ſes parens, & que les réprimandes ou les louanges qu'il en recevra, le trouvent toujours également reconnoiſſant & ſenſible. On ne riſquera rien en exigeant beaucoup des jeunes gens qui auront cette précieuſe ſenſibilité; leur ame élevée trouvera toujours un intérêt palpable dans le plaiſir de la ſatisfaire, & les témoignages qu'ils recevront de la ſatisfaction des autres, ſeront pour

eux la plus digne récompenſe, & d'un prix
bien au-deſſus de celles qu'on employe ordinairement dans l'éducation ; mais comme
ces caracteres ſont rares, & que des récompenſes données à propos ne nuiſent jamais,
on fera bien d'en donner de temps en temps,
pourvu qu'elles ſoient toujours diſtribuées
par la prudence.

CHAPITRE XIII.

ON NE DOIT PAS TOUJOURS EMPLOYER LE RAISONNEMENT AVEC LES ENFANS.

LE raiſonnement eſt aujourd'hui un des principaux outils de l'éducation. On s'en ſert pour tout & en toute occurrence, &, ſelon moi, avec trop peu de réſerve. Ce n'eſt pas que je ne regarde ce moyen d'aſſouplir & de former le cœur & l'eſprit d'un jeune homme comme excellent, lorſqu'il eſt employé par un homme habile ; mais il y a bien des enfans avec leſquels il ne faut point raiſonner. Tout enfant qui aura la conception vive & prompte, dont la mémoire heureuſe retient beaucoup d'idées, & dont l'eſprit commence à ſaiſir des rapports, vous indique que ſi vous employez le raiſonnement à ſon égard, vous pouvez en attendre un heureux ſuccès, puiſque vous ſuivez alors l'intention de la Nature. Mais ſi le défaut de mémoire, la ſtérilité des idées, les vues étroites,

étroites, dérobent à votre éleve la liaison des choses, il faut attendre un temps plus favorable pour raisonner avec lui. On ne doit pas non plus employer toujours le raisonnement, même envers ceux qui en sont susceptibles, pour les porter à faire les choses qui leur semblent difficiles, ou lorsqu'on veut leur faire approuver ce qui leur déplaît ; car toujours faire paroître indiscretement la raison dans les choses désagréables, c'est les en dégoûter, c'est la décréditer souvent dans de jeunes esprits qui ne la connoissent pas.

Suivant la portée d'esprit & le caractere de votre éleve, & sur-tout en prenant conseil de la circonstance, vous pourrez donc user du raisonnement à son égard ; mais vous devez toujours prendre garde de ne jamais produire la raison sans ménagement & à tous propos ; c'est une lumiere trop vive pour des yeux si foibles. Où vous verrez que vous choquez de front son sentiment, vous biaiserez sans qu'il s'en apperçoive ; pour lui faire prendre votre goût, vous ferez semblant d'adopter le sien, & au lieu de l'accabler

Tome II.   N

de raisonnemens, vous trouverez plus profitable, à la maniere de Socrate, de le faire
raisonner lui-même, en sorte que ce sera
votre éleve qui semblera vous instruire, tandis pourtant que vous le conduirez vous-
même par cette voie détournée, par-tout où
vous voudrez le mener.

CHAPITRE XIV.

DEUX REGLES GÉNÉRALES POUR CONDUIRE LES ENFANS.

COMME il n'eſt pas poſſible de donner des regles particulieres de mœurs pour cha-que caractere, qu'on ne m'en demande pas pour toutes les circonſtances imprévues de l'éducation, pour toutes les ſituations où peut ſe trouver un jeune homme; j'ai poſé des principes généraux qui peuvent ſuffire, dès qu'on en ſaura faire l'application convenable. Il feroit inutile qu'un maître prétendît me ſuivre s'il ne m'entendoit pas, & je différerois peu de lui ſi, pour mieux me faire entendre, je deſcendois dans un détail plus minutieux. Cependant, pour me rendre plus intelligible & me mettre à la portée de tout le monde, voici deux regles générales qui ſont comme l'abrégé de tout ce que j'ai dit dans la troiſiéme Partie de cet Ouvrage, & qui peuvent, en quelque ſorte, s'appliquer à tous les cas. Gravez bien dans votre mémoire, ô vous qui guidez la jeunesse, 1°. que pour faire aimer quelque chose à un enfant, pour faire des impressions profondes sur son ame, il faut savoir intéresser son goût & éveiller ses desirs; pour arriver sûrement à l'esprit, il faut passer par le cœur; 2°. que dès le moment qu'on le contraint de faire ce qu'il ne veut pas, il prend un sentiment d'aversion pour ce qu'il n'a plus la liberté de ne pas faire.

Qu'un pere sage songe donc à établir sa didactique là-dessus; car de ces deux principes couleront naturellement toutes les regles qu'il doit mettre en œuvre pour bien élever ses enfans; il n'a, en quelque sorte, qu'à renverser l'ordre de l'éducation ordinaire (a), & tout est trouvé. Qu'il les con-

____

(a) Je dis *en quelque sorte*, pour modifier la proposition, & afin qu'on ne me dise pas ce qu'on répondit à M. Paris Duvernay qui, parlant de l'éducation de l'Ecole Militaire, & en faisant l'apologie, avança qu'elle étoit en tout contraire à l'éducation ordinaire. En ce cas, lui dit-on, partout où l'on fait bien ailleurs, vous faites mal ici

duife de maniere que ce qu'il voudra leur
faire aimer paroiffe toujours avoir été choifi
par eux-mêmes ; qu'il fache éveiller leurs
defirs & leur curiofité pour ces objets ; qu'il
les leur montre comme des récompenfes
toujours flatteufes , & qu'il ne les prodigue
jamais. En tout , la répétition trop fréquente
& l'uniformité laffent ; pour ne point dégoûter un enfant, on doit , fi je peux m'exprimer de la forte , ne point raffafier fon ap-
pétit de favoir. Pour l'éloigner, au contraire,
de ce qu'on veut lui interdire ou lui défendre,
qu'on n'ait point l'air de le lui refufer, qu'on
le lui donne au contraire jufqu'à la fatiété ;
& fi ce qu'il defire n'eft pas d'une trop dangereufe conféquence, qu'on l'oblige de s'en
occuper, non pas un moment, mais des
temps confidérables & fouvent répétés ;
qu'on ne lui laiffe pas le loifir de quitter lorfqu'il le veut, & bientôt l'ennui & le dégoût
prendront dans fon ame la place du defir
véhément qui le tourmente.

✳

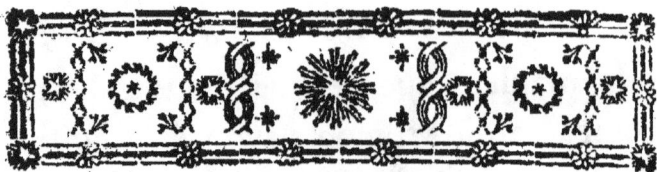

THÉORIE
DE
L'EDUCATION.

LIVRE QUATRIÉME.
MANIERE DE FORMER L'ESPRIT DES JEUNES GENS
PAR L'INSTRUCTION.

PREMIERE PARTIE.
DE L'INSTRUCTION COMMUNE AUX DIVERS ETATS.

CHAPITRE PREMIER.
Du Savoir.

ARTICLE PREMIER.
*Le Savoir diftingue l'Homme inftruit de celui qui
ne l'eft pas.*

L'HOMME eft l'ouvrage le plus parfait de
la Nature & l'être le plus digne de fes foins.

Il femble pourtant venir au monde dénué
de tout ; mais il eſt doué de la facilité d'acquérir tout ce qui lui manque ; & quoiqu'en
apparence moins bien partagé que les autres
animaux, pour éviter les dangers & fatisfaire
à fes befoins ; il leur eſt néanmoins ſi ſupé-
rieur par l'étendue de l'intelligence , par les
lumieres (a) de la raifon & l'efprit de fo-

(a) Si les animaux avoient la moindre étincelle
de la lumiere qui nous éclaire , on trouveroit au
moins de la variété , ſi l'on ne voyoit pas de la
perfection dans leurs ouvrages ; chaque individu
de la même efpece feroit quelque chofe d'un peu
différent de ce qu'auroit fait un autre individu :
mais non , tous travaillent fur le même modele ;
l'ordre de leurs actions eſt tracé dans l'efpece entiere ; il n'appartient point à l'individu.....
Pourquoi mettons-nous au contraire tant de diverfité & de variété dans nos productions & dans
nos ouvrages ? pourquoi l'imitation fervile nous
coûte-t-elle plus qu'un nouveau deffein ? C'eſt parce
que notre ame eſt à nous , qu'elle eſt indépendante
de celle d'un autre , que nous n'avons rien de
commun avec notre efpece que la matiere de notre
corps , & que ce n'eſt en effet que par les dernieres
de nos facultés que nous reffemblons aux animaux.
M. de Buffon , tom. IV.

ciété, qu'il est parvenu à les dompter & à les
soumettre, qu'il s'est, en quelque sorte,
assujetti les élémens, & qu'il est aujourd'hui
comme le Roi de la terre. Mais s'il est monté
à ce haut point de force & de grandeur, s'il
a su se fonder un tel empire, c'est par la
connoissance qu'il a acquise de lui-même &
des choses qui l'environnent; c'est par la vue
des rapports qui lient entr'eux tous les objets, par la certitude de l'expérience, enfin
par le moyen de la science & le secours des
arts.

Ce que l'intelligence & la raison donnent
de supériorité à l'homme pris généralement
sur la matiere passive & sur la brute, l'homme, pris individuellement, l'acquiert dans
la société par le savoir sur le vulgaire
stupide. Qu'est-ce, en effet, que l'ame &
l'esprit d'un crocheteur & d'un manœuvre,
qui n'ont que les notions les plus impar-
faites & les préjugés les plus grossiers, com-
parés à ces ames sublimes, que l'éclat du
vrai savoir rend vénérables à toutes les Nations? C'est donc le savoir & les connoissances étendues qui distinguent l'homme de

l'homme, & qui mettent entr'eux des différences plus réelles que le haut rang & les
richeffes. Il devient donc effentiel à la perfection de l'homme focial d'acquérir ces
connoiffances ; & l'inftruction qui les procure ne doit pas feulement être regardée
comme une partie néceffaire, mais comme
le complément d'une bonne éducation.

A R T I C L E   I I.

Diftinction à faire dans le Savoir.

Toute fcience eft une lumiere, mais
toute lumiere n'eft pas favorable ; il y a donc
une diftinction & un choix à faire dans le
favoir. La prudence doit ici nous conduire
& nous faire difcerner ce qui convient à
notre éleve. Il eft des connoiffances indifférentes, il en eft de fuperflues, il en eft de
dangereufes. Ce n'eft point là du tout ce que
je veux qu'il apprenne ; il faut que fa fcience
foit utile, honnête & néceffaire ; la fcience
ne devant pas être recherchée pour elle-
même, mais feulement comme un moyen

N v

propre à acquérir quelque chose de plus excellent.

Je souhaiterois donc que les lumieres qu'on présente à un jeune homme, loin de pouvoir contribuer à troubler sa raison & à l'égarer, ne servissent au contraire qu'à le faire marcher avec plus de sûreté ; qu'elles devinssent pour lui un moyen plus efficace de servir la société & la patrie, & que d'accord avec sa vertu, sa science, même dans les choses d'agrément, eût une heureuse influence sur les mœurs. Je conviendrai si l'on veut, que, s'il étoit possible, un homme ne devroit rien ignorer de ce qu'il est bon de savoir ; mais comme l'esprit de l'homme est borné, que chaque science offre une immense carriere, il s'ensuit qu'il doit s'appliquer de préférence à celle qui lui convient le mieux, afin de se la rendre familiere & d'y exceller ; les autres ne doivent lui servir, pour ainsi dire, que de délassement.

CHAPITRE II.

DES DIFFÉRENS CARACTERES D'ESPRIT, ET DE LA MANIERE DE LES DIRIGER.

ARTICLE PREMIER.

Division des différens Caracteres d'Esprit.

LA Nature n'a rien fait d'uniforme ; une variété toujours nouvelle diftingue toutes fes productions. Il n'y a pas une feuille d'un arbre qui reffemble parfaitement à une autre feuille du même arbre , une goutte d'eau à une autre goutte d'eau ; mais cette diverfité eft particuliérement remarquable dans l'efpece humaine. Parmi le grand nombre d'individus qu'elle renferme, on ne voit point deux phyfionomies parfaitement femblables; & fi l'on pouvoit connoître la maniere de fentir & de penfer, qui eft propre à chacun, on s'appercevroit qu'il n'y a pas moins de

N vj

variété dans les efprits qu'on en découvre
fur les vifages ; delà l'impoffibilité de fe
rendre compte des divers caractères d'efprit,
fi on s'arrête aux nuances infinies & imperceptibles qui les diftinguent ; delà enfin la
néceffité de les claffer , d'après leurs traits
les plus frappans , en les ramenant à des
efpeces générales , lorfqu'on veut fe faire
une idée jufte de leurs propriétés & de leurs
rapports.

Mais de même que les hommes , de quelque nation , de quelque pays qu'ils foient,
& quelques traits qu'ils aient d'ailleurs , peuvent être diftingués en hommes blancs, en
noirs & en olivâtres , de même tous les efprits peuvent être compris fous les divifions
fimples de *l'efprit vif*, de *l'efprit modéré*
& de *l'efprit lent*, qui s'étendent, fe rami-
fient à l'infini & embraffent toutes les autres ;
car une imagination plus ou moins vive &
une mémoire plus ou moins heureufe , di-
verfifient tous ces caractères à proportion
qu'elles concourent à faire mieux concevoir,
réfléchir & juger, ou qu'elles mettent obftacle à ces trois opérations de l'entendement,

lorfque des organes trop groffiers l'empêchent d'agir fans contrainte.

ARTICLE II.

*De l'Efprit vif & de fes divifions, l'Efprit
foible, l'Efprit faux, & l'Efprit à talens.*

L'ESPRIT vif avec excès eft naturellement foible; trop de mobilité dans les organes le rend peu folide, faux, inconfidéré;
l'efprit à talens (a) réfulte de cette mobilité un peu rallentie.

L'efprit *foible* eft celui en qui les impreffions fe font d'une maniere auffi vive que
peu durable, parce que l'imagination ou la
mémoire eft trop mobile. Cet efprit eft d'autant plus fufceptible de préjugés, qu'il eft
peu capable de s'attacher à autre chofe que
ce qui a paffé en habitude chez lui. Il fait,
fans favoir comment il a appris, femblable
à ceux qui ayant été conduits les yeux ban-

(a) Voyez l'Effai fur l'Efprit humain, page
398.

dés dans un endroit, ne favent comment ils y font venus. Il ne peut remonter de certaines conféquences aux principes; il eft naturellement volage ou pareffeux, il s'en rapporte au jugement d'autrui; en un mot, il ne peut fixer fes regards fur un grand nombre d'idées, que l'une ne le diftraye de l'autre.

On reconnoît ces défauts dans un enfant, lorfque, avec beaucoup de vivacité, on remarque chez lui peu de mémoire, une maniere d'agir inconfidérée, diffipée & étourdie; lorfqu'après lui avoir expliqué une chofe qu'on penfe qu'il a comprife, l'application qu'on lui en fait faire lui fait méconnoître ce qu'on vient de lui dire, ou oublier ce dont il s'agit.

Pour corriger & prévenir les défauts de cet efprit, il faut ménager fa foibleffe, en préfentant feulement à l'imagination les chofes qui la flattent, & qui font capables de la fixer fans la fatiguer ni la contraindre. On doit donc cultiver fa mémoire par le merveilleux, qui s'y trouve très-propre; & loin de la gêner, il faut d'abord la laisser agir d'elle-même, si on ne veut pas augmenter sa mobilité par trop d'agitation; peut-être que le temps pourroit l'affermir. Il faut lui présenter les objets d'une maniere uniforme; & après lui avoir donné, par ce moyen, un certain nombre d'idées, sur lesquelles le sentiment seul puisse le faire réfléchir, il faut les employer à lui faire acquérir le plus grand nombre de connoissances, qui ne lui offrent point de préjugés, c'est-à-dire, celles dont il pourra facilement suivre les principes & les conséquences. Quant à celles qui peuvent le mener à des préjugés, il suffit, pour empêcher cet esprit de s'y trop attacher, de lui faire sentir qu'il n'en saisit pas toutes les parties. Enfin lorsqu'on raisonne avec lui, pour lui indiquer la route qu'on veut lui faire prendre, il est bon de lui faire remarquer les endroits où il peut aller seul & en sûreté, & ceux où il pourroit broncher à cause de la foiblesse de sa vue.

Si on ne peut pas rendre ces sortes d'esprits profonds & méditatifs, il faut au moins les rendre dociles, de sorte que si leur foiblesse a besoin de secours (*a*), ils ne s'appuyent pas sur eux-mêmes, & n'entreprennent rien avec une confiance aveugle. Ainsi un esprit foible & borné peut acquérir, par une bonne éducation, du bon sens & de la docilité, qui lui donnent le moyen de sentir, si des réflexions dont il n'est pas capable, sont justes chez autrui, & qui le mettent en état d'en faire un bon usage. Ce sont là les meilleurs préservatifs contre une infinité de préjugés, auxquels il se livreroit sans peine, s'il ne devenoit par ce moyen, disposé à les examiner tous, & prêt à s'en dépouiller lorsqu'ils se trouveront faux.

L'esprit foible veut être cultivé plus par l'histoire & par les sciences pratiques, dont les objets sont sensibles, que par les sciences abstraites & métaphysiques ; plus par les discussions de raisonnemens détaillés, que

(*a*) Ce qu'il y auroit en nous de meilleur, après l'esprit, ce seroit de connoître qu'il nous manque ; par-là on feroit l'impossible, on sauroit sans esprit n'être pas un sot, ni un fat, ni un impertinent. *La Bruyere*, tom. *II*, ch. *II*, pag. 51.

par des principes généraux. On doit, en l'inſ-
truiſant, employer ſouvent les comparai-
ſons, & donner en quelque ſorte un corps
aux êtres même ſpirituels. Il faut enfin l'ac-
compagner & le ſoutenir ſans ceſſe, & ne
point l'abandonner de trop bonne heure à
lui-même.

L'eſprit faux peut venir de deux cauſes,
ou du naturel, ou de l'habitude. L'eſprit
faux par habitude n'a manqué que d'être
bien conduit; les meilleurs eſprits mal dirigés peuvent devenir faux. Quant à l'eſprit
faux par le naturel, il diffère des eſprits
foibles en ce que l'imagination & la mémoire ont plus de force dans celui-ci que
dans ceux-là; les idées s'y introduiſent plus
aiſément & s'y conſervent mieux; mais cet
eſprit n'étant pas capable de recevoir une
impreſſion parfaite de toutes les idées, ni
de leur prêter une égale attention, il arrive
que quelques idées partielles venant à s'effacer, les idées totales reſtent incomplettes.
Ainſi, lorſque la réflexion le fait juger, il
ne rencontre pas juſte, parce qu'elle ne lui
fait point tout appercevoir; d'où il arrive

que, prononçant souvent à faux, il se trouve exposé à une infinité de mécomptes. Cela peut encore venir de ce que sa vivacité lui fait saisir les objets d'une maniere trop prompte, pour qu'il puisse les bien examiner.

Ceux qui sont nés avec cette sorte d'esprit ont quelquefois beaucoup de brillant, mais ordinairement peu de solide. Les préjugés leur sont d'autant plus funestes, que tel qui les écoute, séduit d'abord par leurs raisonnemens captieux, dont il ne voit pas le faux, loin de songer à les réfuter, applaudit souvent à leurs sophismes, ce qui flatte leur amour-propre & les laisse toujours dans leur idée. Peu capables d'une longue réflexion, ce qu'ils ne comprennent pas d'abord les rebute. Ils ne peuvent suivre long-temps le fil d'un raisonnement, ils sont plus capables d'érudition que de doctrine. Si ces sortes d'esprits vont au vrai, ce n'est jamais par le plus court chemin. Lorsqu'ils veulent prouver quelque chose, ils ne saisissent jamais l'idée la plus simple, ni la plus à portée, de sorte qu'on les perd souvent de vue pour les voir reparoître bien près de foi.

Tout cela fe remarque dans un enfant qui a de la mémoire, mais qui ne lui rappelle pas les chofes telles qu'il les a d'abord apprifes. Il eſt capable de concevoir & de réfléchir, mais avec peu de juſteſſe ; il a de la vivacité, & il agit conféquemment à fon fentiment ; mais il fent rarement tout ce qu'il faut fentir.

Il faut accoutumer ces efprits à ne jamais fe fier entiérement à leur mémoire, à fufpendre toujours leur jugement juſqu'à ce qu'ils fe foient aſſurés qu'elle ne leur fait rien perdre, enfin à choifir dans leurs raifonnemens le chemin le plus droit, en rappellant par la méditation les idées les plus claires & les plus expreſſives, & toutes celles qui leur feroient échappées. Mais comme il leur eſt difficile de penfer par eux-mêmes, il faut qu'ils s'y excitent par la lecture des bons ouvrages, où il regne beaucoup d'ordre & de netteté.

L'*efprit à talens* joint la vivacité d'imagination à une mémoire heureufe & fidelle ; il faifit tellement un objet, qu'il en eſt tout-à-coup rempli, & fans avoir befoin d'une longue & pénible réflexion pour juger fainement des chofes, il fait bien ce qu'il fait fur le champ.

Cet efprit n'eft pas capable d'une longue application, qui rallentiroit fa vivacité; & d'ailleurs cette application, en lui fourniffant une multitude d'expédiens qui le fatigueroient, feroit caufe qu'il fe détermineroit au plus foible de ces expédiens, ou que, las de choifir, il les rejetteroit tous faute d'en trouver un propre à le fatisfaire.

Les perfonnes qui ont ce caractere d'efprit changent fouvent de penfées & de fentimens, & n'aiment pas à y être gênées; elles prennent des préjugés auffi aifément qu'elles s'en dépouillent; elles font plus propres aux belles-lettres & aux arts qu'aux fciences. Enfin, quelquefois après avoir flotté de préjugés en préjugés, elles tombent dans l'indifférence ou dans l'incertitude.

Les marques qui dénotent ce caractere dès l'enfance, font une grande facilité à apprendre fans beaucoup d'application, une manière d'agir prompte & avifée, féconde en expédiens fubits, & la facilité d'imiter toutes fortes de chofes.

Il faut foigneufement prendre garde que ces fortes d'efprits, en qui la beauté & la vivacité d'imagination fuppléent à la réflexion, ne foient expofés à recevoir des impreffions fauffes ou dangereufes, fi ce n'eft par la manière dont ils voient les objets, du moins par celle dont ils leur font préfentés. Comme ils font accoutumés à juger fur le champ, ce qu'on leur préfente d'un mauvais fens & fous une fauffe apparence, peut les induire en erreur & les porter fouvent à juger fur l'étiquette.

Souvent une mauvaife éducation gâte ces heureux naturels; il faut donc toujours leur montrer le vrai des chofes. il faut peu à peu les accoutumer à le chercher en tout, & les attacher à réfléchir & à méditer, en les exerçant fur des matieres abftraites qui puiffent modérer leur trop grande vivacité : mais un des bons moyens d'en arrêter l'inconftance dans un jeune homme, c'eft de l'habituer, par un fréquent ufage, à rendre

compte de ſes réflexions, c'eſt d'en purger
la ſuperfluité en le déterminant à faire choix
des meilleures par les louanges & l'approbation qu'on leur donne. Ce qui fait ſouvent
qu'ils ne décident point eux-mêmes, c'eſt
qu'ils regardent comme une ſeconde peine
pour eux, de revoir & de comparer enſemble un trop grand nombre de réflexions. Il faut donc le porter de bonne heure
à en corriger l'abondance & à ſavoir préciſément à quoi l'on doit s'en tenir.

ARTICLE III.

De l'Eſprit modéré & de ſes diviſions, l'Eſprit univerſel, l'Eſprit profond & le bon Eſprit.

L'ESPRIT, dans un degré de vivacité
qui l'éloigne également de la lenteur & de
la pétulance, eſt le plus rare & le plus parfait des eſprits. On peut l'appeller *univerſel*,
parce que tous les objets ſont à ſa portée,
qu'il en apperçoit toutes les faces, qu'il en
ſaiſit toutes les différences, qu'il en combine

tous les rapports. A une mémoire auſſi heureuſe que ferme, il joint une imagination à
laquelle rien n'échappe. Pour n'avoir pas
autant de vivacité que celle de l'eſprit à talens, elle n'en eſt que plus exacte. Elle
repréſente les objets avec d'autant plus d'ordre, qu'ils y entrent moins précipitamment,
& laiſſent par conſéquent plus de temps à
la réflexion, qui peut, à loiſir & ſans fatigue,
donner toute l'attention néceſſaire à l'examen des idées.

Cet eſprit ſaiſit ſi bien un principe, qu'il
en tire ou en prévoit ſur le champ toutes
les conſéquences, comme l'œil apperçoit
tout d'un coup tous les traits d'un tableau,
tant la perception des idées ſe fait nettement
en lui, & tant il en fait aiſément la compa-
raiſon.

Il n'y a pas de bonnes impreſſions dont
il ne ſoit ſuſceptible, & il eſt aiſé de prévenir ou d'effacer en lui les mauvaiſes. Il
penſe promptement, il médite ſans peine,
& lorſqu'il s'applique aux ſciences, il ſent
ſi bien le rapport qu'elles ont entr'elles, il
apperçoit de ſi loin les conſéquences de leurs

principes que, quoiqu'il ne les étudie pas à
fond, il comprend en général quel est l'objet de chacune, & quelle est leur maniere
d'en raisonner. Le propre de l'esprit uni-
versel, c'est de parler de tout si à propos &
avec tant de sagacité, qu'il surprenne également les ignorans & les savans, & que
tous conviennent qu'il ne lui est pas difficile
de faire par lui-même les plus sublimes recherches.

Son caractere de grandeur & de supériorité a des signes si remarquables, qu'il est
facile de le reconnoître, même dès la tendre
enfance; mais il n'y a guère que ceux qui
lui ressemblent qui puissent bien l'apprécier;
le vulgaire, qui prend souvent l'apparence
pour la réalité, ne sait en juger que par caprice. Avec tant de rares qualités, il n'est
rien à quoi il ne soit propre ; il n'a besoin
que d'un bon guide pour faire promptement
beaucoup de progrès. Les préjugés ne sont
pas dangereux pour lui, parce qu'il les reconnoît & s'en débarrasse aisément ; il faut
pourtant faire en sorte qu'ils ne le retardent
point & ne lui donnent des peines qu'on
auroit

auroit pû lui épargner, en le préfervant de leur atteinte.

C'eft ainfi que l'efprit humain péche, dans les uns par excès de vivacité qui dégénere en foibleffe, femblable à ces liqueurs fpiritueufes, qui s'évaporent par la trop grande activité de leurs parties. Dans d'autres diftribué à certaine mefure de modération & de force, il s'éleve peu-à-peu jufqu'au jufte milieu qui en fait toute la perfection. Au-delà, il tombe dans la lenteur à mefure qu'il a moins de foupleffe. Si cette lenteur n'eft pas confidérable, l'efprit médite & répare, par le travail, le défaut de mobilité. Enfin, fi trop de lenteur lui permet peu de s'étendre, il peut du moins acquérir les connoiffances les plus utiles à l'homme pour la conduite de la vie, & c'eft alors ce qu'on appelle le bon efprit, ou, encore mieux, le fens commun.

L'efprit profond eft celui qui fait le mieux pénétrer une idée, qui creufe ce qu'elle a de plus obfcur, & qui porte la réflexion jufqu'au dernier terme où elle peut aller.

« Quiconque a l'efprit véritablement

» profond, dit M. de Vauvenargue, doit
» avoir la force de fixer fa penfée fugitive,
» de la retenir fous fes yeux pour en confi-
» dérer le fond, & de ramener à un point
» une longue chaîne d'idées. C'eft à ceux
» principalement qui ont cet efprit en par-
» tage, que la netteté & la juftefle font
» plus néceffaires. Quand ces avantages leur
» manquent, leurs vues font mêlées d'illu-
» fions & couvertes d'obfcurités ; & néan-
» moins, comme de tels efprits voient tou-
» jours plus loin que les autres dans les
» chofes de leur reffort, ils fe croient auffi
» bien plus près de la vérité que le refte des
» hommes. Mais ceux - ci ne pouvant les
» fuivre dans leurs fentiers obfcurs, ou
» remonter des conféquences jufqu'à la hau-
» teur des principes, ils font froids & dédai-
» gneux pour cette forte d'efprit qu'ils ne
» fauroient mefurer ».

L'efprit profond eft naturellement médi-
tatif. Il fe remarque à l'extérieur dans le
jeune âge par un air férieux & le regard fixe;
dans fes opérations, par la facilité qu'a un
enfant de faifir des idées compliquées, par

la préférence qu'il leur donne fur des idées plus fimples, & enfin par la force qu'il a d'aller plus loin que fes camarades dans la découverte & la comparaifon de leurs rapports.

Comme cet efprit marche d'ordinaire fans guide dans des routes obfcures, rien n'eft plus néceffaire, pour l'empêcher de s'égarer, que de lui apprendre de bonne heure à s'orienter, je veux dire qu'on doit l'accoutumer à ne jamais tirer de conféquences qu'il ne foit bien affuré des principes, à ne pas faire un pas en avant qu'il ne connoiffe tout ce qu'il a parcouru, & enfin à n'admettre comme certaines que les notions dont il aura vérifié toutes les parties.

Le bon efprit eft une lumiere trop foible pour nous faire voir les objets à une grande diftance, elle oblige la vue de fe borner aux plus près; mais au moins elle nous fait bien connoître ceux qui font autour de nous & qui nous font les plus utiles, & fi elle ne peut nous tirer du pair, elle eft fuffifante pour nous éclairer dans l'adminiftration de nos affaires. Ceux qui ont en partage cette forte d'efprit forment la claſſe des hommes médiocres ; ils ne s'élevent point à une hauteur remarquable, mais ils ſe trompent rarement ; leur propre médiocrité leur ſert de ſauve-garde, la crainte de faillir les empêche de s'égarer.

De tous les caracteres d'efprit, celui-ci eſt le moins ſaillant dans l'enfance ; comme il ne va, en quelque ſorte, que terre à terre, il ne donne jamais dans l'excès ; il ſaiſit aſſez bien les idées ſimples qui ſont à ſa portée, les autres ſont nulles pour lui ; tout ce qui demande de la vivacité, de la profondeur, de la contention d'efprit, demeure à ſes yeux comme enveloppé d'un ſombre nuage, il ne voit rien au-delà, il ne cherche pas même à le pénétrer.

La ſeule précaution à prendre pour donner à ce caractere toute ſon extenſion, c'eſt de ne jamais lui offrir que des connoiſſances qui lui ſoient analogues, c'eſt de n'en exiger que ce qu'il peut. En voulant communiquer à ſes facultés plus d'énergie qu'elles n'en promettent, on ne réuſſiroit qu'à l'affoiblir. Il faut le mener à petit pas ſans le contraindre ; tenter de le tirer de fa fphere, c'eſt moins lui communiquer plus de grandeur, que s'efforcer de le rendre nul.

ARTICLE IV.

De l'Eſprit lent & de ſes diviſions, l'Eſprit embarraſſé & l'Eſprit tardif.

L'ESPRIT lent eſt celui dont les organes n'agiſſent pas librement dans leurs opérations, ſoit qu'ils aient peu de ſenſibilité, ou qu'ils ſoient peu flexibles, ſoit que ſe trouvant trop épais, ils ne lui laiſſent point la facilité requiſe pour faire ſes fonctions.

Ces défauts de mobilité plus ou moins conſidérables dans les organes, forment toutes les nuances de l'eſprit lent. Si l'imagination lui préſente les objets d'une maniere confuſe, l'eſprit devient embarraſſé, & l'irréſolution en eſt la ſuite. Si l'eſprit lent eſt foible, cette irréſolution le rend ſottement crédule ; elle produit un effet contraire dans l'eſprit embarraſſé. Il eſt d'autant plus difficile de le perſuader ou de le convaincre, qu'il eſt plus difficile à émouvoir, & que ses bornes sont plus étroites : delà le petit esprit qui par différens degrés devient enfin ou grossier ou stupide.

Il est à remarquer qu'il y a des esprits lents & embarrassés dans les premieres années, qui ne le sont pas toujours manque de délicatesse d'organes ; mais souvent par la lenteur avec laquelle les organes croissent ou se développent, & c'est ce qu'on appelle *esprits tardifs*.

Il me seroit inutile d'entrer dans un plus long détail, sur les défauts d'esprit qui viennent du peu de souplesse ou de mobilité des organes ; parce que ces défauts sont plus faciles à remarquer que les défauts contraires. Un esprit foible, mais vif, un esprit faux, mais brillant, nous en imposent quelquefois ; mais on ne peut guère se méprendre sur les défauts d'un esprit, dont la pesanteur forme le caractere, & qui agissant avec moins de promptitude nous laisse appercevoir sans peine tous les vices de ses mouvemens.

A l'égard des préjugés, ils leur sont

très-funestes. Une fois qu'ils ont pénétré dans ces sortes d'esprits, ils font d'autant plus difficiles à extirper, qu'ils ont eu plus de peine à s'y introduire ; semblables aux caracteres taillés dans une matiere dure, qui s'effacent moins aisément lorsqu'il a fallu plus d'effort pour les y graver.

La résistance de ces esprits ne peut se vaincre que par le travail & l'exercice, c'est contr'elle qu'il faut employer l'éperon, c'est-à-dire, tous les stimulans de l'émulation les plus propres à piquer vivement & à éveiller l'ame ; car il importe sur-tout de les tirer de leur engourdissement, tant qu'un âge favorable laisse aux organes plus de flexibilité. Il faut dompter leur dureté grossiere pour les rapprocher de ceux qui ont du moins du bon sens. On peut employer dans cette vue, les moyens dont on se sert pour cultiver les esprits trop vifs, mais néanmoins avec cette différence qu'il faut en user sobrement pour ceux-ci & leur donner pour les autres toute l'activité possible.

O iv.

CHAPITRE III.

DE L'INSTRUCTION PROPRE A TOUTES LES CONDITIONS.

ARTICLE PREMIER.

Les Connoissances qui doivent être communes commencent par la lecture.

EN attendant que j'entre dans le détail des connoissances particulieres, qu'on pourra donner aux enfans qui sont au-dessus du commun, soit par leurs heureuses disposi-tions, soit par la place ou les richesses de leurs parens, n'oublions pas que l'éducation dont nous traitons ici, ayant pour objet tous les enfans des Citoyens susceptibles d'instruction, & tendant à former des hom-mes propres à tous les états, nous devons d'abord parler de ce qui peut convenir & doit être commun à tous. Commençons donc par la bafe de tout enfeignement, je veux dire, par la lecture.

Dès qu'un enfant a acquis la faculté de la parole, dès qu'il s'énonce diftinctement & qu'on peut facilement comprendre tout ce qu'il dit, il faut lui apprendre à lire. Je fuis ici du fentiment de Locke ; mais je ne le fuis pas de même fur les moyens qu'il croit devoir employer pour mieux réuffir. Il veut qu'on faffe connoître & qu'on apprenne les lettres aux enfans avec des dez. L'Auteur d'Emile qui le défapprouve en cela, propofe de faire déchiffrer à fon éleve des billets écrits au petit bon homme pour l'inviter à des parties de plaifir. La plupart des hommes eftimables qui fe font occupés de l'objet effentiel de l'éducation, connoiffant le défaut de la méthode vulgaire d'apprendre à lire à un enfant par devoir, ont voulu que le plaifir & la curiofité fuffent fes premiers Maîtres. Dans ce deffein, les uns ont inventé le Bureau Typographique ; d'autres ont imaginé des tableaux où ils ont peint les lettres & les fyllabes ; d'autres enfin ont cru en accélé-

O v

rer la connoiſſance par des jeux différens.
Ils ont tous proſcrit la routine. Les nouvelles méthodes qu'ils ont préſentées peuvent être bonnes à certains égards ; cependant comme elles demandent toutes des
apprêts embarraſſans , qu'elles ne menent
point au but auſſi vîte-que je le deſire, &
qu'elles ne renferment ſur-tout qu'un ſeul
objet d'utilité , aucune d'elles ne ſera la
mienne. La vulgaire me déplaît néanmoins
autant qu'à eux ; mais je vais en propoſer
une de mon invention dans l'article ſuivant,
qui joignant à la ſimplicité bien d'autres
avantages , méritera peut – être qu'on l'a-
dopte.

ARTICLE II.

Nouveaux élémens d'Inſtruction , nouveau Livre.

LORSQU'ON porte un regard attentif
ſur la maniere d'enſeigner les hommes,
employée juſqu'à préſent , on croit s'appercevoir que dans l'inſtruction qu'on leur a

donnée, on n'a confidéré l'homme que comme un être purement intellectuel, fans vouloir fe fouvenir que c'eft par les organes qu'il reçoit fes idées, & que le fentiment feul les fixe dans fa mémoire. On ne s'eft occupé qu'à parler à l'efprit, au lieu de parler d'abord aux fens, & l'on n'a guère employé, pour lui donner des idées, que les mots & les caracteres alphabétiques, fignes abftraits des objets, images foibles & infuffifantes, qui ne nous les repréfentent qu'imparfaitement. On auroit pu voir néanmoins que l'homme eft né fenfible avant de fe montrer intelligent & raifonnable, & que la voie la plus courte de lui donner la connoiffance des objets & des rapports de ces objets entr'eux, étoit de la lui faire parvenir immédiatement par les organes que la Nature a deftinés à cet office. En effet, nous acquérons bien mieux cette connoiffance par notre propre expérience, que par les leçons que nous recevons d'ailleurs.

Lorfque les chofes font préfentes, elles ne manquent point de faire impreffion fur nos fens, qui nous font éprouver quelles elles

O vj

font, comme par la vue nous diſtinguons
les couleurs, & par l'ouie les ſons différens;
& quand les choſes ſont abſentes & élci-
gnées, nous ne pouvons les connoître que
par les diſcours qu'on nous fait, ou par les
livres; mais il y a cette différence entre ces
deux manieres d'appercevoir les choſes, que
l'idée que nous recevons d'une choſe qui
tombe ſous nos ſens, eſt l'idée de la choſe
même, au lieu que celle que nous recevons
par le diſcours, ou des ſignes de convention, eſt plutôt l'idée de ces ſignes repré-
ſentans, que de la choſe repréſentée; auſſi
voyons-nous qu'après avoir entendu ou lu
quelque choſe, nous en avons bien véritablement une idée que nous gardons; mais
que ſi le haſard vient à nous préſenter cette
choſe réellement, l'idée que nous en con-
cevons eſt bien plus juſte, & ſe trouve différente de la premiere. Notre eſprit s'attache
plus à la repréſentation réelle d'une choſe,
qu'au ſimple récit qu'on nous en fait. L'idée
qui nous vient par nos propres ſens eſt ori-
ginale, & l'autre n'eſt qu'une copie, qui
ſouvent eſt informe & fautive, ſuivant la

perfonne ou le livre dont nous la tenons.

Ces confidérations préliminaires une fois établies, il eft facile de démontrer que les idées des chofes que nous donnons aux enfans par la maniere en ufage de les inftruire, & fur-tout par la lecture, ne peuvent leur parvenir ni fi facilement, ni fi juftes qu'elles leur parviendroient par la repréfentation immédiate ou plus fidelle des objets ; que les premiers élémens de la lecture & des lettres, les fignes alphabétiques leur font préfentés d'une maniere trop ifolée & trop abftraite, & par cela feul demeurent long-temps à fe graver dans leur mémoire, & encore plus à fe combiner enfemble & à fe lier dans leur efprit aux chofes que les mots repréfentent.

Il eft évident, après cela, que c'eft rendre un grand fervice aux hommes que de reprendre, pour les inftruire, la voie courte & affurée que la Nature nous indique, & qu'un Livre élémentaire qui, en enfeignant à lire aux enfans, leur offriroit en même temps l'image des objets défignés, leur en montreroit la forme, leur en apprendroit l'utilité & l'importance, leur en feroit voir la liaifon & la valeur dans la société, mériteroit d'être regardé comme un des préfens les plus précieux qu'on puiffe leur faire.

Ce Livre important & j'ofe dire néceffaire, dont j'ai depuis long-temps conçu l'idée & formé le deffein, que j'ai annoncé dans un autre Ouvrage d'éducation, & dont je vais m'occuper inceffamment, doit être compofé d'un certain nombre de planches enluminées (a), qui repréfenteront les ob-

---

(a) Il femble, au premier coup-d'œil & fur la fimple annonce que je fais de ce Livre, qu'il n'y a pas d'ouvrage plus fimple, & qui demande moins de fcience & moins de contention ; mais je puis affurer au contraire, après m'en être occupé bien des années, qu'il exige de grandes vues, des principes affurés & une longue férie de combinaifons & de rapports. Il fera fimple, il eft vrai, & même fi fimple, qu'il eft étonnant qu'on ne l'ait point encore imaginé, ou du moins exécuté ; mais il n'en fera pas plus facile. Les gens inftruits favent que l'efprit de l'homme ne va au fimple que quand les autres manieres d'être font, pour ainfi dire, épuifées, qu'il aime à voyager au loin, pour chercher ce qu'il a quelquefois fous les yeux, & ils

jets les plus néceſſaires à connoître ; d'a-
bord les plus ſimples avec leurs dépendan-
ces, enſuite ceux qui y tiennent de plus

---

n'ignorent paſ que le ſimple eſt d'autant plus difficile à ſaiſir, qu'il eſt plus près de la nature. Tel a
été mon Livre d'élémens, l'idée ſeule m'en a charmé;
mais lorſque j'ai voulu en arranger le plan, & qu'il
m'a fallu deſcendre dans le détail de l'exécution,
la vue des difficultés qui ſe ſont alors montrées, &
celle de mon inſuffiſance, m'ont ſurpris & découragé. J'aurois entiérement abandonné cet ouvrage
ſans les chaudes exhortations de quelques amis,
qui poſſedent de rares connoiſſances. Ils ont bien
voulu me promettre le ſecours de leurs lumieres,
tandis qu'un grand P...... qui s'occupe ſérieuſement
du bonheur des hommes, ayant appris mon deſſein, m'a fait eſpérer ſa protection, & qu'il con-
tribueroit aux dépenſes aſſez conſidérables qu'exigent la gravure & l'impreſſion de ce Livre. Ranimé
par cette aſſiſtance, & moins rebuté par ma foibleſſe, qu'enhardi par le deſir de me rendre utile,
je vais m'occuper entiérement du Livre élémentaire,
lorſque l'impreſſion de celui-ci ſera finie. Au reſte,
d'après l'idée que j'ai conçue du Livre que j'annonce, je puis dire que je crois fortement qu'on
n'en a pas encore fait un ſi généralement utile à
la Jeuneſſe.

près, & enfin les plus compliqués & d'une nécessité moins absolue. Il sera divisé en plusieurs parties, afin d'en proportionner les leçons aux différens âges & aux divers esprits. Les objets peints dans chaque feuille ou tableau, seront distingués les uns des autres, lorsqu'il y en aura plusieurs à la fois, par des numéros qui servant de renvois, indiqueront au bas de l'estampe, le nom de chaque objet numéroté. Ces noms en gros caractere, & gravés le plus nettement qu'il se pourra, ne seront pas seulement exprimés en françois; mais en grec, en latin, en italien, en anglois, en allemand, &c. & assemblés par une accolade, ils marqueront qu'ils appartiennent tous à la même chose. Le premier nom de l'échelle, sera toujours pris dans l'idiôme naturel de l'enfant qu'on veut instruire, en sorte que si l'enfant est Anglois, le premier mot sera anglois, s'il est Allemand, allemand, &c. afin que le nom connu de l'enfant serve à lui indiquer, au premier coup d'œil, la chose représentée. Les idiômes qui suivront ensuite doivent être ceux qui ont plus d'affinité avec le premier , & feront placés en raifon de cette proximité , afin qu'on puiffe également faifir fans effort & fans peine tous les rapports étymologiques de ces Langues. Pour un François, par exemple , le nom françois fera en tête , & le grec, le latin , l'italien viendront enfuite , comme étant de la même famille ; mais pour un Allemand ce fera l'anglois qui fuivra immédiatement fa Langue maternelle, & réciproquement pour un Anglois, ce fera l'allemand. Chaque idiôme diftingué par fa place, le fera encore par le caractere employé pour l'exprimer. Les lettres du nom françois , feront gravées d'après la forme de celles de l'écriture batarde ; celles de l'anglois, plus déliées & plus hautes , imiteront l'écriture angloife ; les lettres gothiques , ferviront pour l'allemand ; l'italien, aura l'italique pour appanage ; le grec, les caracteres propres à cette Langue , & enfin les lettres romaines appartiendront au latin.

L'explication du tableau , ou le difcours néceffaire à en donner l'intelligence , placé en face de l'eftampe , y fera contenu en

colonnes & dans autant de Langues employées de l'autre part. Ce difcours auffi
fuccinct & auffi fimple qu'on pourra le faire,
ne s'étendra qu'en raifon de la multipli-
cité & de la complication des objets qui
en feront la matiere, il fera comme le fil
qui les liera entr'eux.

Voilà l'expofition de mon Livre élémentaire. Suppofons-le fait pour un moment,
& voyons l'emploi que nous en ferons. On
doit fe fouvenir ici que nous avons avancé
comme un principe folide d'éducation, que
lorfqu'on veut apprendre quelque chofe à
un enfant & le bien graver dans fa mémoire, le meilleur moyen à employer, eft
de piquer fa curiofité pour cet objet, en
excitant en lui un grand defir de le connoître. Cela pofé, voici l'application que
nous en pouvons faire lorfqu'il fera queftion
de faire ufage de ce Livre. La premiere fois
qu'on le fera paroître, on aura foin d'attendre le moment, où l'enfant fatigué de
fes jeux & de fes divertiffemens, eft plus capable de retenue & d'attention. On le montrera comme fans deffein. Un nouvel objet

attire la vue, un objet qui plaît la détermine & la fixe ; on sait que les images & les gravures ont eu droit de tout temps de plaire aux enfans ; quand vous en présenterez à votre éleve, vous devez être sûr de fixer son attention & sa curiosité. Dès que le Livre est ouvert, que la couleur, la symmétrie, la variété des images a frappé ses regards, il s'approche du Livre, il veut voir de plus près, il veut toucher, il voudroit par tous les sens, faire passer à son ame l'idée de l'objet qui le charme.

Ce sont des hommes ; ce sont des animaux, des poissons, des oiseaux & d'autres objets qui lui sont présentés ; il ne les connoît qu'imparfaitement, il desire avec ardeur de les connoître. La premiere idée qui lui vient en voyant ces figures, c'est de savoir ce que c'est, & sa premiere demande est toujours conforme. Un Maître ne s'empressera pas d'abord de répondre à ses questions, ou répondra de maniere à piquer encore plus sa curiosité naïve.

Je pense que vous auriez bien du plaisir de connoître cet animal, & cet oiseau, ...

& cet autre . . . & celui-ci . . . & celui-là. —
Comment l'appellez - vous ? ⸗ fon nom
eſt là-deſſous. — Je voudrois bien l'apprendre. ⸗ Eſt-il bien vrai que vous veuillez
l'apprendre, — oui je vous aſſure ; ⸗ eh
bien ! cela n'eſt pas bien difficile : appro-
chez - vous. Il s'approche avec une curieuſe
émulation.

Alors le Maître en portant le doigt ſur
le nom, lui en montre les lettres, les lui
fait répéter, dit tout doucement ce nom
qu'on veut connoître : l'éleve le répete, le
Maître redit encore ce mot à ſon éleve
pour l'en faire ſouvenir, lui en attribue
l'invention comme ſi celui-ci l'avoit effec-
tivement trouvé, applaudit à ſa facilité &
à ſon adreſſe. L'enfant ſe perſuade ſans
peine & ſans ſe douter de rien, que ce
qu'on veut lui faire croire pour l'encourager eſt la vérité même ; il ne ſe ſent pas
de joie de cette premiere épreuve. Le ſuccès l'anime davantage & lui donne plus
d'envie de recommencer. On s'eſſaie ainſi
ſur deux ou trois noms, mais comme ces
noms ſont différens, & que l'attention de

l'enfant trop partagée fur diverfes figures ne lui laifferoit plus une impreffion fûre & une idée diftincte de ce qu'il auroit vu, le Maître adroit ferme le Livre (*a*). Les livres ne font pas faits pour les enfans, lui dira-t-il : cependant comme je vous aime , je pourrai quelquefois vous permettre de voir celui-ci, afin que vous puiffiez m'apprendre le nom des chofes que vous y aurez vues.

Je gagerois qu'après cette expérience l'en-

(*a*) Il faut craindre , dit M. l'Abbé de Condillac, d'étouffer la curiofité des enfans , en n'y répondant pas ; mais il ne faudroit pas afpirer à la fatisfaire entiérement. Quand un enfant veut favoir des chofes hors de fa portée , les meilleures raifons ne font pour lui que des idées vagues , & les mauvaifes , dont on ne cherche que trop fouvent à le contenter , font des préjugés dont il lui fera peut-être impoffible de fe défaire. Qu'il feroit fage de laiffer fubfifter une partie de fa curiofité, de ne lui pas dire tout , & de ne lui rien dire que de vrai ! Il eft bien plus avantageux pour lui de defirer encore d'apprendre , que de fe croire inftruit lorfqu'il ne l'eft pas , ou , ce qui eft plus ordinaire , lorfqu'il l'eft mal.

fant brûlera du defir de revoir le Livre, &
de pouvoir apprendre à fon Maître quelqu'autre nom. Il regardera comme une grace la permiffion de s'en occuper. Il en fera
bientôt fes plus cheres délices.

ARTICLE III.

Précautions néceffaires dans la nouvelle
maniere d'apprendre à lire à un Enfant.

DANS les premiers temps où l'on fera
ufage du nouveau Livre, fi on voit que l'enfant ne regarde que la figure & ne s'occupe que d'elle, il faut bien fe garder de lui
défendre de la confidérer à fon aife. Lorfqu'on ne voudra pas fermer le Livre, il fera
bon de le diftraire avec adreffe de fon application, pour le ramener à ce qu'on veut. Le
Maître pourra feindre, par exemple, d'avoir
oublié les lettres qui compofent le nom. Je
ne me fouviens plus de ce nom que vous
m'aviez appris, lui dira-t-il, comment
appellez-vous cet A ? A, répondra l'enfant
ingénu & tout joyeux de ce qu'il croira favoir. Le Maître répétera encore après lui;

mais, ajoutera-t-il, je pourrois peut-être l'oublier encore, montrez-m'en quelqu'autre qui soit fait & qui s'appelle de même; en parlant ainsi, il le lui montrera, sans faire semblant d'en avoir l'intention. Plus il sera l'ignorant, plus il est croyable que l'enfant se fera une gloire & un plaisir de l'instruire. Par ce moyen simple & facile ou autre semblable, l'enfant apprendra non-seulement les lettres de l'alphabet; mais encore à lire d'une maniere très-prompte, & sans qu'il puisse s'appercevoir qu'on a eu le dessein de l'enseigner.

Ne regardez pas, je vous prie, ô vous! qui savez tant de choses, ces détails comme minutieux & de peu d'importance. Les temps où vous appreniez à lire sont déja loin de vous; vous vous souvenez légérement des peines qu'alors vous avez éues, & de celles que vous avez causées. Peut-être avez-vous montré plus de facilité que bien d'autres; mais si vous avez observé comme moi, les difficultés attachées aux premiers élémens du savoir, la lenteur naturelle de l'esprit dans le bas âge, & le temps confidérable qu'on employe d'ordinaire à nous former à la lecture, vous verrez que ce n'est pas peu de chofe d'être venu à bout d'applanir les premiers pas d'une carriere fi pénible (*a*), & d'avoir couvert de fleurs & de gazon, cet efpace autrefois femé d'épines.

Si quelqu'un en applaudiffant à mon zele, prenoit ce que je dis pour exagéré; fi en convenant que ma méthode eft nouvelle, il la regardoit comme futile; s'il me demandoit comment faire paffer les enfans du Livre figuré à ceux qui ne le font pas; s'il prétendoit enfin, que lorfque le figne ne

---

(*a*) Il me femble qu'on doit quelque reconnoiffance à ceux qui s'occupent de ces objets, & fur-tout à celui qui préfente des moyens fimples de nous inftruire. De quelle importance ne paroîtra pas le Livre que j'annonce? Malgré notre orgueil fcientifique, il faut convenir que nous n'avons pas encore un Livre élémentaire d'éducation. Celui-ci le fera dans toute l'étendue du mot, & convenable à tous les lieux, à tous les temps & à tous les états, il pourra fuppléer à ce qui nous manque à cet égard.

fera

fera plus accompagné du plaifir que caufe aux enfans la chofe fignifiée, ils s'en dégoûteront auffi-tôt, je pourrois lui répondre que la vue & fur-tout l'ufage du Livre figuré, convaincront ceux qui doutent de la vérité de ce que j'avance. Du refte, je penfe que fi on préfentoit aux enfans un autre livre fans précaution, il ne leur feroit pas auffi agréable que celui que je propofe, & je n'ai pas le deffein de leur en offrir d'autres, qu'ils ne fachent bien lire & ne connoiffent parfaitement le premier; mais quand les objets qu'il contient feront une fois gravés dans la mémoire d'un enfant, & qu'ils auront agrandi la fphere de fes idées, j'ai lieu de me perfuader qu'il paffera fans peine à la lecture des autres livres, & que loin de fe montrer indifférent fur les chofes qui en font la matiere, il s'amufera des nouveautés intéreffantes qu'ils lui offriront; parce qu'il pourra dèslors appercevoir les rapports même éloignés qu'elles auront avec les idées qu'il tient de fon Livre élémentaire.

En lui montrant le Livre figuré, on peut

donc se préparer les moyens assurés de lui
faire voir les autres livres avec succès, &
plus d'impatience encore qu'il n'en témoi-
gne pour le premier. Qu'on lui dise, par
exemple, que les livres nous parlent; qu'ils
nous racontent souvent les choses les plus
belles & les plus agréables, mais qu'à son
âge il n'est pas permis de les entendre;
que ce n'est qu'à proportion qu'un enfant
grandit & lorsqu'il le mérite, que ses parens consentent par fois, à lui laisser le
plaisir d'apprendre quelque chose de ce que
les livres peuvent nous enseigner. On tien-
dra de la sorte, ou par de semblables stra-
tagêmes, son esprit & sa curiosité toujours en
haleine; il dévorera dès-lors en idée tout
ce que les livres peuvent lui dire de beau
dans la suite.

ARTICLE IV.

Utilité générale du nouveau Livre.

CE qui doit faire approuver la nouvelle
méthode que je propose, c'est qu'elle est

facile, amufante, & fur-tout fans exemple, par les nombreux moyens d'inftruction qu'elle renferme dans fa fimplicité. Faites-en ufage pour votre éleve; fi vous le menez avec adreffe & qu'il ait de la mémoire, vous le verrez bientôt non-feulement apprendre à lire avec rapidité, mais, en quelque façon, à connoître tout ce qui peut s'offrir à nos yeux dans la Nature; à fentir les rapports qui lient entr'eux tous ces objets, & enfin à fe faire une idée jufte & comme un tableau des travaux de l'homme, & de l'emploi qu'il fait dans les arts de tous les objets fenfibles. Si on avoit déja introduit dans l'éducation une méthode auffi fenfée, on ne verroit pas tant de citadins montrer une profonde ignorance fur tout ce qui frappe leur vue au fortir des grandes Villes. On en voit tous les jours qui n'ont pas connoiffance des productions de la terre les plus communes, des travaux qui les font naître ou les mettent en œuvre, ni des outils qu'on y employe; qui ne favent point que le pain fe feme & que le vin fe plante, que l'un & l'autre demandent un cercle labo-

rieux de foins, & fur-tout de dépenfes, &
qui enfin font fi neufs fur toutes les chofes
les plus néceffaires à la vie, qu'ils ne peuvent fouvent faire la différence des œuvres
de l'art à celles de la Nature, & penfent,
comme on dit, que les gourdes fe font
comme les barils.

N'oublions pas, dans les avantages de
notre Livre, que le nom de la chofe étant
toujours numéroté, écrit dans diverfes Langues & avec différens caracteres, l'enfant
connoîtra bientôt les nombres (*a*), pourra
enfuite imiter les caracteres de ces noms, &
fur-tout aura la commodité de dénommer les
chofes de bonne heure dans les Langues
qu'on veut lui faire apprendre. On doit concevoir qu'un ufage fréquent du Livre, la
foigneufe habitude d'en fuivre les explica-

(*a*) Non-feulement les nombres & leur combi-
naifon, mais la racine quarrée de ces nombres.
Quelle difficulté y aura-t-il de lui démontrer, par
la fimple vue, que 9 eft la racine quarrée de 3,
16 celle de 4, & 25 celle de 5, &c. Où il ne
faut qu'un coup d'œil, le raifonnement eft inutile.

tions, donneront à notre éleve une facilité merveilleuse pour connoître tous ces idiômes, & que fi on fuit avec foin ma didactique, il n'aura pas plus de peine à fe les rendre familiers, qu'il n'en a eu déja à apprendre à lire. L'étude en fera moins une occupation pour lui qu'un badinage; il ne s'effarouchera pas alors des objets d'inftruction qu'on mettra fous fes yeux, ni de la maniere de les lui faire voir. Au lieu de commencer les leçons de latin par la déclinaifon de *Mufa* (a), comme on fait par

---

(a) « Il n'y avoit que des pédans bien abfurdes
» & peu réfléchiffans, qui puffent commencer par
» ces mots un livre deftiné à des enfans, qui ne
» favent ni ne peuvent comprendre ce que c'eft
» que la *Mufe*, & par rapport auxquels la néceffité
» de répéter ce mot, auffi barbare pour eux que
» celui de *Mufa*, ne préfente qu'un afferviffement
» injufte & ennuyeux. Entre plufieurs enfans qui,
» du plus au moins, ont effuyé la même diffi
» culté, nous en avons fur-tout remarqué un qui,
» fans être mieux conftitué qu'un autre, n'étoit
» cependant pas abfolument dénué de mémoire,
» & qui avoit paffé un temps fort confidérable fans

tout, on dédaignera de lui préfenter ce mot, abfolument abftrait pour un enfant,

» pouvoir apprendre un mot des déclinaifons, pré-
» cifément à caufe de l'exemple ridicule par lequel
» on les commence. Il alloit demandant à tout le
» monde, qu'eft-ce que veut dire *Mufa* la Mufe?
» Et tout le monde lui faifoit des réponfes ininctelli-
» gibles qui le défefpéroient & le dégoûtoient tou-
» jours davantage du Rudiment. M. Viard, Maître
» de Penfion cèlebre, & beaucoup plus fenfé que
» ne l'avoient été les premiers Inftituteurs de cet
» enfant, conçut d'où venoit cet embarras : il lui
» fit donner le Rudiment de l'Abbé Vallat, où la
» premiere déclinaifon a pour exemple *Rofa*, la
» Rofe. L'énfant vit alors très-bien qu'il s'agiffoit
» de nommer en latin les rofes, qu'il connoiffoit
» à merveille, & qu'il aimoit beaucoup; cela lui
» fit prendre de l'intérét à fa leçon, & en moins
» de trois jours il fut complettement les cinq dé-
» clinaifons latines, dans toutes leurs terminai-
» fons ».

Voila ce que raconte de lui-même l'Auteur des Ephémérides du Citoyen, tome I I, de l'année 1769. Il dit encore à ce fujet : « Cet exemple fi
» mal choifi pour la premiere déclinaifon, eft une
» pédanterie myftique qui a déterminé la préfé-
» rence qu'on lui a donnée. Le Rudiment étoit,

& auquel il n'attache aucune idée, parce qu'il ne connoît pas mieux la chofe fignifiée que le figne ; mais on l'appliquera à la connoiffance des *fubftantifs* qui font à fa portée, c'eft-à-dire, aux noms des chofes qui lui font le plus familieres, & il les faura bientôt dans tous les idiômes que fon Livre doit lui offrir.

» aux yeux des Grammairiens modernes qui ont » effayé de nous apprendre le latin, *le chemin du* » *temple des Mufes ;* il leur a paru naturel de le » commencer fous leur protection. Ils ont trouvé » une grande fineffe à faire invoquer les Mufes » par les écoliers commençans, &c...... Tout cela » a été vifiblement arrangé par des enfans beau- » coup trop vieux, & qui avoient le génie beau- » coup trop court pour favoir ce qui convient à » de jeunes enfans dont on veut faire des hom- » mes, & chez lefquels il y a de l'étoffe pour » cela ».

ARTICLE V.

*Méthode pour apprendre à écrire à un
Enfant, d'après le Livre figuré.*

LA lecture, le premier & le plus pénible
objet de l'éducation ordinaire, ne devant
pas occuper long-temps notre éleve, s'il
fait usage du Livre figuré, l'écriture, bien
moins difficile par elle-même, ne lui offrira
qu'une occupation aussi agréable qu'aisée,
si les leçons qu'on lui en veut donner sont
aussi tirées du même Livre. Beaucoup de gens
pensent qu'il faut des soins plus assidus pour
enseigner à écrire à un enfant, que pour
l'accoutumer à lire ; ils prétendent, pour
soutenir leur opinion, qu'il ne lui suffit pas,
pour apprendre à former des caractères & à
les lier entr'eux, d'avoir à cet âge de la conception & de la curiosité, mais que la patience
est sur-tout nécessaire aux jeunes gens,
parce que l'écriture exige d'eux une exécution lente, très-capable de les rebuter. Il est
pourtant facile de se convaincre par le

raisonnement & sur tout par l'expérience, que les difficultés de l'écriture sont bien moindres que celles qu'on a jusqu'ici trouvées en apprenant à lire. En effet l'écriture est une bagatelle dans l'éducation, comparée à la lecture, elle plaît bien plus aux enfans que celle-ci; il n'y a guère que les esprits naturellement paresseux & indolens qui ne s'y adonnent plus volontiers, & la raison en est simple; en lisant, les enfans ne font que suivre de l'œil les caracteres d'un livre, qu'ils laissent à la fin de la lecture tel qu'ils l'ont trouvé. Ce n'est point une action pour eux; au lieu qu'ils créent, pour ainsi dire, les lettres qu'ils forment. Cette nouvelle existence les flatte davantage, elle convient beaucoup mieux à leur esprit remuant (*a*).

(*a*) Tous les enfans, & particuliérement les garçons d'un caractere vif & bouillant, aiment le mouvement, le bruit, le tracas; la Nature, qui cherche à étendre & à développer leurs membres, leur donne une agitation continuelle pour les faire croître; elle a mis d'ailleurs dans leur ame le desir de connoître & l'envie de pouvoir; delà la

Que nous changions de méthode ; fi au véhicule ordinaire nous ajoutons la curio-fité & la commodité du Livre, nous ap-prendrons à écrire bien plus promptement à notre éleve. Il n'y aura donc qu'à faire ufage, à fon égard, des moyens que je pro-pofe ailleurs, lui donner un defir véhément d'entreprendre & de puiffans motifs d'en-couragement. Et comment cela, me direz-vous ? Il y a, fans doute, plufieurs manieres de s'y prendre, parmi lefquelles la fagacité des Maîtres pourra choifir celles qui leur paroîtront plus convenables au caractere & à la portée d'efprit de leurs difciples ;

curiofité pour les nouvelles formes, le plaifir qu'ils ont à toucher, à remuer, à caffer tout ce qui tombe fous leurs mains. Non-feulement ils exercent ainfi leur force, dont ils commencent à éprouver agréablement l'exiftence ; mais ils font un acte de puiffance d'autant plus flatteur à cet âge, qu'on fe voit alors, en quelque forte, dépendant de tout ce qui nous environne, & que l'amour-propre, qui croît avec nous, recherche avidement tout ce qui nous dérobe notre foibleffe ou nous fait oublier nos imperfections.

mais en voici une, par exemple, que j'indique d'autant plus volontiers, qu'elle s'accorde mieux avec nos regles.

Vous devez aller à une partie de campagne avec votre pupille, vous l'y avez fans doute mené quelquefois avec d'autres petits camarades. La compagnie d'un Gouverneur, quelle agréable qu'elle puiffe être, comme elle doit l'être fuivant moi, n'exclut pas ce penchant que l'homme a dès fon bas âge pour la fociété. Dans cet âge naïf votre éleve a donc quelque petit ami, quelque compagnon de fes jeux, qu'il feroit d'autant plus aife de mener à la campagne avec lui, qu'ils s'aiment avec plus de cordialité. Vous connoiffez cette inclination réciproque ; fervez - vous du defir qu'elle excite dans votre éleve, pour le mettre fur la voie ; bientôt il vous ouvre fon cœur, il vous dit fon envie, il demande.

Je le voudrois autant que vous, pourrez vous lui répondre ; mais cela dépend du pere de votre ami & vous n'êtes pas fûr qu'il nous l'accorde ; mais feriez - vous bien aife qu'il vînt avec nous ? — Oh fi

j'en ferois bien aife? = Comment faire?—
Je n'en fais rien. On cherche des expédiens ; on les propofe ; on les difcute ; aucun de ceux qu'on imagine, ne doit réuffir felon vous. Vous n'en voyez qu'un feul,
que vous pouvez donner pour infaillible.
Et quel eft-il ? voilà bien un autre embarras. Ce feroit d'écrire au pere du petit
homme, qui ne tiendroit pas contre une
demande par écrit. = Ne fauriez-vous pas
écrire?— Eh non! = Ne pourriez-vous
pas effayer? Vous avez vu les lettres des
noms de votre Livre, vous les connoiffez
fi bien ; je crois qu'il n'y a qu'à les imiter
pour écrire ce que vous voulez. Oui da,
dit l'enfant ; effayons.

On apporte le Livre figuré, on s'arête
aux noms françois, dont les lettres gravées
d'après celles qu'on fait à la main, facili-
teront le projet qu'on propofe. Ici, vous
devez conduire l'enfant d'une maniere plus
particuliere, & cependant auffi indirectement qu'il eft poffible. Vous devez lui apprendre à tenir la plume, à pofer fon pa-
pier, à imiter les lettres néceffaires, en di-

fant toujours : je crois qu'il faut faire ainfi ; je crois que c'eft cette lettre ; car en ne paroiffant pas commander , vous ferez mieux écouté , & n'ayant pas le ton déci-fif, vous accoutumerez votre éleve, à évi-ter ce ton impérieux , cet air de préfomp-tion infupportable dans la bonne compa-gnie, & que l'on méprife avec tant de raifon dans beaucoup de jeunes gens (*a*).

_____

(*a*) Pour fe faire aimer dans la fociété, & pour intéreffer dans la converfation, il faut parler peu & fembler hafarder ce que l'on dit; la modeftie prévient alors en faveur de celui qui parle ; ne fe formalifer de rien & ne pas contredire ce qui nous déplaît; rarement dire ce que l'on fait, & per-fuader aux autres qu'ils nous l'apprennent, ou du moins qu'ils le favent comme nous ; ne difputer jamais contre ceux qui font moins capables ou moins inftruits que nous. Il eft honteux de com-battre à armes inégales ; eût-on raifon, il eft toujours choquant pour ceux qui écoutent, d'entendre affir-mer & décider arbitrairement ; le defpotifme bleffe l'amour-propre, fi facile & fi prompt à s'enflammer.

Qui n'a pas éprouvé cent fois que la fuffifance dogmatique révolte ? « On me fait haïr les chofes » vraifemblables, dit le fceptique Montagne, quand

Vous comprenez que le billet que vous
lui ferez écrire, aura befoin d'être bien
court, & que malgré vos foins il fera très-mal
écrit ; mais n'importe, bien ou mal, il le
fera, & pourvu qu'il ferve à exciter dans
votre éleve, le defir d'en écrire d'autres,
c'eft tout ce qu'on peut en attendre. Il
ne faut cependant pas déguifer à l'enfant
que ce billet n'eft pas bien, afin qu'il s'applique davantage une autre fois ; mais don-
nez-lui à efpérer en même temps, qu'il fera
mieux lorfqu'il voudra l'entreprendre. Nous
n'avons pas bien réuffi cette fois ; je penfe
que nous ferons mieux une autre ; je crois

» on me les plante pour infaillibles. J'aime ces
» mo s qui amolliffent & moderent nos propofitions:
» *à l'aventure, aucunement, quelquefois, on dit,*
» *je penfe,* & autres femblables ; & fi j'euffe eu à
» dreffer des enfans, je leur euffe tant mis en la
» bouche cette façon de répondre enqueftante &
» non réfolutive : *qu'eft-ce à dire, je ne l'entends*
» *pas, il pourroit être, eft-il vrai,* qu'ils euffent
» plutôt gardé la forme d'apprentifs à foixante ans,
» que de repréfenter les Docteurs à l'âge de
» quinze ».

pourtant que ce billet fera tout l'effet que nous en attendons.

Il importe en effet au succès de vos deffeins fur votre éleve, qu'il obtienne ce qu'il demande. Si on lui accorde le plaifir d'emmener avec lui fon petit camarade à la campagne, je fuis fûr que ce premier fuccès lui donnera un grand defir d'en obtenir de femblables, & l'encouragera à tout mettre en œuvre pour les mériter. Il fe perfuadera aifément qu'on ne fauroit trop vîte apprendre une maniere auffi commode de communiquer au loin fes penfées. Fourniffez - lui des occafions fréquentes d'affermir en lui cette opinion, fatisfaites les defirs qu'elle mettra dans fon ame, vous verrez qu'il fe rendra peu à peu l'écriture familiere. Pour lui fortifier la main & le former tout à fait, vous n'aurez plus qu'à lui donner de beaux modèles d'écriture, après lui avoir fait naître l'émulation de les imiter.

ARTICLE VI.

Le Livre élémentaire doit fournir les premieres leçons de Deſſein.

Graces au Livre figuré, en peu de temps notre éleve a ſu lire ; il écrit paſſablement ; mais lire & écrire , quoique parties très-néceſſaires de l'inſtruction, n'ont fait que le diſpoſer à paſſer à d'autres, & notre Livre renferme bien des objets d'enſeignement ; il faut donc ſe hâter de les lui préſenter, afin qu'il puiſſe les embraſſer tous & les poſſéder de bonne heure. Cependant, comme en tout il faut de l'ordre, pour mieux fortifier les connoiſſances qu'il a déja, on fera ſuccéder celles qui ont plus de rapport avec les premieres , afin qu'elles s'étayent mutuellement & n'excedent point la portée de ſon eſprit.

La main d'un enfant eſt-elle accoutumée à tenir la plume, à tracer des caracteres, à former des liaiſons ? elle eſt alors propre à un autre exercice ; elle peut prendre le crayon,

s'occuper du deffein & copier la figure.
Apprenez - lui donc à deffiner ; le Livre
vous en offre le moyen le plus fimple.
Tout enfant fe plaît à imiter ce qui frappe
fa vue. Dès que le vôtre verra le Livre figuré ,
qu'il en connoîtra les images , il effaiera
de les copier. Servez-vous de ces difpofitions pour l'amener à ce qu'il cherche. Qu'a-
vec votre fecours , fon Livre foit pour lui un
maître de deffein. Je dis avec votre fecours,
parce que feul il iroit à tâtons , n'auroit
pas d'émulation qui foutînt fon courage ,
& rebuté par les difficultés , il tomberoit
peut-être dans l'indolence. Montrez - lui
donc le chemin , en faifant néanmoins femblant de le chercher avec lui. Pour l'amener au point de deffiner d'après fon Livre ,
deffinez - en vous - même quelque figure en
fa préfence ; mais en prenant le foin de ne
copier qu'une des plus faciles, comme d'un
poiffon , par exemple ; fouvenez-vous bien ,
que fuffiez - vous un Raphaël , il faut que
l'efquiffe en foit très - groffiere , afin que
votre éleve ne défefpere pas d'en pouvoir
faire autant.

Animé de la sorte par votre exemple, il prendra le crayon pour vous imiter; mais, comme il faut vous y attendre, il n'en résultera d'abord que l'ébauche la plus informe. Cependant, quand vous la comparerez à celle que vous avez faite, vous avouerez ingénument qu'une application plus soutenue pouvoit donner à votre éleve la gloire de vous égaler. Qui peut douter, après cela, que l'émulation de l'enfant, bien exaltée, ne se promette alors, non-seulement de vous égaler, mais de vous surpasser même? Il s'applique avec plus de soin, il prend toutes les mesures possibles pour réussir, & vous vous laissez vaincre. Quelle joie! Mais vous copiez bientôt plus correctement d'après le modele, & c'◼ un nouvel aiguillon pour l'enfant, qui pense devoir faire au moins aussi bien que son Maître.

On commencera donc à faire crayonner un enfant d'après les figures de son Livre. Peu à peu, il dessinera d'après les objets mêmes, & dans la suite il faudra qu'il s'y habitue par une attention constante, sur-tout lorsqu'entré dans l'étude de la géométrie pratique, il fera dans la nécessité d'apprendre les loix de la perspective, l'étendue & la grandeur des corps, autant par les yeux que par les inftrumens; mais jufqu'au temps où il faudra l'inftruire de toutes les regles qui peuvent le former, il fuffira de lui montrer le deffein de la maniere dont je vous parle *(a)*.

(a) Il ne faut pas croire que le deffein n'intéreffe que le Peintre, l'Architecte, ou encore tous les Artifans qui afpirent à être Artiftes. Il perfectionne l'éducation d'un homme bien né. S'agit-il de Géographie, connoiffance fi utile? le moyen le plus fûr eft de tracer des cartes; c'eft au crayon. On veut lever un plan dans l'Architecture militaire ou civile, on le deffine. On arrive, dans les voyages, à un pont d'une conftruction & d'une hardieffe fingulieres, à un édifice où l'art a déployé toute fa magnificence, à un payfage que la Nature s'eft plu à embellir, à un attelier où une méchanique fupérieure épargne le temps & les hommes, en perfectionnant les ouvrages; on faifit le crayon pour enrichir fa Patrie. Que les hommes du premier ordre, qui veulent au moins acquérir du goût pour la décoration de leurs palais, pour l'élégance & l'effet de leurs meubles, & pour juger des tableaux, fachent que le deffein eft l'ame du goût;

Tracera t-il un quadrupede ? Vous croirez voir la figure du cheval enchanté de Dom Quichotte, d'un vrai cheval de bois; une ligne horizontale fera le corps & la tête, & quatre lignes perpendiculaires, deux à chaque extrêmité, formeront les jambes &p aro îtront le soutenir comme quatre piliers.

Tel doit être à peu près le début du Disciple & du Maître, mais le temps, l'application, la comparaison que l'on fera de ces copies à l'original, ouvriront enfin les yeux. On y remarquera une disproportion étrange, & l'on s'appercevra qu'un corps figuré comme celui d'un animal quelconque, a une forme, une épaisseur, une tête, des jambes; que tout cela a des proportions, une longueur déterminée au reste du corps; par ce moyen, & à force de

---

qu'ils sachent encore que s'ils se connoissoient en dessein, ils appercevroient sur le plan les fautes qui échappent à un Architecte, & qu'il n'est plus temps de réparer lorsque le bâtiment est fait. *Plan d'éducation publique, page* 131.

tracer, d'effacer, de refair, on viendra
à bout de crayonner quelque chose de reſ-
ſemblant.

ARTICLE VII.

Le Livre élémentaire donnera d'utiles leçons
d'Hiſtoire Naturelle ; il en ſera un
cours abrégé.

LES inſtructions contenues dans notre
Livre, allant toujours par gradation, on
peut faire paſſer un enfant de la vue ſimple de la figure, à une plus grande connoiſſance de l'objet, & après lui avoir appris à en tracer l'image, on peut lui en
découvrir les qualités eſſentielles. Les explications du Livre vous ouvrent le chemin;
c'eſt à vous, ſage Maître, de faire le reſte.
La ſuite des tableaux, les diſcours qui les
ſuivent, ſeront pour votre éleve une intro-
duction à l'Hiſtoire Naturelle; mais ſi vous
lui deſirez des idées plus juſtes & des notions plus claires de ces objets, mettez autant que vous pourrez ſous ſes yeux les

choſes repréſentées ; montrez - lui quelles
ſont leurs propriétés , afin qu'il puiſſe voir
la nature elle-même & connoître par com-
paraiſon , en quoi & combien elle diffère
de la repréſentation qu'on lui en offre. Je
ſais que l'eſprit d'un enfant n'a pas aſſez
d'étendue pour embraſſer fortement ces notions phyſiques , que non - ſeulement les
ſpéculations , mais les expériences même
ſont ſouvent hors de ſa portée. Auſſi ne
veux-je d'abord parler philoſophie qu'à ſes
ſens immédiatement ſans raiſonnement
quelconque ; les réflexions , les doutes, les
obſervations viendront enſuite avec l'âge &
la force de l'eſprit. Enſeignez - lui d'abord
à voir autour de lui & de près à près tout
ce qui l'environne. Les bois , les prés, les
champs , les ruiſſeaux , les fontaines, le ciel,
les météores , le feu , les hommes , les animaux & les plantes , feront pour lui une
ſuffiſante connoiſſance , s'il en grave les
formes & les traits diſtinctifs dans ſa mémoire. Attachez-le ſur-tout à la connoiſſance des choſes, qui par leurs qualités utiles
ont un rapport plus direct au bien de la

fociété. Dans cette vue, je vous recommande particuliérement la Botanique, cette
connoiffance des fimples, non moins agréable qu'intéreffante, que l'ignorance met
pourtant exclufivement dans le diftrict de
la Médecine ; & fouvenez-vous quand vous
aurez des leçons à faire là - deffus, que pour
les rendre plus profitables, vous devez toujours autant que vous pourrez, joindre l'action à l'enfeignement & le modele à la
chofe repréfentée.

La veille d'une partie de campagne ;
vous permettez à votre éleve de voir le
Livre ; comme c'eft vous qui le tenez, vous
l'ouvrez fans affectation, vers l'endroit où
il contient la figure & la defcription de
quelques fimples. Vous lui dites que vous
avez befoin d'une plante, que vous avez
déja remarquée en vous - même, & qu'il
faut lui nommer ; mais ici comme ailleurs
votre éleve doit vous apprendre ce que vous
voulez favoir. Pour le mettre en état de
vous inftruire & de vous contenter, il faudra chercher, feuilleter, examiner & tout
exprès fe méprendre pour mieux examiner

encore. Enfin vous finiſſez par dire qu'on va demain à la campagne, & que ſi on avoit le Livre, on trouveroit peut-être la plante dont on a beſoin.

C'en eſt aſſez pour lui faire ſouhaiter le Livre chéri ; il cede à l'envie de le demander, il vous prie de le mettre du voyage, & c'eſt-là juſtement où vous en voulez venir. Vous vous laiſſez néanmoins preſſer avec inſtance. Vous m'aimerez donc bien ſi je fais ce que vous voulez ?.. Vous êtes embraſſé, careſſé, vous vous laiſſez fléchir ; vous promettez.

Le lendemain l'enfant n'oublie pas ce qu'on lui a dit la veille ; il n'eſt pas plutôt à la campagne, qu'il brûle de ſe voir ſatisfait ſur ce qu'on lui a promis ; mais vous le remettez prudemment après l'exercice. Enfin lorſqu'il a bien joué, bien couru, bien ſauté, autant que l'âge & les forces peuvent le lui permettre, vous lui accordez ce qu'il deſire ſi ardemment.

On doit alors prendre le Livre & en faire l'application à la première plante. Quand on vient à l'examiner, c'eſt le Maître qui doute,

héſite ;

héfite, compare, & c'eft le difciple qui juge
& qui réfout. C'eft à lui qu'appartient l'honneur de la découverte. Cette maniere de
difcuffion & d'application, la vive perfuafion où il èft qu'il doit trouver ce qu'on
cherche, lui donnent une émulation & une
joie difficiles à contenir. On revient le foir,
Dieu fait combien fatisfait, portant en triom-
phe la plante qu'on a trouvée, comme un
témoignage authentique du plus heureux
exploit.

Voulez-vous lui apprendre à connoître
des quadrupedes ou des poiffons, fervez-vous
de cette méthode ; que ce foit toujours
lui qui vous les faffe connoître, après que
vous lui aurez procuré l'occafion & les
moyens de le faire aifément. J'ofe affurer
que fi vous avez foin d'augmenter, par cette
voie, fon émulation & fes connoiffances,
vous pourrez bientôt lui propofer des chofes, qui fans cela n'auroient été de long-
temps à la portée de fon efprit.

❧❧

ARTICLE VIII.

Les premieres notions d'Agriculture peuvent être puisées dans le Livre élémentaire.

AU moyen du Livre élémentaire, & des parties de campagne, qu'on doit rendre aussi fréquentes qu'on le pourra, il sera facile de donner à un enfant les premieres notions de l'agriculture, des instrumens qu'on y emploie, &, sans faire le savant ni le pédagogue, de l'amener à faire des réflexions & des raisonnemens sur cet art, peut-être le plus ancien & sans doute le plus nécessaire. On ne lui fera d'abord connoître que les instrumens ordinaires du labourage : une bêche, une pioche, un hoyau, une charrue, le nom des diverses pieces qui la composent, &c. c'en sera assez pour la premiere leçon, sans lui dire, sans lui expliquer, ni leur utilité, ni la maniere de s'en servir.

On aura toujours un sûr moyen d'augmenter la curiosité de l'enfant, en témoi-

gnant foi-même l'envie d'en favoir l'ufage.
Je crois bien, lui dira-t-on, que vous me
l'apprendrez quand vous le faurez. Il n'eft
pas douteux qu'il ne réponde alors fuivant
l'intention du Maître. A peine eft-il reve-
nu de la campagne, qu'il fouhaite d'y retourner ; il réfléchit fur ce qu'il a vu, il examine comment il pourra s'y prendre, pouf
découvrir ce qu'on lui demande. On le
laiffe-là quelques jours pour augmenter en
lui le plaifir de la découverte & afin qu'elle
faffe plus d'impreffion fur fon efprit.

Enfin on le ramene au lieu defiré. Le
Maître prévoyant, tâche de faire en forte
que ce foit le hafard qui fatisfaffe fon éleve ;
on voit un payfan qui laboure, on s'ar-
rète comme par une fimple curiofité : l'enfant ne regarde pas long-temps fans reconnoître la charrue. Vous vouliez favoir, dira-
t-il plein de joie, à quoi cette charrue étoit
bonne ? voyez : elle fert à retourner la terre
de ce champ.

Cela eft vrai, dira le Maître, vous avez
raifon : mais je penfe que cela ne fuffit pas.
Ne ferions-nous pas bien de nous inftruire

pourquoi cet homme la retourne ainſi ?
Autre ſujet d'embarras pour le diſciple, qui
l'oblige encore à réfléchir & à penſer. Il ne
lui vient pas à l'idée d'en demander la raiſon
au laboureur, qui n'eſt peut-être pas à portée
du bonhomme, & qui n'auroit pas le temps
de répondre à ſes queſtions ; il ne le demande pas au Maître, puiſque le Maître
reçoit les inſtructions de l'éleve ; mais il
cherche en lui-même & dans les notions
qu'il a des choſes, ce que l'on attend de lui.

On croira peut-être que cette maniere
d'inſtruire un enfant, eſt plus capable de le
rebuter que d'exciter ſon émulation ; on
trouvera mauvais que je l'arrête ſans ceſſe
par des difficultés qui doivent lui paroître
inſurmontables ; mais elles ne le ſeront jamais que quand on lui refuſera les moyens
de les ſurmonter. Trop de facilités émouſ-
ſent les deſirs, au contraire la gêne &
les obſtacles les aiguiſent. Ne craignons
donc pas que notre éleve perde courage, il n'en ſera que plus animé à ſuivre
ſon deſſein. J'avoue que s'il avoit trouvé
de l'impoſſibilité à faire ce qu'on a juſ-

qu'alors exigé de lui, il dédaigneroit peut-
être de faire de nouvelles tentatives ; mais
ayant toujours réuffi, le fuccès n'ayant
fait que piquer fon émulation, il efpere
qu'il en fera cette fois comme par le paffé.
Ainfi quoiqu'il n'en voye pas les moyens,
qu'il croit, de très-bonne foi, que c'eft à
lui de chercher & de mettre en œuvre, il
n'abandonne pas fon entreprife ; cela ne
fert qu'à redoubler fa curiofité & fon attention.

Cependant le Maître continue fa promenade fans avoir l'air de prendre garde
à l'embarras de fon éleve. On trouve un
autre payfan qui feme : nouveau motif d'admiration & de recherches ; on s'arrête, on
regarde encore, l'enfant voit de loin le
payfan marcher à pas mefurés & comme
en cadence, fa main fe mouvoir en l'air en
même temps que fon pied ; il obferve qu'il
répand quelque chofe ; il faut voir. C'eft
du bled ; (je fuppofe que l'enfant a vu femer dans le jardin de fon pere, ne fût-ce
que des fleurs, & qu'il connoît le bled.) Il
montre le grain à fon Gouverneur ; fa def-

tination s'offre tout de fuite à fon idée, il fe
dit avec tranfport : l'autre examine cette découverte, convient qu'il faut que cela foit
ainfi, & que fon éleve a fort bien décidé.

Qu'un Gouverneur ufe encore de la
même adreffe pour faire connoître à l'enfant
comment le bled croît, comment on le
moiffonne, comment on le bat & on le
vanne; comment il fe moud, il fe tamife,
il fe pêtrit, il fe cuit; ce qui n'eft ni long,
ni difficile : voilà l'enfant inftruit du premier but de l'agriculture & de la façon de
faire du pain.

Veut on donner à un enfant une haute
idée de ce pere des arts, & lui faire
connoître combien le pain eft néceffaire à
l'homme? Qu'on lui montre d'abord à quelle
extrêmité font réduits ceux qui manquent
du premier des alimens. Que fon Gouverneur ait foin, lorfqu'il veut exciter dans
fon cœur l'amour de l'humanité & la com-
paffion, de le mener chez des malheureux
accablés de mifere, & de les queftionner
en fa préfence fur l'état fâcheux où ils fe
trouvent. Les pauvres ne font pas vains,

ils avouent que le pain leur manque fouvent. Le pain, dira l'enfant, il ne doit
manquer à perfonne; — à perfonne, Monfieur; il manque pourtant à bien du monde, = & pourquoi leur manque-t-il? —
Pourquoi? hélas, mon petit Monfieur, il y
a tant de caufes qui le font manquer. De
ces caufes, les unes font honteufes & du
choix de ceux qui en fouffrent; les autres
font inévitables, & toutes très-affligeantes. =
Expliquez-moi cela, je ne l'entends pas. —
Je vais vous dire ce que j'en fais. Les premieres font la diffipation, la mauvaife conduite, la pareffe, qui, à ce qu'on m'a conté,
font moins communes que les autres. Les
dernieres font l'injuftice & les divers accidens qui nous arrivent. Les hommes nous
enlevent le pain, ou le Ciel nous en prive, & nous ne pouvons après qu'être
pauvres & malheureux. = Mais j'ai ouï
dire qu'un homme qui a des bras, ne doit pas
manquer de pain. — Mais fi nous ne pouvons nous fervir de nos bras, ou fi le travail qu'ils auront fait ne produit rien, que
devenir? = Comment? — Mais oui. Quand

la grêle emporte les bleds & les vignes, ou
quand une longue maladie nous empêche
de travailler, il faut bien que nous man-
quions de pain. ═ Eh bien, mangez votre
viande fans pain. — Notre viande ! vous
croyez donc que nous avons, comme vous,
de la viande à manger avec du pain ? ═ Oui,
je le croyois. — La viande coûte trois fois
plus que le pain ; quand nous ne pouvons
acheter du pain, comment aurions-nous de
la viande ?

Le pain, ajoutera le Gouverneur, eſt de
tous les alimens qui ſubſtantent l'homme,
celui qui nourrit le plus à moins de prix, &
qui eſt en même temps le plus ſalubre ; il devient par-là généralement néceſſaire, & vous
devez comprendre que qui manque de pain
manque encore plus d'autre choſe. Ah ! bon
Dieu, dira ſans doute l'enfant touché, &
qui n'a jamais manqué de rien, quelle étrange ſituation pour un homme ! mon cher
ami, ſecourons ces bonnes gens. Secourez-
les en effet, ô ſage Gouverneur ; mais que
ce ſoit en leur fourniſſant des ſalaires s'ils
peuvent travailler, ou en faiſant entendre

au jeune homme, que c'eſt une avance fraternelle faite à crédit, ſur les ſervices qu'ils ſeront en état de rendre dans la ſuite.

Outre l'amour des hommes & la généroſité, que vous graverez ainſi dans ſon cœur en traits ineffaçables, vous voyez que c'eſt encore une maniere de lui faire connoître de quel prix eſt le pain, & l'utilité de l'art qui nous le donne. Ce n'eſt pourtant que le matériel, &, en quelque ſorte, que le gros de l'Agriculture que vous lui faites connoître dans ces premieres leçons; il faudra, à meſure qu'il augmentera en âge & en connoiſſance, lui en montrer l'eſprit, plus difficile à ſaiſir & de plus d'importance. Vous lui avez déja parlé des droits ſacrés de la propriété, de l'égalité naturelle & de l'inégalité des hommes, cauſes de la ſociété & des divers états qui la compoſent; vous pourrez, peu à peu, lui en faire voir la baſe dans l'ordre phyſique & irréſiſtible qui régit le monde; vous lui apprendrez la grande loi de la réproduction, par qui tout ſubſiſte, & les peines qui y ſont attachées, je veux dire les conditions qu'exige la terre pour

Q v

devenir féconde, les avances de toute efpece qu'elle demande, & la franchife néceffaire de ces avances. N'oubliez pas de lui faire remarquer que toutes les fociétés policées, que la puiffance des Rois & celle des Empires, pofent immédiatement fur le foc de la charrue; enfin que c'eft en raifon de la profpérité & de la décadence de l'Agriculture, que les Etats déclinent & s'élevent, & que par-tout où les Laboureurs font pauvres les Etats font foibles & les Rois pauvres. J'entrerai ailleurs, à ce fujet, dans un plus grand détail; il fuffit ici de l'indiquer pour ne pas le perdre de vue.

Qu'on fache delà faire paffer dans fon ame les réflexions qui en découlent naturellement, vous verrez qu'il commencera à eftimer l'Agriculture, à aimer ceux qui la profeffent, & qu'on l'aura de la forte prémuni d'avance contre le préjugé deftructeur & bizarre qui fait méprifer le cultivateur, c'eftà-dire, l'homme le plus utile à l'Etat.

En attendant, & pour ne nous occuper jufques-là que du manuel de l'Agriculture, d'abord plus convenable à un enfant, difons

qu'on pourra lui apprendre de même, non-
feulement avec une grande facilité de fa
part, mais encore avec le plus grand plaifir,
tout ce qui en eft dépendant ou y a quelque rapport. L'homme eft imitateur, il fe
plaît à exécuter tout ce qu'on fait en fa préfence; votre éleve n'aura pas plutôt vu bê-
cher, farcler, femer, planter dans un jardin,
qu'il fouhaitera d'en faire autant.

Dès qu'un Maître s'en apperçoit, loin de
réprimer cette envie, qu'il s'efforce au contraire de l'étendre s'il le peut, qu'il l'approuve, qu'il y applaudiffe. Vous vouiez
faire un jardin, cela eft jufte, doit-il dire
à l'enfant, je crois que nous ferons bien
d'y travailler tous deux, afin de lui faire
produire quelque chofe; mais nous n'avons
pas de terrein à nous, & vous favez qu'un
homme ne peut difpofer que de ce qui
lui appartient. Nous avons donc befoin
d'acquérir un terrein avant de fonger à le
mettre en culture, & il n'y a que trois manieres d'acquérir des propriétés; favoir, par
l'emploi de fa perfonne, par celui de fes biens
déja acquis, & par donation. Avez-vous de

l'argent, ou êtes-vous en état de gagner, par votre travail, une assez bonne somme pour acheter un petit fonds de terre? —Je ne suis pas encore assez grand pour travailler en journée, j'ai bien vu qu'on n'employoit pas les petits enfans; mais prenez mon argent, & celui que papa me donne par semaine, & faites en sorte, mon cher ami, que nous ayons un jardin. ⹀ Eh! mais, de bien des années, tout cet argent n'en payeroit la récolte. —Eh bien, puisqu'on acquiert par donation, faisons-nous donner un jardin par quelqu'un qui en aura de reste. ⹀ Et qui trouverez-vous qui veuille s'en défaire gratuitement? mon petit ami, voulez-vous demander à ceux qui ont ici des possessions, s'ils veulent vous en abandonner une partie? —Volontiers; il y a peut-être de bonnes gens qui seront bien-aises de nous obliger en cela.

Vous allez alors avec lui vers quelques-uns des possesseurs, vous leur exposez les propositions de votre éleve, & vous leur demandez s'ils ne consentiroient pas à se défaire en sa faveur d'un petit lopin de terre. Ils vous répondent, sans doute, qu'ils ne veulent pas vendre leur terrein. — Vendre? il n'eſt pas queſtion de cela, mon petit ami n'a pas encore de quoi acheter ; mais il vous fait demander par moi ſi vous voulez lui en faire une ceſſion gratuite ; il en a beſoin pour faire un jardin, & il ſera bien reconnoiſſant de votre complaiſance ſi vous l'obligez en cela.

Les bonnes gens rient de la ſimplicité de la requête, & demandent par quelle raiſon ils céderoient ainſi une partie de leur bien. = Ce petit Monſieur a beſoin d'un coin de terre; mais nous en avons plus beſoin que lui, & charité bien ordonnée commence par ſoi-même.

Vous ne vous en tenez pas à cette épreuve; vous vous adreſſez à d'autres propriétaires, & vous recevez de tous à peu près la même réponſe ; en bref, il réſulte de toutes ces négociations que votre éleve eſt inſtruit qu'on ne cede point dans le monde une choſe, ſans en recevoir une autre qu'on eſtime d'égale valeur (a), & qu'à proprement dire, on

_____

(a) Cette propoſition, qui paroîtra peut-être

ne donne rien pour rien dans le commerce de la vie.

Mais adieu le jardin, vous dira-t-il alors, il nous faut donc perdre l'espérance d'y travailler. Attendez, lui répondez-vous, il me vient une pensée ; prions papa de nous en donner un, il pourra nous l'accorder, parce qu'il nous aime, ou si vous l'aimez mieux, & pour n'avoir pas encore la peine de demander, achetons-en un pour un an, nous

singuliere à beaucoup de personnes, est pourtant bien vraie. Il est très-certain qu'on ne consent pas à se dessaisir d'une chose qui nous appartient, sans des motifs puissans qui nous y forcent, ou sans l'espoir d'un retour qu'on estime tout autant, ou même plus que la chose qu'on donne. Et que devient la générosité & la bienfaisance ? La générosité échange contre le plaisir d'obliger, contre l'estime de ceux qui la connoissent, & souvent contre l'espoir de la reconnoissance ; la bienfaisance, en rendant service à l'humanité, s'en prépare pour elle-même à l'avenir. Encore une fois ce qu'on taxe de pure libéralité a toujours quelque motif qui la détermine ; autrement, loin d'être raisonnable, elle ne seroit plus que l'effet d'un mouvement indéliberé, & un pur caprice de la volonté déréglée.

aurons peut-être affez d'argent pour le payer ;
entre deux bons amis tout doit être commun ; fi l'argent que vous avez ne fuffit pas ,
j'y joindrai ma bourfe jufqu'à fuffifance.
— Faites pour le mieux, mon bon ami ;
mais dites-moi donc, eft-ce qu'on achete un
bien à l'année ? = Cela ne s'appelle pas
proprement acheter ; en achetant on devient
maître de la chofe , le mot dont je devois
me fervir, eft louer ou prendre à ferme ;
c'eft-à-dire, qu'on vous cede la jouiffance
d'une chofe pour un temps déterminé ,
moyennant un prix convenu ; & que fi c'eft
un bien-fonds, vous avez le droit, à la place
du Maître , de le cultiver à votre fantaifie ,
& d'en percevoir les récoltes pendant ce
temps. La plupart des payfans de ce canton
ne jouiffent pas autrement des biens qu'ils
travaillent ; ils en font fermiers ou poffef-
feurs à temps, en donnant tous les ans au
propriétaire une fomme dont ils font d'accord avec lui , & qui doit lui tenir lieu
des jouiffances qu'il cede.

Quoi qu'il en foit de la façon d'acquérir
le fonds ou la jouiffance , il n'importe de

quelle maniere vous aurez un jardin, pourvu que vous obferviez en le prenant toutes
les regles de la juftice, & que votre éleve
puiffe remarquer, que dans les conventions
que vous faites & dans les fuites qu'elles
doivent avoir, il jouira de tous fes droits
fans donner atteinte à ceux des autres. Du
refte, une fois en poffeffion d'un petit carré
de terre à la campagne, allez fouvent la
travailler à frais communs, c'eft - à - dire,
chacun avec vos bras. Vous retournez la
terre, vous l'amandez, vous la rendez meuble, vous femez. Imaginez - vous, s'il vous
eft poffible, l'empreffement qu'a le petit bonhomme de retourner à fon jardin. Quelle vo-
lupté, quelle joie fon ame neuve va goûter
à la premiere vue du fruit de fes travaux!
& combien il chérit l'agriculture, lorfqu'il
voit lever hors de terre ce qu'il a femé! Un
Auteur eft moins content du fuccès d'un
ouvrage, un héros de fes conquêtes, qu'on
ne l'eft à cet âge, des premiers jets d'une
feve.

ARTICLE IX.

La Campagne eft la vraie école où un Enfant doit apprendre à fe rendre utile à la fociété.

UN critique du Télémaque, reprochoit à l'immortel Fénelon, d'aller toujours chercher dans la folitude, fes perfonnages éminens en fageffe & en vertu. On me reprochera peut-être avec auffi peu de fondement, de vouloir qu'on aille puifer à la campagne, les principales inftructions qu'on doit donner à un éleve, & fous prétexte que ces promenades ne devroient fervir qu'à le réjouir ou à le délaffer, au lieu d'être pour lui un nouveau fujet d'application, on pourra trouver mauvais que je l'occupe plus à la campagne qu'à la ville. Mais on cefferoit de me trouver repréhenfible, fi on voyoit auffi bien que moi l'utilité des leçons qu'il doit recevoir à la campagne, & combien elles font préférables à celles qu'il tirera de la plupart des livres. En effet , fi on excepte le Livre élémentaire , il ne voit dans ceux-ci que des fignes infuffifans ou équivoques. On offre à la campagne la réalité même fous fes yeux. Cependant tout peut fervir de moyens d'inftruction à un enfant : la ville, la campagne , la compagnie , la folitude, les belles actions qu'il verra faire , les fautes que l'on commettra devant lui , les conver-fations , les humeurs , les caracteres , les travers ; mais le grand livre où il doit mieux apprendre à devenir utile à la fociété & à lui-même, c'eft la campagne qui le lui fournira, fi fon Mentor confent qu'il s'en occupe, & fait l'en faire profiter.

Indépendamment de la variété des objets phyfiques , qui rend la fcène des campa-gnes fi agréable & fi inftructive , des loix du grand ordre qui fe manifeftent-là , plus évidemment qu'ailleurs , de celles de la ré-production , par qui fubfiftent les hommes & les Etats , on peut y recevoir les inftruc-tions morales les plus intéreffantes, on peut y découvrir l'homme plus près de la nature, & le connoître d'autant plus aifément qu'il s'y montre plus simple & moins couvert d'ornemens empruntés.

La contagion des mœurs de la ville est trop dangereuse : en les faisant voir de trop près à un enfant, il est à craindre que malgré les précautions, la continuité du mauvais exemple ne fasse sur lui des impressions funestes. Il n'en sera pas de même de la campagne ; à la vérité, il y trouvera des hommes grossiers, mais dans la simplicité des premiers âges, des sentimens mal rendus & mal exprimés, mais plus sinceres & plus vrais ; enfin, sous une rude écorce, plus de cordialité & plus de franchise que l'exemple des villes ne sauroit lui en offrir.

La vue de ces bonnes gens quelquefois misérables ne peut lui être qu'avantageuse. En se prémunissant contre le malheur à venir, son cœur se fera en même temps à la bonté & à la compassion. Son tempérament se fortifiera aux champs par l'air pur qu'on y respire. L'exercice & le travail qu'il y fera, le disposeront à être dans la suite un homme adroit & vigoureux ; tandis que les enfans qui croupissent dans l'air corrom-

pu des villes, commencent en s'affoiblissant;
cette chaîne de maladies si communes aujourd'hui parmi les hommes, & que les excès, en tout genre, ne servent qu'à allonger.

Eh ! ne voyez-vous pas d'ailleurs la gaieté
qui s'empare des cœurs sans passions, lorsqu'ils sortent de la ville pour aller respirer
plus librement à la campagne ? ne sentez-
vous pas qu'une joie douce & pure y dispose
les esprits à recevoir les leçons de l'amitié,
qu'elle les rend plus touchantes, & leur
donne plus de force & de succès? Le Gouverneur habile qui, profitant de la circonstance, saura tirer parti de ces heureuses dispositions, ne peut-il pas compter sur la docilité de son éleve? n'a-t-il pas lieu d'attendre de la facilité qu'il lui montre alors, un
grand empressement de sa part à saisir les
connoissances qu'on lui veut donner? Il n'a
plus besoin, pour réussir, que de se mettre
à la portée de son disciple; il ne sauroit &
ne doit pas même tenter d'élever l'esprit de
l'enfant jusqu'à lui; il faut donc qu'il rabaisse
le sien & qu'il devienne, pour ainsi dire,
enfant avec son éleve; par ce moyen, s'étant

mis à son niveau, il le guidera avec d'autant moins de peine, que dans presque tout ce qu'on apprendra, ce sera l'éleve qui paroîtra montrer le chemin. C'est toujours au Maître à chercher ce qu'il veut faire connoître à son éleve ; mais il faut que celui-ci le trouve ; & pour peu que le Maître soit expérimenté, il cherchera de maniere que l'honneur de la découverte en reviendra toujours à l'enfant. C'est sur un plan si simple qu'on doit se diriger ; à quelque but qu'on se propose de le conduire, & si l'on est soigneux de ne pas s'en écarter, on parviendra sans peine à lui apprendre tout ce qu'il lui est plus nécessaire de connoître, c'est-à-dire, tout ce dont il convient d'instruire le fils d'un bon Citoyen.

ARTICLE X.

La partie de l'Inſtruction, qui doit être commune, doit apprendre à tout homme à tirer ſa ſubſiſtance de la ſociété en la ſervant.

SAVOIR lire, écrire, deſſiner, avoir quelques notions d'Arithmétique, d'Agriculture & de Botanique, eſt quelque choſe pour un enfant ; ce n'eſt cependant pas tout ce que je voudrois apprendre à mon éleve, de quelque condition qu'il ſoit & quelle place qu'il doive occuper dans la ſociété, parce que cela ne ſuffit pas dans mon idée pour compléter le néceſſaire de l'éducation que je voudrois rendre commune à tous les états, aux fils d'un Tonnelier comme à ceux d'un Prince.

Dans la perſuaſion où je ſuis que l'éducation des uns & des autres doit être parfaitement la même juſqu'à certain point, je voudrois qu'ils appriſſent, ſans diſtinction, ce que je regarde comme abſolument nécessaire à un homme, pour n'être pas dans l'Etat un citoyen oisif & inutile, pour qu'il sût au contraire faire face aux malheurs qui peuvent lui survenir, parer aux accidens imprévus & corriger les caprices de la fortune. Il ne faut pas induire delà que j'ai intention de dire que tout fils d'artisan, comme un enfant d'une condition plus relevée, doit être instruit à bien parler, à composer des discours dans une autre Langue que la sienne, à écrire avec élégance : ce n'est pas là mon dessein ; mais je demanderois que le fils d'un Grand sût autre chose que les Belles-Lettres ; qu'il pût prendre à volonté un état, dans lequel servant la société par son travail, il fût toujours sûr de trouver un moyen infaillible de subsistance, le plan de l'éducation générale & commune ne devant pas porter sur la persuasion que l'artisan deviendra grand, mais sur l'exemple des révolutions journalieres, qui nous fait connoître que la fortune renverse quelquefois dans la poussiere, ceux que sa faveur capricieuse avoit pris plaisir à élever le plus haut.

ARTICLE XI.

Exemples qui prouvent que toute fortune peut être renversée, & démontrent l'avantage qu'il y a de trouver en soi-même sa ressource dans le malheur.

DE tout temps l'inconstance du fort s'est fait un jeu de détruire les monumens les plus durables, les établissemens les plus solides, ou, pour parler plus juste, la liaison des choses & la chaîne des événemens de ce monde, qui tiennent à la loi de l'ordre & y font subordonnés, ont dû & doivent encore amener de grandes révolutions. L'Histoire n'est pleine que du récit de ces catastrophes imprévues, & néanmoins très-conséquentes; & l'on peut se convaincre par le tableau de chaque siecle, que rien n'est stable sur la terre, & que les hommes qu'on a cru les plus heureux, sont devenus souvent si misérables, qu'ils ont fait naître la pitié même de l'envie par l'excès de leurs infortunes.

Si

Si nous jettons les yeux sur les siecles reculés, qu'y verrons-nous ? Des trônes renversés, des empires détruits, des Rois puissans égorgés ou réduits à l'esclavage ; des peuples entiers florissans autrefois, arrachés de leur Patrie, dispersés chez des Nations lointaines, devenus les victimes de l'oppression & les jouets de la tyrannie. Crésus (si célebre par ses richesses, que son nom est encore celui de l'opulence personnifiée) perd en un jour ses Etats, ses trésors, sa liberté, & se trouve heureux que son vainqueur lui laisse la vie. Darius ne se voit pas seulement enlever par Alexandre, le sceptre de l'Asie, avec sa femme & ses enfans, il périt par la trahison de ses Sujets rébelles. Denis le Jeune, Roi de Sicile, chassé de son Royaume, est réduit à Corinthe à se faire Maître d'école. Dans la Grece tout n'est qu'agitation ; dans Rome le faîte de la grandeur touche au précipice ; le bas Empire n'est qu'une tragédie sanglante, où les acteurs subalternes égorgent les principaux, & tombent à leur tour sous le glaive d'autres subalternes assez hardis pour suivre leurs exemples. Par-tout les succès, la gloire, la fortune, ne font, pour ainsi dire, qu'éphémeres ; tout n'est que changement sur cette scène mobile, & les révolutions se succédent & s'effacent comme les flots de la mer (a).

(a) Les gens instruits, qui connoissent les Loix constitutives des sociétés policées & leur base essentielle, pourront remarquer ici que les Etats ont toujours été prosperes ou sujets aux troubles, aux désordres, aux révolutions, en raison de ce que ceux qui les ont gouvernés ont été fideles à suivre ces Loix, ou s'en sont éloignés; que plus l'autorité s'est montrée arbitraire, plus l'Etat s'est approché de sa décadence & de sa ruine, plus les fortunes y ont été chancelantes; ce sont, d'ailleurs, des points d'histoire qu'il est aisé de vérifier. Les Empires qui ont plus long-temps duré, qui ont été plus florissans, qui ont laissé des monumens plus utiles & plus remarquables, sont ceux où les droits des propriétés ont été plus respectés, où l'Agriculture a été plus favorisée. Les longues dynasties des Rois d'Assyrie, d'Egypte, & sur-tout l'Empire de la Chine, subsistant glorieusement depuis plus de quarante siecles, ainsi que les monumens de bienfaisance qu'on y a fondés avec une magnificence

Le tableau de l'Histoire Moderne peut servir de pendant à cet égard à celui de l'Histoire Ancienne. Les changemens & les décadences n'y font pas moins communs que dans celle-ci. Sans vouloir m'arrêter aux exemples fans nombre que je pourrois en rapporter, je me contenterai d'en indiquer quelques-uns, qui vont fervir de preuve à ce que j'avance.

Combien de fois la famille des Stuarts fi illuftre & fi malheureufe, n'a-t-elle pas éprouvé les revers les plus cruels? N'a-t-on pas vu de nos jours, un des Princes les plus dignes de commander aux hommes, recommandable à la poftérité par le titre le plus augufte, *Staniflas le bienfaifant*, deux fois précipité du Trône, où les vœux & les fuffrages libres de tout un peuple, l'avoient élevé plutôt que les mains de la victoire? N'a-t-on pas vu Théodore élu Roi de Corfe, d'abord traité de Majefté, chaffé

---

vraiment royale, prouvent cette vérité, atteftée d'ailleurs par l'inftabilité des Gouvernemens qui fe font éloignés des vrais principes.

enſuite de cette Iſle, aller languir de miſere en Angleterre, & mourir dans une triſte priſon où ſes dettes l'avoient fait renfermer? L'Hollandois Riperda ſi puiſſant en Eſpagne, ne s'eſt-il pas fait eſclave de l'Empereur de Maroc? Mais ai-je beſoin de recourir aux événemens paſſés, pour donner plus de force à cet article? N'a-t-on pas ſous les yeux des témoignages certains de cette vérité, que rien n'eſt ſtable dans le monde? Sans parler de cette ſociété fameuſe, qui, comme un arbre immenſe, couvroit toute la terre de ſes rameaux, & étendoit ſes racines vigoureuſes juſqu'aux abîmes, & qui pourtant a cédé aux premiers efforts, & s'eſt vu renverſer contre toute apparence, ne voyons-nous pas autour de nous des marques évidentes de l'inſtabilité des choſes? Je me tais de peur d'en trop dire; mais qui a des yeux peut s'en convaincre; en attendant ne doutons pas que ſi dans les conditions privées, on n'a pas à craindre de ſi grandes chûtes, on y peut du moins tomber de ſon haut, & c'en eſt toujours aſſez pour meſurer le ſol de toute ſa grandeur.

Comme cela n'arrive que trop souvent, & que plus on est grand, plus la chûte est funeste, il est sur-tout nécessaire d'apprendre à se relever. Alors, pour n'être pas foulé aux pieds, il faut savoir se remettre sur les siens. Celui qui a une grandeur réelle, la fera paroître sans ostentation, puisque n'ayant plus pour base que la base commune à tous les hommes, on ne sauroit attribuer sa supériorité, à l'appui qui le soutenoit, ni à rien qui lui soit étranger; mais pour se relever soi-même, car il est rare qu'on nous tende alors une main secourable(a), il faut avoir en soi deux grandes ressources; assez de grandeur d'ame, pour ne pas demeurer accablé de son malheur, & savoir faire usage des moyens les plus propres à s'en dégager.

Heureux celui qui dans ces momens de crise, sait employer utilement son temps pour lui-même en servant la société, & ne rougit point de le vouloir ! mais pour rendre

_____

(a) *Est enim amicus secundùm tempus, & non permanebit in die tribulationis.*

R iij

fes efforts utiles, il faut être formé de bonne heure aux travaux. Il y en a de plufieurs fortes, je le fais; on peut choifir par conféquent entre les moyens de fe foutenir, ceux qui nous femblent plus faciles, qui ont plus de rapport à nos facultés & qui rendent fur-tout moins dépendant; mais il faut encore être en état de les mettre en œuvre quelque faciles qu'ils nous paroiffent.

La profeffion de Soldat, par exemple, eft une des plus nobles & des plus eftimables; elle feroit peut-être plus utile à la patrie, & fans doute plus recherchée, fi celui qui l'embraffe y trouvoit plus largement de quoi foutenir une vie qu'il y hafarde fi fouvent (a). Telle qu'elle eft, c'eft

---

(a) La guerre fur terre & fur mer employe d'autres moyens que la force des hommes, & exige des dépenfes plus confidérables que celles de la folde actuelle des Soldats. Auffi ce font bien moins les hommes que les richeffes qui foutiennent la guerre; car tant qu'on a des richeffes pour bien payer des hommes, on n'en manque pas pour réparer les armées; plus une Nation a de richeffes

toujours une reſſource honorable que celle
qu'on ſe fait, en ſe rendant capable de

---

pour faire renaître annuellement les richeſſes, moins
cette réproduction annuelle occupe d'hommes,
plus elle rend de produit net, plus le Gouvernement a d'hommes à ſa diſpoſition pour le ſervice
& les travaux publics; & plus il y a de ſalaire pour
les faire ſubſiſter, plus ces hommes ſont utiles à
l'Etat par leurs emplois & par leurs dépenſes, qui
font rentrer leur paye dans la circulation. Cela
établi, il eſt évident qu'un Gouvernement proſpere
& attentif, qui feroit un ſort honnête à ſes Soldats,
auroit bientôt, par cela ſeul, la ſupériorité des armes
ſur ſes voiſins; ſes Soldats bien nourris, bien entrete-
nus, auroient bien plus de force, de vigueur, de
courage; ils ne mourroient pas par troupes à l'Hô-
pital, ils ne déſerteroient point; ils quitteroient
rarement le ſervice, qui feroit pour eux un établiſſement aſſuré; 30000 hommes de ces troupes
pourroient faire face à 100000 de troupes ordinaires, & les uſeroient en pluſieurs campagnes.
Ce n'eſt pas le ſeul bien qui réſulteroit de ce hauſ-
ſement de paye raiſonnable, c'eſt que le nombre
des troupes diminueroit par-tout, chaque Prince
étant obligé, pour ne pas perdre ſes Soldats, (qui
iroient où ils trouveroient un meilleur traitement)
d'augmenter leur ſalaire en proportion du hauſſe-

R iv

défendre fon pays; mais tout le monde n'eft pas propre à apprendre le métier funefte des combats, ni d'un âge convenable pour y être admis. La finance offre un grand nombre de places fubalternes, mais outre qu'il faut du crédit ou de l'argent pour les obtenir, des talens particuliers pour s'y bien conduire, on s'y trouve fi fouvent entouré de fripons, qu'un honnête homme n'a pas peu de répugnance à embraffer un état qui fait foupçonner l'honneur de ceux qui le rempliffent. Heureux, encore une fois, celui

_____

ment qu'on en auroit fait ailleurs; alors les forces militaires de tous les Souverains ne feroient plus qu'en raifon de la force de leurs états refpectifs; tout fe remettroit à fa place; on ne verroit plus la tenfion forcée qu'on donne par-tout à l'appareil de la guerre, & la léfine effroyable qu'on employe pour nourrir à moins de frais, & en plus grand nombre, ces inftrumens des combats. La fociété & l'agriculture y gagneroient des hommes utiles qui, dans l'état préfent des chofes, fervent moins à défendre la Patrie qu'à la confumer à pure perte.

La paye du Soldat étoit de 5 fols, du temps de François Ier; mais 5 fols de ce temps-là en valoient 20 d'aujourd'hui.

que l'éducation a rendu capable de trouver alors sa reffource en lui-même, s'il a du courage & s'il fait travailler.

ARTICLE XII.

Quels font les travaux manuels & les points d'inftruction qui doivent être communs aux Enfans de tous les états.

L'HOMME, confidéré fimplement comme individu de fon efpece, a des droits à exercer, des devoirs à remplir, des befoins à fatisfaire; lorfqu'il eft membre de la fociété, & que fes relations le lient à tout ce qui l'environne, fes droits, fes devoirs & fes befoins n'en deviennent pas moins forts ni moins obligatoires; ils y acquierent au contraire plus d'étendue, en fe modifiant fuivant fa pofition. Ainfi, foit qu'il occupe une place éminente, foit qu'il fe diftingue par fa fortune, foit enfin qu'il fe trouve confondu dans le nombre des petits, il n'en eft pas moins homme, & ces trois points intéreffans ne font

R v

pas d'une moindre importance pour lui. Il
lui eſt donc toujours eſſentiel de connoître
parfaitement les droits qui le regardent &
les devoirs qui l'obligent ; & comme le
grand peut déchoir & devenir pauvre, il
eſt bon qu'il ſe donne les moyens de pourvoir à ſes beſoins caſuels, de même qu'il
eſt néceſſaire à un homme du peuple de ſe
mettre en état de pourvoir à ſes néceſſités
journalieres. Le travail, & le travail manuel,
comme moyen le plus facile de ſatisfaire à
ces beſoins, me ſemble donc une obligation indiſpenſable à tout homme, & il faut
qu'il apprenne de bonne heure à travailler,
pour qu'il puiſſe trouver dans ſes bras un
fonds aſſuré de ſubſiſtance.

Mais à quel travail prétendez-vous exercer indiſtinctement tous vos éleves, me
dira-t-on ? Je veux qu'ils ſoient tous en état
de cultiver la terre, & pour cela ils doivent
acquérir de la force & connoître l'Agriculture ; qu'ils deviennent capables d'entrer
dans un négoce, ce qui ſuppoſe des notions
certaines des vrais principes du commerce,
& la tenue des livres qui y ſont néceſſaires;

enfin je defire qu'ils apprennent un art méchanique, un métier. Tout ce dont je pourrois me relâcher fur ce dernier article, fût-
ce en faveur du fils d'un Seigneur, c'eft
de lui en laiffer le choix à fa volonté, con-
fentant qu'il prenne celui pour lequel il a
plus de penchant & d'aptitude, mais du
refte exigeant qu'il l'apprenne, quelle que
foit la fplendeur & la richeffe de fa maifon, qu'il le fache auffi bien que s'il l'avoit
appris de fon peré, & que réguliérement
chaque femaine il y travaille un jour ou
deux. Il faudroit un concours d'événemens
funeftes bien extraordinaire, pour fe trouver
hors d'état de réfifter aux revers de la fortune avec de tels fecours, pour n'avoir plus
qu'une vie précaire dans la fociété & devenir à charge aux autres & à foi-même.

J'ai ci-devant indiqué les moyens de donner à un enfant plus de vigueur & de force,
de le rendre par - là capable d'entreprendre de grands travaux & d'en foutenir
les fatigues ; j'ai montré enfuite comment
on pouvoit le former à l'Agriculture,
en enfeignant une maniere facile de lui

en rendre la pratique & la théorie familieres.
Nous verrons dans peu comment on peut le
faire paffer à la connoiffance du commerce
& des arts, & pour le rendre capable de bien
conduire un commerce & gérer les affaires
d'autrui, ce qu'il doit favoir en fus de l'arithmétique ordinaire & de la tenue des Livres;
deux chofes fouvent infuffifantes quoique
très-néceffaires, non feulement à ceux qui
veulent acquérir du bien, mais à tout homme un peu foigneux de conferver celui qu'il
poffede.

Voilà, me dira le préjugé, des objets
d'inftruction bien importans pour des gens
comme il faut; la pratique du labourage,
un métier, des Livres de compte! quelles nobles occupations pour les fils d'un
gentilhomme, d'un grand, d'un Magiftrat!
Voulez-vous fur des idées creufes, en faire
des laboureurs, des marchands, des ouvriers
de journée?

Et pourquoi non, s'il vous plaît? parce
que ce n'eft pas du bel air? Je ne connois
point le bel air, mais fi dans la convenance des chofes on fait entrer les con-

noiſſances les plus utiles, je pourrai dire
avec les gens inſtruits, que celles-ci doivent
avoir le meilleur air poſſible. L'ignorance
& l'oiſiveté auroient beau prendre un ton
dédaigneux, pour les rendre au moins ridicules, il n'y a rien en tout cela de ridicule
que leurs prétentions, leurs mauvaiſes plai-
ſanteries & leur fade perſiflage. Il ſera toujours vrai & toujours évident pour ceux qui
penſent, qu'il n'y a rien de plus intéreſſant
à connoître dans la ſociété, que les objets
ſur leſquels la ſociété même eſt fondée, &
qui en ſoutiennent l'enſemble en y donnant la ſubſiſtance à tous les individus. Au-
roit-on bonne grace d'ailleurs de prétendre avilir des occupations, que les ſouve-
rains de l'Orient, que les Empereurs de
la Chine n'ont pas cru au - deſſous de la
Majeſté du Trône (a), & que le jeune &

_____

(a) Les anciens Rois d'Egypte, de Perſe, d'Aſ-
ſyrie, faiſoient tous les ans, avec la plus grande
pompe, aux yeux de leurs peuples attendris, ainſi
que le fait encore aujourd'hui l'Empereur de la
Chine, l'auguſte cérémonie d'ouvrir & de labourer

fage Prince qui nous gouverne, a rendues plus refpectables dans nos climats en y employant fes mains auguftes (*a*).

la terre. Les Princes Mahométans, Empereurs du Mogol, de Perfe, de Turquie, qui n'ont pas l'agriculture en fi grande vénération, ont du moins une coutume très-louable ; c'eft qu'ils apprennent un art méchanique dans leur bas-âge, & l'exercent enfuite, non pas feulement par délaffement, mais comme s'ils pouvoient en avoir befoin un jour.

(*a*) Il y a déja plufieurs années que le Roi, alors Dauphin, a été curieux de s'inftruire de la pratique de l'Agriculture ; qu'il a pris plaifir à voir labourer ; qu'il a voulu connoître jufqu'à la manœuvre & aux détails de cette opération importante, fur laquelle fe fondent l'exiftence & la profpérité des Empires, la fubfiftance & le bonheur des hommes, la puiffance & la gloire des Rois. Le 15 Juin 1768, ce Prince dirigea fa promenade vers un champ qu'on labouroit ; il examina quelque temps la manœuvre, & demanda enfuite à conduire lui-même la charrue, ce qu'il exécuta avec autant de force que d'adreffe, au point que le Laboureur fut étonné, comme les Spectateurs, de la profondeur du fillon & de la jufteffe de fa direction. Cette action du Roi, qui n'a point d'exemple chez nos Nations Européennes, a paru

Je ne manquerai donc pas de motifs ni
d'exemples , pour juſtifier mon opinion ;

---

d'autant plus intéreſſante aux bons François, aux
Philoſophes ſenſibles , aux amis du genre humain ,
qu'ils l'ont regardée, de la part de ce Prince, comme
une eſpece d'engagement ſolemnel , de chérir & de
protéger toujours l'Agriculture , qui a procuré des
plaiſirs ſi purs à ſa jeuneſſe , & qui doit un jour
aſſurer ſa grandeur. Les Ouvrages périodiques l'ont
publié dans le temps. M. l'Abbé de Fleins a fait
exécuter une eſtampe qui repréſente ce Prince la-
bourant, tandis que M. Briſard a fait les vers ſui-
vans pour en conſacrer la mémoire par un monu-
ment plus durable. Tous les bons Patriotes doivent
me ſavoir gré de ce que je les rapporte ici. Ceux
qui les avoient déja vus les reverront avec plaiſir,
& ceux qui ne les connoiſſent pas les liront avec
délices.

> Mortels infortunés & chéris à la fois,
> Utiles Citoyens qui nourriſſez les Rois,
> Que l'allégreſſe enfin ſuccéde à vos alarmes ,
> Vous ne tremperez plus les ſillons de vos larmes :
> J'ai vu du bon Henri le jeune rejetton ,
> Héritier de ſon cœur & digne de ſon nom ,
> Dans nos champs étonnés eſſayant ſon courage,
> Soulever la charrue , & fier de ſon ouvrage ,
> Enfoncer un ſillon de cette même main ,
> Qui doit porter le ſceptre & régler le deſtin....

je viens d'en dire affez pour en impofer au préjugé & aux critiques frivoles. J'efpere qu'on ne me trouvera pas ridicule, fi on veut obferver que quand on n'auroit pas à fuivre les exemples illuftres que je cite, la raifon & l'expérience ne ceffent de nous faire entendre, que vû la mobilité des chofes & les accidens journaliers qui nous furprennent, on ne fait ce qui peut nous arriver. Il eft donc bien avantageux de pouvoir fe faire Négociant, Artifan, Laboureur même fi la néceffité le demande. Tout

On verra donc un jour au Temple de mémoire,
Un Roi cultivateur, un Prince dont la gloire
N'aura point épuifé le fang de fes Sujets,
Qui n'aura rien conquis qu'à force de bienfaits.
Il aura pour appui Cerès & non Bellonne,
Pour fceptre un olivier, fes vertus pour couronne.
L'airain n'offrira pas aux yeux épouvantés
D'attributs teints de fang, de rebelles domptés,
De captifs enchaînés une foule éperdue;
Mais des gerbes, des focs, une fimple charrue,
D'utiles Laboureurs & de bons Payfans,
Et leurs chaftes moitiés & leurs nombreux enfans,
Tout un peuple à genoux béniffant fa mémoire,
Embraffant fa ftatue; & la France à fa gloire,
Au lieu d'éloges vains, de titres faftueux,
Y gravant ces feuls mots : *il les rendit heureux.*

homme qui a l'ame grande & qui penfe
noblement , m'applaudira , fans doute , en
fentant combien il eft beau dans le malheur de n'avoir à s'appuyer que fur foi , pour
n'être pas obligé de faire des courbettes ,
mille fois plus humiliantes pour un homme de cœur, que ne peut l'être le malheur
même.

CHAPITRE IV.
DU COMMERCE.

ARTICLE PREMIER.

Définition & but du Commerce.

ON attache ordinairement un sens assez vague à ce mot *commerce.* Dans le sens le plus étendu, c'est toute communication réciproque entre les hommes (*a*). Sous une acception plus particuliere ou suivant le langage commun, c'est l'action d'acheter pour revendre à profit les productions de la terre ou les ouvrages de l'art. Pour ne pas laisser d'idées confuses à ce sujet & nous expri-

_____

(*a*) La société, les travaux, les communications d'intérêt, les relations, tout cela ne fait qu'un, & tout cela est commerce. A mesure que la société s'étend par le concours, par les relations & par le commerce, le commerce s'étend par l'extension de la société.

mer d'une maniere plus exacte, nous difons que le commerce eft un échange de
deux ou plufieurs objets de valeurs pour
valeurs égales, pratiqué par le moyen d'A-
gens intermédiaires ou fans ces Agens pour
l'intérêt commun des échangeurs. S'il fe
fait immédiatement entre les producteurs
& les confommateurs, nous lui donnons
proprement alors le nom de commerce; fi
c'eft médiatement nous l'appellons négoce
ou trafic. Dans le premier cas, il eft plus
fimple, car il n'exige ni façons ni voitures, ni
revendeurs. Dans le deuxiéme, plus compofé, il a befoin des façonneurs, des voituriers
& des revendeurs en titre. Sous quelque afpect
qu'on le regarde, il ne s'établit pas fur des
befoins mutuels & une dépendance chimérique, comme l'ont prétendu des écrivains
qui ont traité de cette matiere; car que
vous ayez befoin de bled & moi de vin,
ce n'eft pas ce qui fera naître un commerce
entre nous; c'eft au contraire de ce que
vous avez du vin & la volonté de ne le pas
boire, de ce que j'ai du bled & la volonté de
ne le pas confommer, qu'il va réfulter un

échange. Le commerce ne naît pas de la
difette, c'eft l'abondance qui en eft la mere,
& qui le fait fubfifter. Les hommes ne penfent à échanger leurs productions pour d'autres, & à jouir des productions naturelles
qu'ils n'ont pas, que lorfque la terre produit
par la culture, des fruits au-delà de la fubfiftance de ceux qui la travaillent.

Les productions naturelles de la terre &
des eaux, qui font la bafe du commerce,
fe diftinguent en deux efpeces ; les unes
appellées fubfiftances, les autres, matieres
premieres des ouvrages de l'art. Les unes &
les autres font d'abord dans la poffeffion
des producteurs, d'où elles paffent quelquefois immédiatement dans les mains de
ceux qui les confomment, & le commerce
eft là dans fon effence abfolue ; plus fouvent elles font vendues en argent aux ma-
nufacturiers, voituriers & marchands qui les
façonnent, les tranfportent & les trafiquent,
& durant ce temps là confomment des fubfiftances. De leurs travaux réfulte une maffe
de marchandifes façonnées à la place de
celles des matieres premieres & des fubfif-

tances qui n'exiſtent plus. Une partie de ces marchandiſes demeure entre leurs mains pour leur propre uſage, le ſurplus eſt vendu tant aux propriétaires des terres, qu'aux cultivateurs; & s'il en reſte encore dont la Nation ne veuille point, on l'échange, par le négoce extérieur, contre d'autres ſubſiſtances ou marchandiſes ouvrées, que la Nation a deſir de conſommer (a).

_____

(a) Le commerce de Nation à Nation n'eſt toujours qu'un échange de valeurs pour valeurs égales. Si le commerce enrichit une Nation, cela n'eſt vrai que dans le ſens, qu'il eſt pour elle une reſſource qui lui permet d'augmenter ſes richeſſes par la culture, & non qu'il puiſſe les accroître par lui-même. « Pluſieurs croient néanmoins qu'une » Nation gagne ſur une autre Nation; ils ne voient » pas qu'une Nation n'eſt qu'un corps compoſé de » pluſieurs hommes, qui tous ſéparément, ne peu- » vent payer le prix de ce qu'ils achetent qu'avec » le prix de ce qu'ils vendent; que des millions » d'hommes, réunis en corps de Nation, ne trou- » vent point, à la faveur de leur nombre, le » moyen de paſſer les poſſibles & de donner ce » qu'ils n'ont pas; qu'ainſi les Loix naturelles du » commerce, les conditions, ſans leſquelles il ne

Telle eſt la marche du commerce, ſous le double point de vue où il peut être conſidéré. Dans ſa plus grande ſimplicité, il eſt d'une utilité plus générale, parce que alors la conſommation eſt proche de la production, qu'elle ſert à l'augmenter, & qu'on évite par-là les grandes dépenſes de charrois, de fret, de magaſinage (*a*), qui faiſant tomber à bas prix les ventes de la premiere main, font décroître les revenus du territoire, la maſſe des ſalaires & la population. Lorſqu'il a beſoin d'intermédiaires, il n'eſt pas ſi profitable par les raiſons contraires, & parce que les profits qui demeu-

---

» peut ſe ſoutenir, ſont de Nation à Nation comme » d'homme à homme; qu'une Nation enfin ne peut » vendre qu'autant qu'elle achete, & ne peut » acheter qu'autant qu'elle vend ». *Encyclopédie économique.*

(*a*) Tout cela, de même que l'activité & l'induſtrie de ceux qui les emploient, quoique très-utiles, comme pourvoyant à la néceſſité du rapprochement indiſpenſable de ces deux choſes, la production & la conſommation, ne ſont pourtant que des frais pris ſur la choſe même.

roient aux Agens de la culture, paſſent en partie à une claſſe qui ne tient point à la terre, & n'eſt riche que de richeſſes amovibles.

Le commerce n'eſt pas *l'ame des Etats*, comme on l'a cru & comme on l'a tant prôné. La baſe de la proſpérité des Etats n'eſt autre que l'agriculture; mais comme le commerce anime & étend l'agriculture, & que celle ci languiroit ſans lui & ſécheroit, pour ainſi dire, dans ſa racine, il eſt pour les ſociétés d'une néceſſité indiſpenſable, quoique ſecondaire, puiſqu'il eſt l'échange & le moyen de la conſommation, &, par-là même de la production (*a*).

(*a*) Le commerce eſt la corde d'un puits, ſans laquelle l'eau qu'il contient devient inutile. On auroit tort de prétendre néanmoins que cette corde & l'uſage qu'on en fait, ſont la ſource de l'eau du puits; c'eſt au contraire l'eau qui eſt dans le puits, jointe à la connoiſſance & au beſoin qu'on en a, qui eſt la cauſe de l'uſage qu'on fait de la corde; il ne faut point confondre les cauſes avec les moyens.

La plupart des Gouvernemens de l'Europe, à qui on a préfenté le commerce comme la fource des richeffes, & qui font encore perfuadés de cette erreur, ont mis en jeu tous les refforts de leur puiffance pour donner à leur Nation la fupériorité du commerce; mais pas plus inftruits fur les conféquences qui devoient en arriver, que fur le principe qui les faifoit agir, ils ont pris des mefures pour réuffir, qui contrarioient abfolument leurs intentions peu éclairées. Sourdes négociations, actes excluſifs & repouffans, gênes & prohibitions, guerres atroces & ruineuſes, combats fur terre & fur mer, dans l'ancien & dans le nouveau monde, tout a été mis en œuvre pour rendre hommage à cette idole, tout lui a été facrifié; mais il en eft réfulté ce qu'on avoit lieu d'en attendre, un épuifement réciproque, des pertes immenfes pour tous les concurrens, & un défordre inconcevable dans ce commerce qu'on vouloit tant exalter. L'Adminiftration, qui ne voit l'intérêt du commerce que dans celui du Commerçant, eft encore dans l'ignorance.

rance (*a*). Elle doit féparer dans fon idée l'intérêt du Commerçant de celui dè la

---

(*a*) Les Négocians, Trafiquans ou Marchands fervent le commerce, mais ne le font pas. On dit pourtant : « les Hollandois font un grand com- » merce dans la Mer Baltique : mais, dans le » vrai, c'eft un grand trafic ; les Hollandois ne » font que les intermédiaires du commerce qui fe » fait entre les Vendeurs du nord & les Confom- » mateurs du midi ».

Les profits des Négocians, qui font illufion à tant de monde, font le prix de leur induftrie, le falaire de leurs peines, l'intérêt de leurs avances, les compenfations de leurs rifques ; mais le princi- pal avantage des échanges eft toujours pour les pro- ducteurs & les confommateurs des chofes échangées.

Une maxime équivoque dans notre Langue eft celle-ci : *il faut favorifer le commerce.* Dans le fens le plus jufte, elle eft vraie ; car elle fignifie alors qu'il faut exciter la multiplication des pro- ductions, celle des échanges, celle des confomma- tions, qui font le bien-être des hommes. Mais dans l'acception vulgaire, qu'*il faut favorifer le trafic & les trafiquans*, elle eft oppofée aux vrais principes, elle eft fauffe & préjudiciable. Les fa- veurs qu'on doit au commerce font *liberté générale, immunité parfaite, facilités univerfelles*; elles

Nation , & ne regarder que celui-ci ; car en adoptant le premier & le foutenant, elle privilégie l'intérêt particulier & lui donne la préférence fur l'utilité publique. Laiffez agir le Négociant, il ira bien de lui-même au but où il doit tendre ; en travaillant à fon propre avantage, il concourt au bien général. L'autorité fouveraine ne doit même

diminuent les frais , excitent la concurrence & augmentent les profits & les avances de la culture. Les Négocians eux-mêmes , comme Agens accef-foires du commerce, trouvent de grands avantages dans ces faveurs ; mais quand pour les rendre plus confidérables, ils veulent les fixer fur eux feuls, quand ils furprennent du Gouvernement dès ex-ceptions particulieres, des priviléges exclufifs, des préférences, dès-lors les défauts de concurrence font naître le monopole, & il y a moins de récol-tes, moins de fabrications, moins de voitures, moins d'achats & de ventes, moins de confompa-tions & de jouiffances, par conféquent moins de commerce, proprement dit. Enfin le Trafiquant trouve fon avantage dans les faveurs faites au com-merce ; mais les faveurs exclufives accordées aux Négocians & au trafic, font à la ruine du com-merce.

au commerce de la Nation que la protection tutélaire qui veille aux propriétés ; elle
n'a befoin d'employer le pouvoir que pour
repouffer la force attentatoire, & contenir
l'injuftice : le Trafiquant & le Négociant
en demanderoient-ils davantage ? La liberté,
la fûreté, la facilité des débouchés, font
comme les trois branches de cette protection
vigilante ; & c'eft à quoi elle doit fe borner, fans fonger à adminiftrer, à régle-
menter, à défendre ou à prefcrire. *Laiffez
faire & laiffez paffer*, voilà tout le code du
commerce, difoit un illuftre Magiftrat (*a*) ;
j'ajouterai, donnez les moyens de paffer ;
c'eft-à-dire, conftruifez des chemins, des
ponts, des levées, des digues, des canaux
& des ports (*b*), parce que le commerce

(*a*) Feu M. de Gournay, Intendant du Commerce.

(*b*) C'eft le devoir d'un bon Citoyen de confa-
crer ce qu'il a de talens au fervice de la Patrie.
L'Auteur de cet Ouvrage, perfuadé de cette maxime, s'eft occupé depuis long-temps des moyens
de rendre utile à fes compatriotes le peu de

S ij

s'étendra en raison des facilités qu'il trouvera à circuler. Toutes chofes réfiftent à

---

lumieres & de connoiffances qu'il a reçues de la
Nature & de l'expérience des chofes, en s'appliquant à trouver un débouché commun à toutes les
Provinces de la France par le centre du Royaume.
Il a conçu le projet d'un canal qui répond parfaitement à cette idée. A l'inftar du canal de la Chine,
qui traverfant ce vafte Empire, en joint toutes les
parties, & facilite de l'une à l'autre le tranfport
des denrées & des marchandifes, le grand canal
de la France mettroit toutes fes Provinces en communication les unes avec les autres. Ce projet lu &
fort approuvé par un grand nombre de Gens de
mérite, a déja été préfenté au Miniftere, qui le
fera fans doute paffer au Confeil, quand il aura
bien connu les facilités de l'exécution.

L'Auteur y propofe la confection d'un canal qui
joindroit la Loire & la Garonne, & qui traverfant
le Limoufin & vivifiant tout le milieu de la France,
en uniroit & rapprocheroit toutes les villes les plus
confidérables.

Propofer un canal, c'eft propofer une chofe
très-utile; mais en propofer un qui devienne comme
le lien commun de toutes les Provinces, qui foit
capable de ranimer tous les pays de l'intérieur qui
font dans la mifere, c'eft donner occafion au Gou-

être mal adminiſtrées ; le commerce répu-
gne ſur-tout à l'être. Le ſurcharger, le vexer,

---

vernement de faire le bien & de répandre ſes in-
fluences favorables ſur les lieux qui en ont le plus
de beſoin.

La France, a très-bien dit M. de Monteſquieu,
eſt comme le globe terreſtre. Le feu eſt au centre, la verdure couvre la ſurface, un ſable aride
occupe l'entre-deux ; ainſi l'abondance & les richeſſes fermentent dans la Capitale & circulent
ſur les frontieres ; mais l'entre-deux, & ſur-tout
les Provinces qui n'ont pas de débouchés, périſſent
de langueur. Telles ſont les Provinces du Haut-
Quercy, du Haut-Périgord, du Haut & du Bas-
Limouſin, de la Marche, du Haut-Poitou & d'une
partie de l'Angoumois. Elles trouveroient dans ce
canal un encouragement à la culture & des reſſources progreſſives qui y feroient naître les richeſſes & les habitans qui leur manquent.

L'Auvergne & le Limouſin ſont la Suiſſe de la
France, c'eſt-à-dire, le pays le plus élevé du
Royaume. De ces deux Provinces, & ſur-tout du
Limouſin, ſortent pluſieurs rivieres, qui, ſuivant
l'inclinaiſon & les ſinuoſités du terrein, ſe répandent, les unes au nord, & vont groſſir la Loire ;
les autres au midi, & mêlent leurs eaux à celles
de la Garonne.

l'épuiſer, c'eſt l'éteindre ; mais lui donner
la facilité des tranſports , lui faire des voies

Du nombre des premieres , la Vienne qui arroſe
Emoutiers , Saint-Léonard , Limoges , Saint-Ju-
nien , Confollent , Chatelleraut , Chinon , &c. roule
un volume d'eau conſidérable , mais ſon lit a trop
de largeur ; cependant depuis Chatelleraut , où les
bateaux de Nantes remontent , on peut la rendre
navigable en reſſerrant ſes bords juſqu'à Limoges.
Parmi les fecondes , la Vesère qui ſépare le Haut
du Bas-Limouſin , prend d'abord ſon cours vers le
couchant , puis , tournant au midi , ſe jette dans
la Dordogne , qui elle-même ſe joint à la Garonne
au bec d'Ambès. Elle baigne Treignac , Uzerche ,
le Saillant , paſſe peu loin de Brive & fertiliſe les
plaines de Terraſſon , de Montignac , de Saint-
Léon. Son cours n'eſt pas auſſi étendu que celui
de la Vienne ; néanmoins , avant de ſe joindre à
la Dordogne , elle n'eſt guère moindre que la
Vienne à ſon embouchure. La Vesère eſt navigable à Saint-Léon , à Montignac , à Condat , & les
bateaux de ſel remontent juſqu'à Terraſſon , à trois
lieues de Brive. Il y a long-temps qu'on s'eſt occupé
du projet de la rendre navigable juſqu'à cette derniere ville , ce projet a même paſſé au Conſeil : il
en réſulteroit un grand avantage pour le Bas-Limouſin ; mais on ne ſauroit le comparer à ceux que

commodes & de grands débouchés peu dif-
pendieux, le garantir des vexations, des

---

procureroit à tout le Royaume, & particuliérement
aux Provinces voisines des deux rivieres, la jonction méditée.

Pour bien comprendre la possibilité & se faire
une idée juste du projet de jonction, il est nécessaire de considérer attentivement sur une bonne
carte de France, ou encore mieux sur une carte
du Limousin, le cours des deux rivieres de Vienne
& de Vesère. On verra d'abord qu'avant de se
faire une route directe, l'une vers le nord, l'autre
vers le midi, elles s'éloignent en coulant obliquement
ment au couchant; la Vienne prenant sa direction vers le couchant d'été, la Vesère vers celui
d'hiver, c'est-à-dire, la premiere vers le nord-
ouest, la seconde vers le sud-ouest. On s'appercevra qu'elles laissent entr'elles un espace, qui
s'élargit en raison de leur éloignement, & que cet
espace est coupé par plusieurs ruisseaux. Parmi ceux-
ci on peut en remarquer deux plus considérables
que les autres, qui coulent dans le sens des deux
rivieres, & vont grossir, l'un la Vienne, l'autre la
Vesère. Qu'on suive de l'œil, en remontant le cours
de la Vesère jusqu'à Uzerche, on verra le Bréda-
cou se perdre dans celle-ci; qu'on suive le cours
de ce ruisseau jusqu'à sa source, on remarquera à

S iv

taxes & des entraves, c'eſt lui donner tous les moyens poſſibles de parvenir à ſon plus

peu de diſtance la Briance, qui paſſant à Pierre-Buſſiere & à Solignac, va ſe jetter dans la Vienne au-deſſous de Limoges.

C'eſt par la jonction de ces deux gros ruiſſeaux, que peuvent s'opérer celle de la Vienne & de la Veſère, celle de la Loire & de la Garonne, & que Limoges & Toulouſe, Bordeaux & Paris peuvent ſe rapprocher. On ne déguiſera pas que la confection de ce canal demanderoit des travaux conſidérables. La partie entre Uzerche & le Saillant offriroit ſur-tout beaucoup de difficultés; mais outre que par le projet l'Etat eſt déchargé des frais de cet ouvrage, les dépenſes & les difficultés ſeroient bien au-deſſous de celles qu'on trouva dans la confection du canal de Languedoc.

On fut, pour ainſi dire, obligé de créer des eaux pour celui-ci, de percer des montagnes & de les voûter, de combler des vallons & de conſtruire ſur des rivieres qui croiſent ſa direction, des ponts aſſez ſolides pour porter ce canal & les barques peſantes qui le parcourent; dans celui du Limouſin on ne manqueroit jamais d'eau, les travaux les plus conſidérables conſiſteroient dans le nettoyement du lit des rivieres, ou pour mieux dire, dans les excavations qu'on feroit à côté, dans la conſtruction

grand accroiſſement, pour le bien de ceux qui le gerent & la proſpérité de l'Etat; car

---

& le nombre des écluſes. L'excavation néceſſaire pour opérer la jonction ne ſeroit pas de trois lieues. Les matériaux pour la conſtruction des écluſes & les murs de revêtement, ſeroient pour ainſi dire ſous la main; le bois & la pierre, le fer & le plomb même ſe trouvant dans les lieux où doit paſſer le canal. Ajoutez à cela le prix modique des Ouvriers, & la facilité d'en trouver un grand nombre dans la Province.

On ne ſauroit calculer ici les avantages qui réſulteroient de cet ouvrage, qui, en portant la chaleur & la fécondité dans nos Provinces, ſeroit en même-temps un embelliſſement pour le Royaume. Le Quercy fourniroit des marbres rouges, le Périgord & l'Angoumois des eaux-de-vie moins cheres, des fruits délicieux, du gibier excellent. Les vins d'Allaſſat, de Voutezac, du Saillant; de la Rochette, du Pui d'Arnac, ſortiroient des frontieres du Limouſin, qu'ils paſſent rarement, ſe répandroient dans les pays étrangers, & viendroient briller ſur les tables de la Capitale, où leurs bonnes qualités leur aſſigneroient bientôt une place. On fouilleroit les carrieres d'ardoiſe ſi abondantes dans tout le Bas-Limouſin; on ouvriroit les mines de charbon, qui y demeurent inutiles; on exploiteroit avec plus

S v

en cherchant dans le commerce l'avantage des débouchés, on trouve en même-temps

de succès celles de fer, de plomb, d'alun, d'antimoine, d'or & d'argent que la Nature y a placées. Les bois de toute espece iroient chercher au loin une valeur qu'ils n'ont pas dans le pays. Que de trésors naîtroient dans ces Provinces ! que de richesses en sortiroient, qui y restent enfouies faute de débouchés, & demeurent pour ainsi dire inconnues, à cause des difficultés & des trop grands frais du transport ! Mais les véritables richesses se tireroient des champs, des vergers, des vignes, fertilisés par le débit sûr & avantageux des productions ; la Nature prendroit, dans ces contrées qui languissent, une face riante & féconde ; les Habitans ne se feroient plus une habitude d'aller offrir le secours de leurs bras dans des pays lointains, ils trouveroient à les employer plus utilement près de leurs foyers ; l'abondance, la paix & le bonheur qui la suivent, les y attacheroient de plus en plus ; la France verroit ainsi son Domaine s'étendre & ses Habitans se multiplier, en ne faisant des conquêtes que sur elle-même.

Quel tableau touchant pour des cœurs patriotes ! quelle belle occasion pour un Ministre de sentir le plaisir généreux de faire du bien, d'étendre les bienfaits de son Roi dans l'avenir, de le faire

l'avantage des propriétés foncieres ; dans
celles-ci l'avantage de la culture , & dans la

bénir à jamais par nos defcendans , & d'avoir part
lui-même à des bénédictions fi bien méritées. Efpé-
rons que tant de raifons & d'avantages réunis
dans notre projet, ne le laifferont pas au rang de
ceux de M. Ormin, & que la vue du grand profit
qui doit en réfulter pour la France, le fera accueillir
& exécuter.

Le bon Henri IV a joint la Loire à la Seine ;
Louis XIV a réuni les deux mers par un canal de
foixante-dix lieues. Pourquoi le Souverain qui nous
gouverne n'acheveroit-il pas ce que ces deux grands
Monarques ont commencé ? On peut d'autant
mieux efpérer que Louis XVI étendra fa main bienfaifante fur les Provinces du centre du Royaume,
que fon Prédéceffeur a joint par un canal de communication la Picardie , l'Artois & la Flandre , c'eft-
à-dire , les Provinces les plus fertiles de l'Etat ; les
canaux qui joignent la Lys , l'Aa , la Scarpe , font
achevés ; le canal de Picardie qui doit joindre la
Scarpe à la Somme , & celle-ci à l'Oife , eft déja
bien avancé ; le canal de Bourgogne va être fait :
un Arrêt du Confeil de l'année derniere 1774 ,
vient d'ordonner la répartition des fommes néceffaires qu'exigent les canaux de ces deux Provinces.
Celles qui font moins favorifées par leur fituation

S vj

culture l'avantage des subsistances, l'accroif-
sement de la population & des forces d'un
Empire.

éloignée de la mer, & dans des besoins plus preffans, n'ont-elles pas quelques droits aux bontés de
leur pere commun, qui, dans la circonstance,
peut leur rendre la vie par un seul acte de sa volonté, & sans qu'il lui en coûte que de vouloir?

Qu'on me permette de faire ici un rêve politique (tant d'autres en font les yeux ouverts, qui
n'ont pas le bien public pour objet). Je suppose
le canal du Limousin fait ; celui de Bourgogne mené
à sa perfection ; celui de la Moselle & de la Saone,
projetté depuis plus de 1500 ans par un Proconsul
Romain dans les Gaules, achevé ; celui du Rhin
& du Danube par le Nekre & le Mein, commencé par Charlemagne, mis en état de porter
des barques ; je ne vois point de pays ni de villes
un peu considérables dans le centre de l'Europe,
où l'on ne puisse aller en bateau. Alors des mar-
chandises parties du fond du Languedoc peuvent
être voiturées par eau aux frontieres septentrionales
de la France, en Allemagne, en Hongrie, en
Pologne, en Turquie, en Russie. Et qui fera tous
ces canaux, me dira-t-on ? Eh ! ne vous ai-je pas
dit que c'est un songe ? mais à quoi tient-il qu'il
ne se réalise ? il ne sera plus un songe quand les

Après avoir parlé du commerce, proprement dit, si nous voulons passer à l'examen du négoce, qui en est un accessoire, nous aurons plusieurs choses à considérer ; car le commerce, qui admet les intermédiaires, renferme quatre objets qu'il ne faut pas confondre. Ces quatre objets sont, 1°. les causes du commerce ; 2°. la matiere du commerce ; 3°. la fin du commerce ; 4°. les moyens du commerce.

Les consommateurs, comme premiers vendeurs & derniers acheteurs, sont les causes du commerce ; car ce sont eux qui le provoquent & l'occasionnent. La matiere du commerce est la masse de toutes les choses commerçables fournies par les producteurs, qui sont aussi des consommateurs. La fin du commerce est la consommation

---

Gouvernemens connoîtront mieux leurs intérêts. Et où trouver l'argent nécessaire pour ces dépenses ? dans les trésors employés pour la guerre. Hélas, on sacrifie tout pour se ruiner & se détruire, & l'on refuse tout pour établir la progression du bien à l'infini ! Il faut espérer qu'un jour les hommes verront mieux & feront mieux.

de ces mêmes chofes commerçables , & les
moyens du commerce font tous les inftrumens , tous les agens, par les procédés def-
quels on parvient à cette confommation.
Ce n'eft donc que comme moyens que les
Trafiquans tiennent à cet enfemble que
nous appellons commerce.

ARTICLE II.

*[Qualités néceſſaires à un Négociant pour
en faire un Citoyen utile.*

QUOIQUE les Trafiquans ne foient pas
d'une utilité premiere dans la fociété , ils
concourent pourtant à lui rendre des fervices affez importans , pour mériter qu'on
les regarde comme une claffe de Citoyens
recommandables, s'ils ont dans leur état les
qualités requifes. Ces qualités , qui établif-
fent leur fortune & profitent au bien public,
peuvent fe réduire à quatre , indifpenfables
pour rendre leur profeffion honnête & lu-
crative ; connoiffances , induftrie , activité,

bonne foi, doivent former l'essence de quiconque veut embrasser le négoce & le traiter avec avantage.

Les connoissances nécessaires au Négociant, ne renferment pas seulement des notions claires des droits & des devoirs de l'homme en société, du juste & de l'injuste absolu; mais les vrais principes du commerce, dont nous avons parlé, l'art de former une suite de combinaisons profitables, d'en arranger les parties, d'en voir les moyens & les effets, d'établir des correspondances qui augmentent & accélerent le jeu des opérations, tout cela précédé de la science des détails nécessaires à tout homme, qui ayant à acheter & à vendre, à donner & à recevoir, est obligé de tenir un registre exact de recette & de dépense pour se rendre compte à soi-même, & pouvoir montrer aux autres, s'il est nécessaire, la régularité de sa conduite dans tout son jour. Il faut donc qu'un Négociant possede le calcul, comme préliminaire de sa science; qu'il soit exercé à la tenue des livres; qu'il n'oublie rien enfin de ce qui est en usage dans le

négoce, pour donner plus de sûreté à ses
entreprises, plus d'exactitude à ses affaires,
plus de facilité à ses expéditions, plus de
crédit à son intelligence.

L'industrie, qui est une disposition naturelle de l'esprit à rechercher, à inventer,
à tirer parti des talens & des circonstances,
s'exerce comme la mémoire ; & comme
elle, se développe par l'usage qu'on en fait:
on ne peut guère s'en servir que lorsqu'on
connoît bien les rapports des objets & la
liaison des choses. Dans le commerce, on
entend par industrie le talent & l'habitude
qu'on a de conduire son négoce, l'habileté
à le rendre productif, & dans ce cas tout
le monde peut l'acquérir jusqu'à un certain
point ; mais lorsqu'un homme porte cette
qualité dans le commerce à un degré éminent, il forme alors ces spéculations brillantes qui frappent par leur nouveauté, sur-
prennent par leur hardiesse, & se font applaudir par leurs avantages. On doit quelquefois à ses vues lumineuses l'apperçu de
liaisons très-utiles à former, l'indication d'é-
tablissemens très-profitables, la découverte

d'une branche de commerce ignorée ou peu connue dans un canton, & qui va lui donner la chaleur & la vie.

L'activité n'est que la promptitude & la diligence qu'on met à faire quelque chose, à saisir vivement les occasions qui déterminent les succès, à employer sans retard les moyens & les circonstances favorables. On sait combien l'activité assure d'avantage à nos entreprises, lorsque nous avons des concurrens & des rivaux. A la guerre, à la Cour, au Palais, & dans ce qu'on appelle les affaires, la victoire couronne souvent l'activité ; elle n'est pas moins utile dans le négoce, où chacun fait sa part la meilleure qu'il est possible, & a droit de le faire lorsqu'on y jouit de la liberté de la concurrence, & que chacun ne peut avoir de préférence qu'à raison de ses talens.

Enfin la bonne foi, nécessaire dans la société, est indispensable dans le commerce pour établir le crédit & s'attirer la confiance. La bonne foi est la fidélité constante à observer nos engagemens, soit tacites ou publics, par écrit ou de vive voix. Elle est la bafe des liaifons entre les hommes, elle les foutient & les perpétue ; y manquer, c'eft les diffoudre autant qu'il eft en nous, c'eft bleffer la probité & faire fuir la confiance & l'eftime. Tout engagement fuppofe une obligation réciproque ; en manquant à nos engagemens, pour quelque intérêt que ce foit, nous ne difpenfons pas feulement les autres de fe fier à nous déformais, nous leur remettons, en quelque forte, la foi qu'ils nous ont promife. L'infidélité dans le monde fait tort à l'honneur de celui qui en eft coupable. Elle a une plus grande influence dans le commerce, où elle n'attaque pas feulement l'honneur du Trafiquant infidele, mais bleffe encore les propriétés de ceux envers qui il s'eft engagé, & par-là devient d'autant plus odieufe, que la confidération de l'intérêt perfonnel l'emporte chez la plupart des hommes, fur toute autre confidération.

Nous ne pouvons donner à nos éleves ni l'activité, ni l'induftrie, qui font un préfent de la Nature, & qui ne s'étendent & ne fe perfectionnent que par l'exemple & l'ex-

périence ; mais en les pourvoyant des connoiſſances eſſentielles, en leur apprenant
à diſtinguer le commerce du trafic, le Négociant du Marchand détailleur, en leur
rendant familiers les arts acceſſoires & les
pratiques communes aux diverſes branches
de commerce ; enfin en les formant à la
bonne foi par la vue de leur intérêt propre,
des loix de l'honneur & de la probité, nous
les rendrons capables d'entreprendre un négoce quelconque, de le ſoutenir habile-
ment, & d'en tirer de ſolides avantages,
tant pour les autres, que pour eux-mêmes.

CHAPITRE V.
DES ARTS.

ARTICLE PREMIER.

*De la connoissance des Arts qui doivent
entrer dans l'Education commune.*

LA Nature produit & l'homme façonne;
le génie & la nécessité ont inventé les
Arts (*a*), qui modifient les productions pour

(*a*) Il y a cette différence entre les Sciences &
les Arts, que les Sciences font la connoissance de
la Nature, & que les Arts en font l'imitation ou
diverses connoissances réduites en pratique, selon
certaines regles.

L'Histoire des Arts est l'Histoire de l'esprit
humain. Il suffit, pour connoître le prix des
Arts, de voir ce qu'étoit le monde dans son enfance, où l'homme, sans secours, étoit forcé
par la nécessité de pourvoir à sa subsistance &
à sa défense, de se faire un asyle & des vétemens
qui le missent à l'abri des injures de l'air, & où,

les appliquer à nos befoins & à nos plaifirs ;
mais la plupart des hommes jouiffent des
commodités que les Arts leur procurent,
fans connoître les Arts ; & les connoiffances ne font arrivées que bien lentement au
point où nous les voyons aujourd'hui. Les

---

manquant de tout, il étoit obligé d'imaginer fans
ceffe pour fatisfaire les befoins les plus preffans.
Tant de peines, d'embarras, de travaux, nous ont
été épargnés par les Inventeurs des Arts, qui ont
tout facrifié, biens, repos, fanté, & quelquefois
la vie, pour faire les premiers effais. L'étendue
de notre gratitude envers ces hommes laborieux
doit être proportionnée à l'importance de leurs
fervices. Ils ont travaillé pour nous & pour tous
les fiecles, & nous jouiffons du fruit de leur travail & de leur induftrie. Si nous fommes abondam-
ment nourris, vêtus & logés commodément, fi
nous avons tant de plaifirs variés, c'eft aux Arts
que nous le devons ; ils ont converti à notre ufage
toute la Nature. Infenfés que nous fommes, la
fauffe gloire nous éblouit, les faux plaifirs nous
féduifent, nous admirons ce qui nous en impofe,
nous célébrons des hommes de fang, & à peine
favons-nous le nom des Inventeurs des Arts les plus
utiles :

lumieres qu'elles répandent ont demeuré si
long temps à percer les ténebres de l'ignorance qui couvroient l'humanité, à éclairer l'égarement stupide, dans lequel des
révolutions ont plongé la terre, qu'on ignore
les noms des Inventeurs de la plupart des
Arts utiles, & qu'on ne sait guère combien
il a fallu de siecles pour trouver la forge, la
charrue, le moulin, l'Architecture, la Me-
nuiserie, la Draperie, l'Imprimerie, &c.
Les ignorans & le peuple, indifférens à cet
égard, jouissent de tous ces avantages sans
y faire attention, ou pensent que ces choses
ont existé de tout temps comme le Soleil
& la Lune, & n'en gardent aucune reconnoissance. Les hommes instruits, au contraire, aiment les Arts avec passion, les
honorent, les récompensent ; mais plus
charmés des Arts, qui font supposer dans
ceux qui les exercent un tact plus fin, un
sentiment plus exquis, un goût plus déli-
cat, en un mot, plus d'invention & de
génie ; &, plus frappés de l'agrément que
de l'utilité, la plupart donnent leur admiration & la préférence aux beaux Arts, qui

dépendent plus de l'efprit que de la main, fans trop s'occuper des Arts Méchaniques ; mais les hommes qui voient bien le vrai des chofes, ceux qui penfent folidement, les Philofophes (a) fenfibles, qui ont pour but de leurs travaux le bonheur de l'humanité, n'ont garde de fuivre cet exemple ; ils favent que le néceffaire doit précéder dans l'eftime des hommes, comme dans la fociété, les chofes de pur agrément, ou qui n'ont qu'une utilité fort éloignée. Auffi, malgré la façon de penfer prefque générale autrefois, & encore

---

(a) La Hire, célebre Aftronome, Mathématicien, Géometre, ne paffoit jamais devant un moulin à vent qu'il n'ôtât fon chapeau, pour honorer la mémoire de l'Inventeur d'une machine fi utile. On peut dire à ce fujet que l'invention en eft affez moderne, & que celle des moulins à eau ne remonte pas à une antiquité bien reculée, puifque les Romains ne les connurent qu'affez tard. On étoit obligé de fe fervir de moulins à bras ; ceux-ci n'ayant que de foibles moteurs faifoient beaucoup moins d'ouvrage que les nôtres, & occupoient beaucoup plus d'hommes, qui, par-là, devenoient inutiles pour d'autres travaux.

aujourd'hui trop commune, qui attache peu
d'estime au Commerce & aux Arts Méchaniques, qui ne met de considération que
dans les vaines prérogatives d'une noblesse
chimérique, de vraie gloire que dans l'art
meurtrier des combats, & qui, par une
suite de ce préjugé gothique, affecte encore
de dédaigner comme ignobles les Sciences
& la Magistrature, tous les hommes célebres par la justesse de leur esprit, l'étendue
de leurs lumieres, la profondeur de leurs
connoissances, ont protégé, secouru les
Arts de premier besoin, & sur-tout applaudi
aux inventions utiles, dont ils se font em-
pressés de publier les procédés pour en étendre de plus en plus les avantages.

Les préjugés nuisibles reculent peu à peu
devant le flambeau de la raison & de la
vraie Philosophie ; celui qui nous faisoit
mépriser les Arts Méchaniques commence
à s'éclipser ; mais il y a encore beaucoup
d'ignorans de bonne race qui, tenant ce
titre de leurs peres, croiroient dégénérer
& s'avilir, que de laisser leurs enfans s'occuper de la pratique des Arts, ou prendre
seulement

feulement connoiffance des regles qui leur fervent de bafe. Ils peuvent compter une longue fuite d'aïeux qui ont vécu dans le plus grand défœuvrement ; font-ils de pire condition, & les verroit-on, comme des roturiers, s'occuper à quelque chofe de folide ? Non, ils s'eftiment d'une nature différente & plus parfaite, & comme tels, ils jugent de tout & favent tout fans avoir jamais rien appris.

Pour nous, qui penfons que la nobleffe de l'homme n'a pas befoin de parchemins ni d'ancêtres connus pour exifter, qui la faifons confifter dans la probité fcrupuleufe (a), dans la grandeur d'ame & dans la vertu, nous croyons qu'on peut, fans déroger abfolument à la nobleffe, aimer les Arts, s'inftruire de leurs procédés & s'occuper même des travaux qui y font relatifs.

Il n'y a, felon nous, que la fotte vanité

(a) *Non cenfus, nec clarum nomen avorum,*
   Sed probitas magnos ingeniumque facit.

L'illufion de la plupart des Nobles, eft de croire que leur nobleffe eft en eux un caractere naturel.

& l'ignorance orgueilleufe qui puiffent rougir d'acquérir des connoiffances utiles à la
fociété , & fouvent néceffaires à celui qui
les poffede ; il n'y a même dans l'amour des
Arts que la recherche immodérée des plaifirs, l'engouement & l'opinion, qui préfé-
rent ouvertement l'agréable à l'utile (*a*).

_____

(*a*) Les Arts libéraux & les beaux Arts ne
doivent être que fecondaires dans la fociété ; ceux
de premiere utilité méritent, fans contredit, la
préférence. Cependant, lorfque dans la fociété les
fortunes font devenues très-inégales, que les richeffes font accumulées fur un petit nombre de
têtes, les riches, indifférens fur le néceffaire, qu'ils
ne croyent pas devoir leur manquer, & infatiables
de plaifirs, regardent les Arts qui fervent à l'em-
belliffement de leurs palais, au brillant de leurs
fêtes, aux recherches de leur luxe, à la délicateffe
de leurs repas, comme bien fupérieurs aux inventions utiles qui leur fourniffent les chofes ufuel-
les. Quelle différence pour eux, du Peintre, du
Muficien, du Poëte, au Laboureur, au Maréchal,
au Meûnier ! Il y a bien plus de génie, de connoiffances, de goût dans les premiers ; ceux qui
excellent parmi eux font bien autrement rares ; ils
font donc eftimés, admirés, prônés & payés par

Ainsi, lorsque dans les premieres classes de la société nous voyons tant de gens élever les Arts libéraux au-dessus des méchaniques, nous ne devons pas en être surpris ; les hommes élevés dans l'abondance & la mollesse ont toujours été plus avides de plaisirs qu'occupés d'objets utiles ; ils jouissent, sans

---

les amateurs ; on publie leurs talens, on les récompense, & cela est juste ; mais comme il faut avoir dîné pour penser à tout cela , ceux qui sont plus près des besoins & de la nature , les sociétés naissantes, les colonies , & par-tout le gros du peuple , sentiront mieux la nécessité des derniers & en feront plus de cas , parce que ce n'est pas l'agrément qui les décide , mais l'utilité reconnue & sentie.

Les beaux Arts sont la Poësie , l'Eloquence, la Peinture, la Sculpture, la Gravure, l'Architecture, la Danse.

Les Arts libéraux sont compris dans ce vers latin.

Lingua , Tropus , Numerus , Ratio , Tonus , Angulus , Astra.

Grammaire , Rhétorique , Arithmétique , Logique ; Musique, Géométrie, Astronomie.

Mais on peut y ajouter l'Imprimerie, Art aujourd'hui si nécessaire, & la Chirurgie , non moins utile.

fe douter jamais que rien puiſſe leur manquer, & ſans confidérer combien leur ſont
néceſſaires les gens qu'ils priſent ſouvent le
moins ; mais que ceux qui , érant moins
riches, devroient avoir moins de préjugés,
penſent que c'eſt déroger à la dignité de
l'eſprit humain , que d'occuper celui des
enfans à des objets matériels & ſenſibles,
& qu'un homme ne ſauroit, ſans s'abaiſſer,
en faire une étude conſtante ; c'eſt ce que
je ne ſaurois comprendre , ſans me rappeller
que l'homme eſt un compoſé de contradictions.

Ceux qui ont cette façon de penſer en
font une preuve manifeſte ; car tandis qu'ils
conviennent des obligations que nous avons
aux Arts méchaniques , on les entend dire
tous les jours, pour en détourner les Savans
même qui s'en occupent, que la recherche
en eſt laborieuſe , la méditation ignoble,
l'expoſition difficile , comme ſi ce n'étoit
pas le même prejugé qui , rempliſſant nos
villes d'orgueilleux & inutiles raiſonneurs,
fournit en même temps nos campagnes de
tyrans oiſifs & dédaigneux.

Les Arts méchaniques font le réfultat le plus heureux & la branche la plus importante de la Phyfique ; & quoiqu'on ne doive pas, comme Bacon en Angleterre, & Colbert en France (*a*), regarder l'induftrie des Arts & l'établiffement des Manufactures, comme la fource des richeffes d'un Etat,

---

(*a*) Il faut rendre juftice aux bonnes intentions de ce Miniftre, beaucoup plus recommandable par les chofes qu'il voulut faire, que par celles qu'il fit. Il vifoit, en bon Citoyen, à la profpérité de l'Etat ; mais il fe trompa dans les moyens. Il ne falloit pas établir des Manufactures aux dépens de nos campagnes ; il ne falloit pas regarder les Artiftes & les Artifans comme les premiers appuis de la France, & tourner entiérement l'activité de la Nation vers l'induftrie, qui, quoique très-utile en elle-même, devient funefte fi elle étouffe l'activité du Laboureur & l'Agriculture. Colbert dépaffa beaucoup le point où il devoit s'arrêter ; aufli on rapporte qu'Hafon, Négociant d'Orléans, confulté par ce Miniftre fur fes projets, lui répondit en homme de bon fens, quoique groffiérement : Monfeigneur, vous avez trouvé la charrette renverfée d'un côté, vous l'avez relevée pour la renverfer de l'autre.

ceux qui ont aujourd'hui des idées faines
de la valeur des chofes, penfent que celui
qui peupla la France d'Artifans & d'Artiftes en tout genre; qui furprit aux Anglois
la machine à faire des bas, les velours aux
Genois, les glaces aux Vénitiens, fit plus
pour elle que ceux qui lui gagnoient des
batailles; & il eft certainement plus avantageux & plus louable d'avoir fait naître les
Audran & les Van-Robais, que d'avoir
ravagé la Flandre, inondé la Hollande &
mis en cendres le Palatinat.

Ouvrons donc l'Hiftoire des Arts (a);
chaque page en fait l'éloge, & tous les fages
y foufcrivent..... En voyant un homme du
commun effayer fon génie fur des caractères
fufibles & movibles, qui eft-ce qui auroit
penfé que cet homme alloit établir, par
l'Imprimerie, une correfpondance éternelle
de lumieres, entre les Savans de tous les
temps & de tous les lieux, moyen ie plus
sûr pour chaffer l'ignorance, la fuperftition

_____

(a) Plan d'Education publique, page 141.

& l'oppreſſion (a). Si nos vaiſſeaux vont d'un pole à l'autre, pour nous apporter les richeſſes de l'univers, graces en ſoient rendues à celui qui travailla l'aiguille aimantée.

Je puis ajouter, ſi les Aſtronomes liſent dans les Cieux comme dans un livre, ſi leur regard perce leur immenſe profondeur

---

(a) *Omnes Artes quæ ad humanitatem pertinent, habent commune quoddam vinculum, & quaſi cognatione quâdam inter ſe continentur.* Cicér. Tous les Arts que l'homme a inventés ont une liaiſon commune & comme une eſpece de parenté qui les unit entr'eux. En effet, tout ſe tient dans les ſciences, comme dans le monde phyſique; une découverte jette de nouvelles lumieres ſur toutes les connoiſſances. Quelles révolutions n'ont pas cauſées dans nos idées, dans nos arts, dans nos manieres, l'invention de la bouſſole, de la poudre à canon, de l'Imprimerie & du téleſcope? Combien de préjugés & d'erreurs de toute eſpece ont diſparu depuis? Le téleſcope, en particulier, eſt le canon moral, qui a battu en ruine les ſuperſtitions & les fantômes qui tourmentoient la race humaine; il ſemble que notre raiſon ſe ſoit agrandie, à proportion de l'eſpace immenſe que nos yeux ont découvert & parcouru.

T iv

& en découvre l'harmonie; si l'Observateur pénetre jusqu'aux derniers replis de la matiere, & surprend la Nature dans son laboratoire, nous en avons l'obligation à l'Inventeur des lunettes & du microscope.

Avec de telles instructions, précédées & soutenues des leçons du Livre figuré, on préparera à l'Etat de justes estimateurs des Arts, & des protecteurs pour les Artistes. Nos éleves ne tourneront peut-être pas bien un vers latin; mais ils sentiront le prix d'une Manufacture perfectionnée, d'une machine nouvelle, & ils apprendront à faire un usage utile de l'autorité & des récompenses (a).

─────────────────

(a) Il est bon, en ouvrant l'Histoire des Arts à un enfant, de lui apprendre les circonstances connues de leur découverte; ces anecdotes savantes s'impriment facilement dans son esprit, parce qu'elles lui sont agréables, & que, placées à propos dans la conversation, elles lui donnent un air d'érudition qui le flatte. Apprenez-lui donc ce que vous savez de l'influence qu'ont eu sur l'invention des Arts & des Sciences, la nécessité, l'industrie & le hasard; dites-lui ce qu'on connoît là-dessus de vraisemblable, & ce qu'il y a de certain. On

Ils apprendront peut-être encore à employer les Arts d'agrément, tels que la

---

croit, avec une apparence de raison, que le desir de se parer des injures de l'air, fit inventer l'art de bâtir & les étoffes ; que la Géométrie dut sa naissance en Egypte aux inondations du Nil. En couvrant dans ses débordemens toutes les terres, il confondoit les limites sous le limon qu'il déposoit; il fallut savoir mesurer le terrein pour retrouver en entier sa possession. On croit que les loisirs de la vie pastorale, sous un beau ciel, donnerent lieu d'observer les Astres & firent naître l'Astronomie ; que la nécessité du transport enseigna la Méchanique; la Chasse, le métier des Armes, &c. L'idée de conserver l'image d'une personne aimée, en traçant sur un mur les contours de son ombre, produisit le Dessein & la Peinture ; la cadence des marteaux d'une forge apprit la Musique ; un panier posé par hasard sur une plante, fit trouver le plus bel ordre d'Architecture. On sait que le Cordelier Schwarts, en faisant des expériences de Chymie, trouva la poudre à canon, & que deux enfans d'un Vitrier de Midelbourg ayant remarqué, en jouant, que l'interposition de deux morceaux de verre entre leurs yeux & un objet, le grossissoit beaucoup, donnerent lieu à la découverte des lunettes, qui ensuite, perfectionnées, ont produit le télescope & tous les instrumens d'optique.

T v

Peinture & la Sculpture, au falut de la Patrie.
De quelque côté que fe tournât un Athénien
ou un Romain, il trouvoit ou des tableaux,
ou des bas-reliefs, ou des ftatues qui repré-
fentoient des événemens fameux & des Citoyens illuftres ; dans la campagne même,
ils voyoient des trophées, des pyramides :
tout leur prêchoit la gloire & l'immortalité.

ARTICLE II.

De l'Arithmétique.

Comme tout eft poids & calcul dans la
vie, une éducation où l'on n'admettroit pas
l'Arithmétique n'auroit pas toute fa perfection. Nous venons de voir, dans les deux
derniers Chapitres, que le Commerce &
les Arts ne peuvent fe paffer de l'Arithmétique ; elle n'eft pas moins néceffaire dans
la plupart des autres Profeffions. Etes-vous
Financier, Géometre, Aftronome ou Géo-
graphe ? vendez-vous, achetez-vous, gou-
vernez-vous une ferme, une habitation,
une Province ? il faut calculer pour foi &

pour les autres ; qui ne fait où ne veut pas
compter , trouvera bientôt des gens qui
compteront pour lui ; mais à leur profit &
pour sa perte , suivant la coutume. L'A-
rithmétique eft donc indifpenfable dans le
commerce ordinaire de la vie. Mais fi du
centre de la fociété nous élevons nos regards jufqu'à ceux qui la gouvernent, fi
nous pefons les devoirs de leurs prépofés
dans l'adminiftration , nous verrons que l'é-
conomie politique a d'autant plus befoin
des lumieres du calcul , que fouvent la
moindre erreur , le moindre écart dans fes
opérations, eft une ligne qui , en s'allon-
geant , s'éloigne toujours plus du point où
elle doit aller. Une erreur de calcul n'eft
pas abfolument préjudiciable dans les Arts
& les Sciences ordinaires ; dans l'art de gou-
verner elle eft fouvent de la plus dangereufe conféquence , & nuira plus à un Etat
que les fléaux phyfiques. Comment connoître la diftribution des dépenfes annuelles
d'une Nation agricole ? comment affeoir
l'impôt fur les terres d'une maniere jufte &
proportionnée aux produits , fi on ne fait

pas évaluer les revenus du territoire, fi on
ne fait pas défalquer les avances de toute
efpece que demande la culture, & les repri-
fes du Cultivateur ? Un faux calcul alors eft
une opération funefte pour les peuples, &
nuifible au Souverain (*a*).　Cet exemple

(*a*) « Un homme qui voudroit connoître les
» principes du Gouvernement & l'art de gouver-
» ner, & qui ignoreroit la fcience des calculs po-
» litiques, & les conféquences invariables de leurs
» réfultats, pourroit faifir, peut-être, quelques
» principes généraux ; mais il fe trouveroit au
» milieu des problêmes de la fcience économique,
» comme un voyageur privé des fecours de la
» Géométrie, qui, en traverfant la chaîne immenfe
» des Alpes, ne peut eftimer que de l'œil les dif-
» férentes hauteurs des cimes élevées les unes au-
» deffus des autres, & n'en fauroit acquérir ainfi
» qu'une connoiffance imparfaite & indéterminée ;
» mais celui qui fe fera bien approprié les regles
» du calcul économique, celui qui les poffédera
» & pour qui elles feront devenues une fcience,
» envifagera les queftions les plus compliquées de
» l'économie politique, avec la certitude de les ré-
» foudre exactement, comme un Géometre regarde
» les diftances & les hauteurs, dont fon Art, qui

suffit pour faire comprendre l'utilité de l'Arithmétique, appliquée au gouvernement des hommes, bien plus important que celui des affaires, & pour démontrer clairement que le monde politique se régle par nombre, poids & mesure, comme le monde physique.

Platon en connoissoit bien l'importance, puisqu'il veut, dans son Livre de la République, qu'on fasse une loi à ceux qui doivent remplir les premiers postes de l'Etat, de s'appliquer à la science du calcul & de l'étudier à fond. Ce qu'il exigeoit de ces Citoyens, nous le ferons pratiquer à nos éleves, & pour cet effet, nous leur donnerons des Maîtres & des Livres (a); car il convient de ne rien oublier pour leur faci-

---

» corrige les erreurs séduisantes de la perspective, » mesure & calcule avec précision les plus légeres » différences». *Avis au Lecteur, servant de Préface au Tableau économique de M. Quesnay, publié par M. Dupont dans l'Ouvrage intitulé* Physiocratie, *page* 42.

(a) On peut se servir des divers Elémens de Mathématiques, de M. Mauduit, de M. l'Abbé

liter la connoiſſance de toutes les combi-
naiſons arithmétiques qu'on employe journellement (*a*). Outre les quatre regles con-

Marie, de le Blond, de Boſſut, des Inſtitutions de
Géométrie de la Chapelle, du Traité de l'Arithmétique de Bezont, & de la ſcience des nombres par
Déſaguliers. Ce dernier Livre eſt d'un ſtyle très-
déſagréable ; mais l'Auteur y a inſéré un grand
nombre d'opérations, priſes des Mathématiciens
Hollandois. Cette Nation a pouſſé fort loin l'A-
rithméïque.

(*a*) Outre les diverſes manieres de compter en
uſage chez les Nations policées de l'Aſie & de
l'Afrique, les Savans de l'Europe en employent
encore nombre d'autres, qu'on nomme parties
d'Arithmétique, & qui ne ſont pas connues du
vulgaire : telles ſont l'Inſtrumentale, la Logarith-
mique, la Numérale, la Spécieuſe ou Algèbre,
la Tétractique, la Duodécimale, la Sexagéſimale,
la Binale. La Décimale eſt l'ordinaire, qu'on appelle ainſi, parce qu'elle eſt compoſée de dix
caracteres. Il y a encore celle des infinis, par laquelle on peut trouver la ſomme d'une ſuite de
nombres dont les termes ſont infinis. Elle eſt ſouvent employée dans la Géométrie tranſcendante ;
nos éleves pourront la connoître dans la ſuite, s'ils
ont des diſpoſitions aux Mathématiques ; mais il

nues de tout le monde , je fuis bien aife
qu'ils apprennent celles de proportion d'al-
liage , de fauffe pofition , de compagnie ,
d'extraction de racines , de progreffion
de change , de troc, d'efcompte, de réduc-
tion ou de rabais. Comme il ne faut pas
une intelligence bien rare pour concevoir
tout cela , & qu'un efprit ordinaire peut s'en
rendre l'ufage familier, je penfe qu'un enfant de neuf ou dix ans, préparé fur-tout
par le Livre élémentaire, eft très-capable
de comprendre ces regles & de les graver
dans fa mémoire.

---

feroit inutile de vouloir leur en apprendre quelque
chofe dans le jeune âge. Newton trouva, par une feule
opération de calcul, une fuite de nombres, qui
exprimoient fi jufte la grandeur de l'aire d'un cercle, qu'on peut trouver , par ce moyen , la fuper-
ficie d'un cercle grand comme la terre , à un che-
veu près.

ARTICLE III.

De la Géométrie.

LA Géométrie, appliquée aux Arts & aux Sciences, leur fournit de si grands secours, la pratique en est si utile pour les besoins de la société, qu'on ne peut s'empêcher d'en regarder les élémens comme une piece d'éducation nécessaire aux enfans de tous les états, & qui doit entrer dans l'instruction commune. Veut-on lever le plan d'un terrein, connoître exactement les dimensions d'un édifice ? faut-il arpenter un héritage, mesurer une plaine, niveller une pente, prendre la hauteur d'une cime, sonder le creux d'une vallée ? on sent alors l'importance de la Géométrie ; le savoir de l'Ingénieur n'est rien sans elle ; & si le Général d'armée n'est pas Géometre, il expose journellement ses troupes & sa propre réputation ; marches, campemens, passages de rivieres, siéges de places, choix d'un terrein pour se mettre en bataille ; enfin

toutes les parties de la Tactique font du
reffort du Géometre, & ne peuvent, fans
fon fecours, mener qu'à des bévues & à
de honteufes défaites. En voilà affez pour
faire fentir le prix de la Géométrie; mais
fes avantages ne fe bornent point aux fervices directs qu'elle rend à certaines Profef-
fions, à la mefure des lignes, des furfaces,
des folides, & aux démonftrations qu'elle
en donne; fon plus grand mérite, & que
j'ofe préférer à la fcience même, c'eft la
juftelle d'efprit qu'elle procure, en nous
donnant l'habitude de penfer géométrique-
ment.

L'efprit géométrique ne fe borne pas aux
connoiffances mathématiques; il fe porte
avec fruit dans tous les genres d'études &
dans la geftion des affaires. Comme il n'y
a que le vrai qui puiffe le contenter, il
ne cherche que la vérité, & n'eft point
fatisfait qu'il ne l'ait trouvée. L'apparence
ne le féduit pas; procédant toujours avec
méthode, il applique, pour ainfi dire, le
compas & la regle à tout ce qui l'environne,
& rejette enfuite avec dédain tout ce qui

lui paroît faux. Ni les preſtiges de l'élo-
quence, ni les ſophiſmes de la chicane, ni
les couleurs trompeuſes dont on orne ſouvent des projets mal concertés, ne peuvent
lui en impoſer, on ne peut le perſuader
ſans le convaincre, & il ne ſe laiſſe convaincre que par la démonſtration.

C'eſt mal-à-propos qu'on reproche à la
Géométrie d'éteindre l'imagination. A la
vérité elle en réprime les écarts, elle en
modere la fougue, mais c'eſt pour en mieux
régler la marche, pour qu'elle ne s'écarte
jamais des bornes du goût & de la raiſon.
Auſſi, loin d'affoiblir l'imagination, la
Géométrie en ménage les forces, pour l'appliquer avec plus de ſuccès aux objets qui
lui conviennent davantage. Demande-t-on
des preuves de cette énonciation, il ſera
facile d'en trouver un grand nombre, tant
parmi les anciens, que chez les modernes.
Pythagore & Platon furent célebres de leur
temps par leurs connoiſſances géométriques,
ils le furent encore plus par leur imagination. Paſcal, Mallebranche, Fontenelle,
avoient le génie très-fecond & l'imagina-

tion très-brillante, quoique grands Géo-
metres; & fi l'on pouvoit citer des exemples vivans, fans irriter l'envie, combien
n'en trouverions-nous pas dans nos Acadé-
mies, qui prouveroient fans replique que
l'efprit géométrique s'allie très-bien à l'imagination la plus vive & la plus étendue;
enfin, quand il feroit vrai qu'il peut lui
nuire, la Géométrie feroit toujours très-
eftimable; car la fociété a encore plus befoin de bons que de beaux efprits.

Qu'eft-ce que vous voulez établir, me
dira-t-on? l'utilité de la Géométrie? Perfonne ne vous le contefte; mais s'enfuit-il,
de ce qu'elle eft utile, qu'on doive l'enfeigner à des enfans? Ses problêmes, fes fpé-
culations, ne font pas faits pour de foibles
cerveaux, c'eft à la ferme intelligence
& à la pleine raifon à s'en occuper. D'accord, fi on veut parler de la Géométrie
tranfcendante, du calcul intégral & diffé-
rentiel, de la propriété des courbes, des
infiniment petits; mais qui empêche qu'on
n'enfeigne à nos éleves les premiers élémens
de cette fcience, dont les fens font les pre-

miers maîtres. Si on ne leur propofe d'a-
bord que les opérations de la Géométrie
fur les lignes droites, je ne connois pas
de leçons qui foient plus à leur portée; il
n'eft rien de plus fimple à concevoir & à
retenir qu'une ligne, un angle, une parallele, une furface, un folide, ils ne font
faits que pour frapper les fens, il n'y faut
guère autre chofe que les yeux & la main.
La Géométrie eft, de toutes les Sciences,
celle qui eft plus près de fon objet, & par-
là mieux affortie au caractere des enfans,
qui veulent toujours voir & toucher tout
ce qu'on leur préfente.

« Tracer une ligne, décrire un cercle,
» élever une perpendiculaire, mener des
» paralleles, tirer des tangentes, former
» des angles, les mefurer, les agrandir,
» les diminuer; toujours de l'action, tou-
» jours de l'amufement, & par conféquent
» toujours du progrès; on retient avec plaifir
» les leçons que le plaifir donne » (a).

(a) Inftitution de Géométrie par M. de la Chapelle, Difcours Préliminaire, page 14.

C'en est assez, ce me semble, pour établir sans contestation que l'esprit d'un enfant peut atteindre à la Géométrie ; mais la maniere de le guider, de lui montrer les objets, de les lui faire mesurer, dépendrat-elle du Précepteur ? aura-t-on recours aux Maîtres ? employera-t-on les Livres ? C'est, sans doute, au Précepteur, à faire choix des moyens les plus propres à instruire son éleve ; & pour peu d'usage qu'il ait de la Géométrie, avec de l'adresse, de l'attention, & sur-tout le secours du Livre figuré, il mettra d'abord son éleve à portée de saisir les premieres démonstrations, & d'entrer ensuite de lui-même dans les profondeurs mathématiques. S'il n'est pas assez instruit, nous le suppléerons par des Maîtres, & pour les Livres, les plus simples seront les plus convenables.

Il y a plusieurs méthodes d'apprendre la Géométrie élémentaire synthétique, que l'on peut réduire à trois principales : la premiere est celle d'Euclide ; je comprends sous ce nom tous les Elémens où l'on a suivi à peu près le même ordre, & où l'on n'a fait

autre chofe que tranfpofer, fupprimer ou
ajouter quelques propofitions, fimplifier
des démonftrations, &c. La deuxiéme eft
celle d'Arnaud : elle confifte fur-tout dans
la progreffion du fimple au compofé, des
lignes aux angles, des angles aux furfaces,
&c. Tels font les Elémens de Varignon,
de Sauveur, de Malezieu, de la Caille,
&c. La troifiéme eft celle de Clairaut : elle
confifte à développer les propofitions de
Géométrie, à peu près dans l'ordre que le
befoin & le progrès naturel des connoiffances peuvent les avoir amenées.

Toutes ces méthodes ont leur avantage;
mais la premiere, vantée par la rigueur des
démonftrations, nous convient encore par
fa fimplicité ; tenons-nous-en donc à celle-
là ; on eft sûr, avec elle, de pénétrer ce
que les Mathématiques ont de plus relevé
en fait de fynthétique. Un jeune homme qui
a bien appris les fix premiers Livres d'Euclide, ne fait pas beaucoup de Géométrie;
mais du moins il fait bien ce qu'il fait, &
n'aura plus à revenir fur fes pas, s'il lui
prend envie d'avancer.

M. Rousseau, qui ne voit point comme les autres, propose une réforme dans l'étude de la Géométrie, qui n'a rien de remarquable que la maniere séduisante dont il la présente. Voici comme il s'explique :

« J'ai dit que la Géométrie n'est pas à la
» portée des enfans, mais c'est notre faute ;
» nous ne sentons pas que leur méthode
» n'est point la nôtre, & que ce qui devient
» pour nous l'art de raisonner, ne doit être
» pour eux que l'art de voir. Au lieu de leur
» donner notre méthode, nous ferions mieux
» de prendre la leur..... Faites des figures
» exactes, combinez-les, posez-les l'une sur
» l'autre, examinez leurs rapports, vous
» trouverez toute la Géométrie élémentaire,
» en marchant d'observation en observation,
» sans qu'il soit question ni de définitions,
» ni de problêmes, ni d'aucune autre forme
» de démonstration que la simple superposi-
» tion. Pour moi je ne prétends point ap-
» prendre la Géométrie à Emile, c'est lui
» qui me l'apprendra. Je chercherai les rap-
» ports, & il les trouvera ; car je les cher-
» cherai de maniere à les lui faire trouver.

» Par exemple, au lieu de me servir d'un
» compas pour tracer un cercle, je le tra-
» cerai avec une pointe au bout d'un fil
» tournant sur un pivot; après cela, quand
» je voudrai comparer les rayons entr'eux,
» Emile se moquera de moi, & il me fera
» comprendre que le fil, toujours tendu, ne
» peut avoir tracé des distances inégales ».

Nous n'adopterons point cette méthode isolée, qui rejette plusieurs moyens
d'instruction très-avantageux ; nous les
réunirons, au contraire, pour donner
plus de force à l'enseignement. Faire des
figures exactes, les combiner, les poser
l'une sur l'autre, en examiner les rapports
par des recherches qui mettent un enfant à
portée de les trouver lui-même, rien de
plus convenable ; mais supprimer toute la
suite des définitions, des propositions, des
démonstrations, c'est en quoi l'Auteur a
visiblement tort; car on ne peut blâmer une
méthode qui a produit d'aussi grands Géo-
metres, & en aussi grand nombre que ceux
qui ont existé & qui existent encore aujour-
d'hui.

Il

Il faut que ces deux méthodes, loin d'être oppofées, s'éclairent mutuellement. Les obfervations ferviront à mieux faire comprendre les définitions, & les définitions, à leur tour, ferviront à diriger les obfervations. C'eft à la réunion de cette double méthode d'art & d'obfervation méchanique que s'eft attaché M. de la Chapelle dans fa Géométrie; Wolf & d'autres ne l'ont pas négligée. Un des plus excellens moyens d'attacher un enfant à la Géométrie, & d'en graver profondément les démonftrations dans fa mémoire, c'eft de fe fervir toujours d'exemples fenfibles & amufans. Faut-il divifer un cercle? c'eft un gâteau qu'il s'agit de partager, &c. Il ne faut que du bon fens pour fentir combien il eft utile d'éclaircir, par la pratique, ce que l'on a démontré par la théorie, & d'apprendre à un enfant, par des opérations amufantes, l'ufage des vérités qu'on lui enfeigne, & les avantages qu'on en peut retirer (a).

Pour rendre ces opérations plus utiles,

_____

(a) Réflexions fur l'Education.

ne nous contentons pas de voir notre éleve
mefurer la figure, il faut qu'il commence
à s'inftruire des diftances & des dimenfions
fur un corps réel, & à rectifier l'erreur où
il eft perpétuellement, en jugeant par les
yeux de la diftance d'un lieu à un autre.

La perspective lui en impofe, l'organe
vifuel étant frappé de la réflexion de plufieurs objets à la fois, ne fauroit exciter en
nous un jugement jufte de la diftance de
l'objet vu à notre œil, que nous ne l'ayons
corrigé par d'autres manieres de mefurer;
fouvent un objet nous paroît plus grand,
parce qu'il eft plus près, tandis qu'un autre
nous femble petit, non pas qu'il le foit en
effet, mais à caufe de fon éloignement.

Ces erreurs de jugement peuvent fe guérir
fans peine, & il eft plufieurs moyens de
faire toucher, pour ainfi dire, la vérité à
un enfant. C'eft le mouvement, en fe tranf-
portant d'un lieu à un autre, c'eft une mefure progreffive qui donneront à notre éleve
une idée certaine de l'étendue; il pourra
connoître, par une expérience réitérée,
par le calcul des dimenfions d'une diftance

toifée, ce qu'il doit eftimer une pareille
diftance à l'avenir. D'abord fait à mefurer
avec un inftrument convenu, il s'accoutumera infenfiblement à toifer & à mefurer de
vue ; mais, dans le commencement, il faudra que l'opération accompagne toujours
l'eftime qu'il en aura faite, afin que fe rendant de plus en plus certain de ce qu'il aura
jugé, il puiffe dans la fuite apprécier jufte,
& tout d'un coup, ce qu'il a d'abord appris à apprécier par parties & féparément.

Fin du Tome II.

TABLE
DES MATIERES.

A.

D.

E.

H.

ceffité & l'importance de ces travaux prouvées par l'exemple des anciens Rois le l'Afie, des Empereurs de la Chine, du Roi Louis XVI, pag. 397, 398, — 400.

L.

LUTTE (la) fut un des premiers exercices de l'homme, pag. 29. D'abord grofliere, elle fut affujettie à des regles par Théfée, qui trouva le moyen d'y fuppléer la force par l'adreffe, pag. 30. Elle devint une des plus illuftres parties de la Gymnaftique des Anciens, *ibid.* Point de jeux, de fêtes, de folemnités chez eux, fans combats de Lutteurs, *ibid.* Ils combattoient deux à deux & tout nuds, pag. 31. Defcription de leurs combats, pag. 32. Quels étoient fes avantages, pag. 33. Nos hommes efféminés la regardent comme un exercice de poliffon, *ibid.* Elle n'en eft pas moins recommandable, p. 34. Maniere d'y exercer un jeune homme, *ibid.*

M.

MAIL (le) ne méritoit pas de tomber dans l'efpece de mépris où il eft aujourd'hui, p. 19. Il augmente l'adreffe, & donne au coup d'œil beaucoup de jufteffe, il tient fes champions en plein air, pag. 20. Tout grand jardin avoit autrefois fon mail ; — il eft encore en vogue dans nos Provinces méridionales ; — le mail a baiffé

N.

d'un jeune homme, & pour fervir de fauve-
garde contre bien des périls, pag. 54, 55. L'e-
xercice n'en eft pas dangereux, fi l'on prend
les précautions néceffaires avant de s'y livrer,
pag. 56. La crainte de l'eau eft le plus grand
obftacle à la natation, pag. 58. Il ne faut point
ufer de corps légers pour apprendre à nager ;
le vrai moyen c'eft de s'exercer à s'étendre fous
l'eau, dans un endroit où elle eft peu profonde,
pag. 59. Les anciens regardoient la natation
comme une principale partie de l'éducation,
pag. 61. Elle eft trop négligée parmi nous,
pag. 62. La méthode ufitée en Hollande pour
rappeller les noyés à la vie, a été publiée en
France par M. de Villiers, pag. 63. Protégée
par le Gouvernement, pag. 66. Elle a été
imitée par une inftitution très-louable, pag. 67.
Cette méthode confifte 1°. à introduire de l'air &
de la fumée de tabac dans les inteftins du noyé,
pag. 68. 2°. A lui fécher & chauffer le corps,
pag. 69, 70. 3°. A lui faire fentir des fels ou
des liqueurs fortes, pag. 71. 4°. A lui chatouiller
la gorge. — 5°. A lui fouffler dans la poitrine,
ibid. 6°. A le faigner du bras, pag. 72. 7°. A
lui faire boire un peu d'eau-de-vie, avec
dix gouttes de fel ammoniac, page 73.
Exemple de noyés rappellés à la vie, qui
avoient refté plufieurs heures fous l'eau, pages
75, 76.

Nature (la) n'a rien fait d'uniforme ; — Cela fe

R.

S.

Fin de la Table des Matieres du Tome II.

*Fautes qu'on prie les Lecteurs de corriger
à la plume.*

PAGE 5, *lig.* 1, ces difpofitions le mettent, *mettez* mettent l'homme

Page 80, *lig.* 22, à qui les organes, *mettez* à qui fes organes

Page 97, *lig.* 19, la rapporterent, *mettez* nous rapporterent

Page 124, *lig.* 8, quel bonnes, *mettez* quelque bonnes

Page 136, *lig.* 10 *de la Note*, ces traits modifient; *mettez* le modifient

Page 138, *lig.* 20, & auffi les rendent gauches, faux & incapables de connoître & d'aimer la vérité, de s'attacher à leurs devoirs;

Mettez & les rendent ainfi gauches, faux, incapables de connoître & d'aimer la vérité & de s'attacher à leurs devoirs.